Toute notre dignité consiste en la pensée.
我们的全部尊严就在于思想。

——帕斯卡

当今世界上有两大民族……美国人在与自然为他们设置的障碍进行斗争，俄国人在与人进行搏斗。一个在与荒野和野蛮战斗，另一个在与全副武装的文明作战。因此，美国人的征服是用劳动者的犁进行的，而俄国人的征服则是靠士兵的剑进行的。为了达到自己的目的，美国人以个人利益为动力，任凭个人去发挥自己的力量和智慧，而不予以限制。而为此目的，俄国人差不多把社会的一切权力都集中于一人之手。前者以自由为主要的行动手段，后者以奴役为主要的行动手段……

——托克维尔《论美国的民主》（1835年）

　　"老师，我们两人的乌托邦区别就在这里。您要义务兵役，我要学校；您梦想人成为士兵，我梦想人成为公民；您希望人拥有强力，我希望人拥有思想。您要一个利剑共和国……我要一个思想共和国。"

——雨果《九三年》（1873年）

思 想 国

时代与心灵·熊培云作品集

熊培云 著

新星出版社 NEW STAR PRESS

目 录

再版序　我想和这个世界平起平坐　　　　　　5
初版序　从理想国到思想国　　　　　　　　　21

上编　巴黎往思

第一辑

米哈博桥上的眼泪　　　　　　　　　　　　　5
街道上的巴黎　　　　　　　　　　　　　　　15
我们的城市，我们的乡愁　　　　　　　　　　19
风范大国民　　　　　　　　　　　　　　　　22
巴黎大学如何考试　　　　　　　　　　　　　26
汉字与国运　　　　　　　　　　　　　　　　29
巴黎墓地书　　　　　　　　　　　　　　　　33
做蝴蝶，还是做蚊子　　　　　　　　　　　　41
寻访罗曼·罗兰　　　　　　　　　　　　　　45

第二辑

美国化与法国病　　　　　　　　　　　　　　65
文明政治，轻松生活　　　　　　　　　　　　77
法国式同居　　　　　　　　　　　　　　　　83

杀人不偿命，欠债要还钱	86
萨特的鸦片	91
左脚社会，右脚经济	94
谁改革，谁下台？	99
骚乱面前，人人平等	108
一场丰衣足食的反叛	111
如何驯服主权？	120
纳粹秀	128
良心没有替罪羊	134

下编　中国与世界

第三辑

一个人的宪政	143
吾民吾国，上下求索	148
国家是个珠宝盒	151
好女色还是好国色	155
必须保卫公民的自救权利	159
争自己的传统，就是争国家的自由	161
谁是新青年	165
为什么学外语？	170
林子大了，什么鸟都该有	174
数目字统治	177
我们的声音从来没有沉没	181
一个开放的社会必将前途无量	185
中国应该向中国开放	188

第四辑

寻找替罪羊	193
社会戾气与权利观念	201
不文明的冲突	209
中国与人类共命运	215
破碎的民主	222
虽自由无以言说	229
对话程抱一	234

补　遗

识时务者为俊杰
　　——谈我们如何参与时代命运　　249
初版代跋　把一生当作自己的远大前程
　　——给朋友的信　　265
初版编辑手记　许医农　　271
初版推荐序　秦朔　　273

再版后记　感谢上苍，我们都是读书人　　277

附　录

附录一　问世间国为何物　　285
附录二　书缘与人缘　　302

雨果像　　　　　　　　　　　　　　　　　　作者摄

当时我住在十六区，距塞纳河只有五米之遥。每天清晨走过塞纳河，然而坐上RER，经艾菲尔铁塔，不用几站便是圣·米歇尔大道了。几分钟后，我便可以在索邦大学图书馆里看书，倦了就到院内广场的雨果像下静坐，喂鸽子，聊天，看人来人往，看漫天流云舒卷……

索邦，屋顶上的阳光　　　　　　　　　　　　　　　　作者摄

索邦清晨　　　　　　　　　　　　　　　　　　　　作者摄

再版序

我想和这个世界平起平坐

《思想国》算是我的第一本书。当时我刚回国,有不少心得需要整理。只是由于缺少经验,加上又遇到了些波折,换了东南西北几家出版社,这本书的出版并不十分理想。同样遗憾的是,书名的灵感来自我敬重的法国作家雨果的小说《九三年》,然而我在书中对雨果的介绍却只是蜻蜓点水。事实上,在我生命中对我最有影响的两位法国作家,除了罗曼·罗兰,另一位就是维克多·雨果。

回想当年我在法国的学习与生活,有不少记忆与雨果有关。比如说在巴黎大学的时候,我经常坐在索邦院内的雨果塑像下读书、聊天,喂偶尔落在脚边的鸽子。有一天,正是在这里我读到一则与雨果有关的新闻:在刚刚结束的一项青年投票中,雨果获评法国历史上对法国最有影响力的人物。

这就是我印象中的法国,在这里最有影响力的人物不是力挽狂澜的戴高乐总统,也不是纵横捭阖的拿破仑皇帝,而是那个写下了《九三年》、《悲惨世界》和《海上劳工》的雨果,是那个因为反抗路易·波拿巴复辟帝制而流亡近二十年的雨果。

一年后,我去《世界报》总部寻访一位漫画家,同样在那里遇见雨果。《世界报》果然出手不凡,报社大楼的正面是块镶满图文的玻璃幕墙,上面除了一幅倡导世界和平的插画,剩下全是雨果的文字。其中最触动我的一句是"Sans la presse, nuit profonde"(若无新闻出版,万古如长夜)。

那是一个阳光明媚的下午。我至今未忘当年自己是如何站在奥古斯特·布朗基大街上,一次次绕过树枝,仰面默念幕墙上的雨果,久久不肯离去。上下五千年,思念漫太古。今天当我重新写下雨果的这些文字时,突然想起仓颉造字后的"天雨粟,鬼夜哭"。据说在有了文字的那一刻,人类文明开始了。"有了文字,人民生活有保障了,一切罪恶在颤慄了。"(《拥护新闻自由》,《中央日报》1945年3月30日社评)

几个月后,就在我即将离开巴黎的时候,我还曾心事重重地流连于孚日广场附近的雨果故居,恳请管理员允许并帮助我在雨果的木书桌和鹅毛笔前留影。我承认,在我有限的阅读中,雨果的作品深深打动了我,他让我看到文化的价值在于弃恶扬善,在于理性的清明,在于人心的决断。那些年,我在雨果身上清晰地看到了自己之于这个时代的抱负和梦想,即我和我的时代同路人,将以怎样的卑微的努力,使这个苦难深重的国家能够告别革命与苦难的循环,能够从服从刀剑走向信奉思想,真心拥抱一种有智慧和有尊严的生活。

(一)

中国到哪里去?谈到今天的中国,许多人喜欢拿某个国家的某个时期与其相提并论。比如说它像辛克莱尔《丛林》里的美国,像水俣病泛滥时期的日本,抑或更像政治和解之前的南非——那时候南非也有人会莫名其妙地死在监牢里,而原因可能只是他在洗澡时不小心踩着了一块肥皂。

当然,读者还可以找到一些其他的历史截面,说今天的中国像是某个时期的苏联、北非、阿富汗,甚至中东——理由也许只是前些天在中国某个地方竟然也发生了自杀性袭击事件。如果遇到一个熟悉中国历史的人,他可能还会皱着眉头说现在的中国像先秦、像盛唐或者晚清。总之,只要你愿意,总能找到几个可以重叠的特征将两个天遥地远甚至完全风马牛不相及的时代联系在一起。但那些特征却又是真实的，绝非杜撰。

"这是一个最好的时代，也是一个最坏的时代"。狄更斯关于大革命时期法国的评价似乎同样适于今天的"盛世中国"。这里是朝气蓬勃的新世界，又是悖论满身的旧王国。这里愚蠢与聪明交织，黑暗与光明缠绕。这里有的人踌躇满志，有的人垂头丧气；有的人富可敌国，有的人家徒四壁；有的人直登天堂，有的人直下地狱。

2012年春天的一个下午，我在西单附近的一家中餐馆和一位法国学者聊天。他说，今天的中国像是上世纪八十年代的东欧，也像是法兰西第三共和国（1780年—1940年）。我笑了笑，说如果对照法国历史，今日中国所处的时代是既像法国大革命之后，又像法国大革命之前。

前者，1789年开启的大革命并不像预想的那样成功，革命带来了某些方面的进步，同样带来了预料之外的恶果，甚至一次次回到帝制时代。革命不过是历史转型的开始，而承受了暴力之苦的许多法国人包括知识分子已经惧怕流血，从而寄希望于日积月累的社会建设。我曾说中国是"二十世纪流血，二十一世纪流汗"，想必以流汗之世纪代替流血之世纪，也是今日绝大多数中国人之所想。

至于说像法国大革命以前，并不是说社会矛盾使中国一定会再次爆发革命，而是说这两个时代的社会心理有着惊人的相似。和路易十五时代相比，路易十六的有限改革已使法国面貌一新：政治由专制走向开明，社会由封闭走向开放，国民自由可谓有增无减，然而也是在这种背景下，越来越多的人开始觉得生活难以忍受。正如托克维尔在《旧制度与大革命》里所分析的，"革命的发生并非总因为人们的处境越来越坏。最经常的情况是，一向毫无怨言仿佛若无其事地忍受着最难以忍受的法律的人民，一旦法律的压力减轻，他们就将它猛力抛弃……人们耐心忍受着苦难，以为这是不可避免的，但一旦有人出主意想消除苦难时，它就变得无法忍受了"。

这就好比一个生来手脚都被戴上镣铐的人，当他有朝一日被解除了手铐，自由虽然增加了，但这种局部改善可能让他感受到更深的痛苦，也让他有机会提出更多的要求：其一，当他开始行使双手的自由时，不仅发现脚上的镣铐会间接限制双手的自由，还有可能将脚上的镣铐视为其一切不幸生活的根源，并为此感到羞耻；其二，因为恢复了对现实的疼痛感，在手铐被去除后，他理所当然地会认为脚镣同样应该去掉，道理是一样的，而且迫不及待；其三，他不再是个完全被绑着四肢的人，双手的自由将为他除去脚上的镣铐提供条件。

路易十六的不幸在于，虽然他已经着手改革，但他改革的决心与未来的格局没有跟上巴黎的那些脚戴镣铐的"半自由人"冲向巴士底狱的速度。

谁也不能否定这样一个事实，从整体上说今日中国人的生活水平较之三十年前大有改观。然而，由于公权力尚未得到有效约束，社会间的侮辱与损害日积月累，再加上改革开放所带来的权利观念等方面的变化，这个"最好的时代"正积累着某种"最坏的时代"才有的革命的情绪。

一个耐人寻味的变化是，上世纪八十年代，当李泽厚喊出"告别革命"时，他的思考被认为是代表了那个时代的思想的高度；而在2011年底，当年轻的韩寒因为"不想再讨好任何人"而公开"拒绝革命"时，他却在一夜之间成为"叛徒"，不得不接受来自各方尤其是"革命派"的冷嘲热讽甚至严厉责骂。无论你是否支持或信任韩寒，有一点是可以肯定的，从最初对"政治不正确"的讨伐演变为一场声势浩大的"倒韩运动"，韩寒的"拒绝革命"是导火索。

（二）

法国如何终于告别革命——在十九世纪末，也就是法国大革命发生近百年之后？

法国大革命推翻旧制度，被视为历史的进步。然而革命的马车最终失控，冲进了人群。理性的冒险酿成了现实的灾难。此后若干年里，法国更是在帝制与共和之间摇摆不定。有人说，麻将的魅力是可以推倒重来，可历史却从来不给人假设的机会。

盘点法国如何告别革命，法国历史学家弗朗索瓦·傅勒首先将功劳记在了第三共和国的国父们身上，正是他们给法兰西带来了一套和英美宪政民主类似的民主模式，建立了两院议会等制度。而他的同行罗桑瓦龙则认为关键在于公民社会的发育与成长。自从第三共和国建立以后，法国的工会、政党、选举委员会、合作社、互助社以及更为普遍的社团组织，让法国社会渐渐脱胎换骨。

除此之外，知识阶层的痛定思痛同样功不可没。

大革命发生以后，远在英国思想家爱德蒙·柏克曾警告海峡对岸暴躁的法国人不知道珍视本国的价值与传统，正在让法国变成"文明的废墟"。值得庆幸的是，法国没有走上"不断革命"的不归路。十九世纪，在思想文化领域，从贡斯当到托克维尔，从圣西门到孔德，从雨果到左拉，法国的思想家、文学家们为法国社会理性和心灵的重建源源不断地输送养料，使人道主义、法的精神以及自由、平等、博爱等价值观在血腥的革命之后得以续接。正是因为政治与社会领域的多线并进，使在革命浪潮里风雨飘摇的法国船绝处逢生，像傅勒所说的那样，"大革命驶入了港湾"。

革命的硝烟如何从人心中散尽？在反思法国大革命方面，雨果那代人究竟做了怎样的努力与决断，读者不妨随我到法国西部作一次短暂的旅行。

今天，走在布列塔尼乡下，如果你是个我这样的异乡人，一定会爱上那里的四季繁花、雨水涟涟。最动人是在和风朗日，好端端的天空竟会突然筛落一阵明晃晃的太阳雨。然而，早在两百年前，这片土地却是比巴黎还更腥风血雨，因为它是保皇派的大本营，是革命与反革命的杀戮之地。大约十年前，正是在这里我第一次读到了雨果的小说《九三年》——一份有关革命的判词，一曲人道主义的挽歌。

故事发生在法国大革命爆发后，保皇派叛军枪杀革命的蓝军，纵火焚烧城市，对蓝军驻过村子的无辜村民以死相惩，"烧光杀光，决不留情"。面对贵族的烧杀，蓝军则以暴制暴，绝不宽恕。戏剧性的一幕发生在叛军首领、布列塔尼亲王朗特纳克被蓝军围困以后。本已成功脱逃的朗特纳克为救三个落难火场的孩子被蓝军擒获，因为在半路上听到一位母亲绝望的求救，他又折回来了。受其人道主义精神的感染，蓝军司令官戈万认为应该以人道对待人道，于是放走了朗特纳克。为此，戈万付出了惨重的代价，他被押上了革命的断头台。根据革命派的法令，"任何军事领袖如果放走一名捕获的叛军都必须处以极刑"。而坚持行刑的，正是戈万的老师西穆尔丹。他们有师生之谊，又有革命理想，原本深爱着对方，然而不幸的是，革命的教义杀死了革命的信徒，革命的老师杀死了革命的学生。

革命的真正目的是为了消灭旧制度，改造不合理的关系，而不是为了消灭人。在雨果笔下，当革命的意义超出了人的意义，革命便只有死路一条——当戈万脑袋落地，西穆尔丹举枪自尽。显然，雨果并不诅咒革命，也不反对共和国的建立，他反对的是你死我活背后的换汤不换药。所以在《九三年》里有这样一个意味深长的细节：一个险些杀了戈万的保皇派在被捕后求死，而戈万的态度却是，"你要活着。你想以国王的名义杀死我，我以共和国的名义宽恕你。"让一切回到具体的人的命运本身，这才是雨果理想中的法国大革命。为自由而战，而不是为革命而战，"在绝对的革命之上，还有绝对的人道主义"。

（三）

回顾中国历史上层出不穷的改朝换代，或曰"运动"，或曰"起义"，或曰"暴动"，为什么无一堪称革命？因为这些暴力群体推崇的都是你死我活的杀戮哲学，爱的都是水浒式反抗而不是穆勒式自由。

整理各式各样的革命，从最终结果来看，它们主要有以下几种情况：

第一种是"打掉了脑袋，保住了王冠"。这种情况有时会被称为"革命"，但是考虑到它并没有促成社会关系的实质性变化，只是你方唱罢我登场的改朝换代，故而并非真正的革命。即便从一开始有打掉王冠的革命性纲领，但因为结果并不触及上述实质性变化，所以至少从客观上说是革命没完成或者革命半途而废。如克伦威尔杀了查理一世，大权在握后偏偏又让自己当起了英国国主。"打掉了脑袋，保住了王冠"的现象在中国历史长河中屡见不鲜，它们多被视为"治-乱"宿命中的一环，与真正的革命不可同日而语。

第二种是"打掉了王冠，打掉了脑袋"。这是最残酷的革命。它不仅推翻了旧制度，同时因为仇恨和急功近利等原因将革命推向了自己的反面，最终结果是血流成河——从逻辑上说，当已经束手就擒的国王可以被当作敌人杀掉，任何反对革命的人也都可能被杀掉。其历史典型是法国大革命。谓其残酷，是因为这里的"打掉了脑袋"不只是打掉了国王的脑袋，而且打掉了革命者的脑袋。简而言之是"打掉了王冠，打掉了脑袋，打掉了革命者"。革命不断吃掉了自己的孩子，先是丹东死了，接着是罗伯斯庇尔死了。到最后，最荒谬的一幕是，当革命难以为继，被打掉的王冠又被某个历史的拾荒者捡了起来，戴在了自己的头上。

第三种是"打掉了王冠，保住了脑袋"。这是最光荣的革命。它着力改造的是人与人之间的坏关系，而不是消灭人，更不是照搬成王败寇的丛林法则更换血淋淋的统治者。这方面，最成功的是发生于1688年英国的"光荣革命"（The glorious revolution），它不是通过流血而是经过各方妥协解决了革命的诉求。经此一役，反对派不仅赶走了倒行逆施的国王，而且转年英国议会顺利通过《权利法案》，自此英国正式确立君主立宪制的原则。当然，值得一议的是，英国当年的这场革命虽然没有流血，但是詹姆斯二世放弃抵抗，还是有暴力（或者压力）作为后盾：一来此前有查理一世被革命者杀戮的前例，二来支持议会的义军（詹姆斯二世的女婿威廉的军队）已经兵临城下。

就此展开，几百年后远在东方的清帝退位或可算是一次"光荣革命"，只是随后的历史完全是朝着另外一个方向行进。袁世凯和克伦威尔一样，称帝则不寿，都没有活过六十岁，冥冥之中仿佛有天意。然而，历史的演变却没有这样简单明快。众所周知，袁世凯以后的中国，革命复革命，竟然打起了各种革命的联赛。日本人来之前在互相开炮，日本人走了之后还在互相开炮。

法国历史学家罗桑瓦龙写在《结束革命》里的追问让人警省——为什么每当这个国家"自以为驶入宁静港湾的时候，深渊和沮丧却总是接踵而至？"

什么是真正的革命？什么又是暴力的深渊？早在1929年，胡适先生在《新月》杂志上发表《我们走那条路》，感慨中国社会充斥了太多暴力与混乱，指出中国最要紧医治的是贫穷、疾病、愚昧、贪污和扰乱这"五个大仇敌"，由此希望能建立"一个治安的，普遍繁荣的，文明的，现代的统一的国家"。"太平天国之乱毁坏了南方的精华区域，六七十年不能恢复。近二十年中，纷乱不绝，整个的西北是差不多完全毁了，东南西南的各省也都成了残破之区，土匪世界。"

"武力暴动不过是革命方法的一种，而在纷乱的中国却成了革命的唯一方法，于是你打我叫做革命，我打你也叫做革命。打败的人只图准备武力再来革命。打胜的人也只能时时准备武力防止别人用武力来革命……于是人人自居于革命，而革命永远是'尚未成功'，而一切兴利除弊的改革都搁起不做不办。于是革命便完全失掉用人功促进改革的原意了。"

为什么"光荣革命"没有流血牺牲却达到了革命的目的，而法国革命暴力不断却在原地转圈，这是盘桓在包括基佐在内的法国思想家们心头的梦魇。革命的真正目的在于增进国民的福祉、整体性的自由，在于从此告别革命而非不断革命，否则革命从一开始便已经误入歧途。

必须承认，在经过漫长的流血的革命的世纪之后，中国告别革命的任务远没有完成,这是这代人最需要面对的现实,也是最应担起的责任。如前文中谈到的,法国最终告别革命,经历了漫长的一个世纪,是一个多线并行的进程。今天的中国,若要真正告别革命,需要在政治与社会等各方面进行长远的建设。而这一切,显然不是通过暴力维稳所能做到的。对于中国现在积累的许多问题而言,暴力维稳只是延长导火索,甚至只是加挂火药桶,而不是真正解决问题。在此意义上,今日中国政治体制改革(改造坏的关系)有了另一层含义,即政治改革既是为了拒绝新的暴力革命,同时也是为了以和平的手段完成尚未完成的革命,而完成这场革命的目的则是为了使这个国家彻底告别革命。

(四)

没有思想,就不会有理性的社会。理性之魅,在于节制与担当。所以帕斯卡说,人是会思考的芦苇,我们的全部尊严就在于思想。索尔仁尼琴说,对一个国家来说,拥有一个讲真话的作家就等于有了另外一个政府。因为看到"多数人暴政"的危害,穆勒坚定地认为全世界让一个人沉默并不比一个人让全世界沉默更具有正当性。

独立思想无论是对人生还是社会,都有着非同寻常的意义。我时常沉浸在思维的乐趣之中,不仅在于乐趣本身,还在于思想之中另有国土。只要你是一个精神独立的人,愿意保卫你头脑的主权,不做他人之附庸,你便有了自己精神上的祖国。

不要让自己内心的火烧出来,同时又不让它熄灭。这些年,尤其在各地的讲座中,我见到了许多热爱思想的人们,大家本着一颗自由交流的心,坐到了一起。而在所有的讲座中,最让我感动的是有一次在贵阳,我是在到了之后才知道,邀请我去的是一群爱读书的老年人。因为《重新发现社会》的缘故,他们拐弯抹角找到了我。多么让人感恩的相遇!还记得那天,阳光正好,我们在花溪公园,贤良桥畔，谈国家与社会，谈读书与阅世，在座者多是白发苍苍。在他们身上，我闻到了久违的八十年代的气息。那是一个理性与心灵的花朵并蒂绽放的美好年代，也是一个正在走向思想共和国而又戛然而止的悲情年代。

时至今日，在一个既没有真正完成又没有真正告别革命，而暴力还在指挥头脑的年代里，这样美好的记忆在我的生命中毕竟稀缺。好在无论遇到怎样的逆境，我们总能够化逆境为条件，坚持做一些事情。

2011年，《南方周末》报道了我在湖北蕲春参加立人大学的暑期讲学的事。由于学校突然停电，当晚学生们只能点着蜡烛听我讲课。仿佛夜航船，多么浪漫的夜晚啊！然而背后的故事却没有那么浪漫。否则，转天上午在并不需要电的情况下，我们何苦将课堂转移到河滩上？

这是一个势利的时代，没有理想，也没有信仰，从威权到社会，"统治者思维"却无处不在。"认真你就输了！"这是犬儒世界的墓志铭。而我偏偏是个认真的人。苏格拉底说，不经思考的人生是不值得过的。同样，不曾抵抗的人生也是不值得过的。而且我相信，没有哪一个人真能阻止另一个人独立思考。就像弥尔顿说的那样，在一个日渐开放的社会里，限制一个人的思想自由，其荒唐无异于关上园门抓园子里的乌鸦。你以为地面归你管，可是乌鸦另有维度，它还有翅膀属于天空。你一靠近，它便飞远了。

相较于某些官员的一面软弱一面颐指气使，社会成员间自带干粮的互害与自毁更让人失望。有些时候，你只是秉持自己的良心与理性在表达一种观点，然而你得到的可能是一份份"死刑判决"。而这也是我这些年的真实阅历。当我谈自由的时候，有网站以"西奴"的罪名将我推上绞刑架。当我谈改良时，又被激进的"革命派"推上断头台。当我谈个体的具体命运，希望社会能够公正地对待一个死刑犯的时候，又有数以千计的留言前来向我索命。虽然你可以宽心地说那只是些"胡言乱语"，但许多人因为种种"暴力话语"而对未来失去安全感也是千真万确的。

告别革命，同样在日常的话语与行动中。知识分子必须学会谦卑，他应该是理性的奴仆，而不是真理的化身。他反对别人做君王的时候，也必须打掉自己心里的王冠。他必须告别内心的暴力，因爱智慧而肩负道义，但又不被政治激情所淹没，以避免朱利安·班达所批判的"知识分子的背叛"。而理性之路又是何等艰难！写下《知识分子的背叛》的班达本人，当年曾是怎样清澈——他说在二十世纪以前，人类虽然作恶，但是崇善；可是进入二十世纪后，知识分子发明了一套理论，使得政治家不但作恶，而且崇恶。然而即便是他这样一个小心翼翼的知识分子，一颗在德雷弗斯案中坚持正义的法国良心，竟然在后来鬼迷心窍，为斯大林的大清洗政治辩护。

正是因为认同知识分子必须谦卑，1989年，捷克知识分子哈维尔等人在布拉格成立了"公民论坛"，制定八条《对话守则》在街头巷尾张贴，内容是：1.对话的目的是寻求真理，不是为了斗争。2.不作人身攻击。3.保持主题。4.辩论时要用证据。5.不要坚持错误不改。6.要分清对话与只准自己讲话的区别。7.对话要有记录。8.尽量理解对方。

你很难相信，一个充满话语暴力的社会和知识界是告别革命了的。温家宝总理担心"文革再次发生"。如果看到网上铺天盖地的话语暴力，你会发现我们需要讨论的就不是文革会不会再来的问题，而是文革为什么没有离去。

顺我者友，逆我者"汉奸"；顺我者友，逆我者"五毛"。在经过上世纪漫长的"革命训练"之后，今天的中国社会还没有完全学会平等对话。本来，一个功能正常的社会需要派别平衡，然而在中国想找一个坚定且有底线的左、中、右派却是很困难的。在这里，国家主义者冒充左派败坏左派的名声，复仇主义者冒充右派败坏右派的名声。而你死我活的暴力思维让左派消灭右派，右派消灭左派，左派右派一起消灭中间派。人们似乎只需要符合自己利益或者审美的观点，只有我者和他者，不是知己便是敌人。

2012年的方韩之争，据说有夫妻因为意见不和还离婚了，但愿这不是真的。在此过程中,我真切地见证了公共知识分子这个群体如何被污名化。当一些我平素非常尊重的知识分子、媒体评论员也开始满嘴"公知"、"母知"以嘲讽他们所反对的人,与"公知"撇清,我看到这个自甘堕落、无善不摧的社会,又在互掷刀剑,自毁长城。

每个人道德未必相同,但总有共通之处,道德本可以彰显人的高贵与神性,然而在许多公共讨论中,道德也被污名化。坚守底线的人被嘲笑,理性克制被认为是"抢占道德高地"。事实上,这个时代最流行的不是抢占道德高地,而是抢占道德洼地,然后一起审判崇高。

有理想的人尤其必须内心坚定,必须经得起各种无来由的谩骂。读书人一生取经,命当如此。所以我在微博上对灰心丧气的朋友们说,你几时听到唐僧抱怨,"悟空,怎么有那么多的妖魔鬼怪想吃我的肉呢?"你既然走了取经那条路,一切都是你应得的。你只管赶你的路,取你的经。有白骨精不是你的错,没有悟空也不是你的错。

(五)

"别绕圈子啦,熊先生,讲讲中国会在哪一年转型成功吧。"当讲座进入提问环节,我时常会听到这样的追问。只言片语间,半是对美好生活的心驰神往,半是对困厄现实的焦躁不安,仿佛中国若不转型成功,这日子就真的没法过了。

当然,我并不是这样想的。即使是身处逆境之中,人还有最后一种自由,即选择自己态度的自由。至于中国何时成功转型,我只能一笑置之。我不是手扶墨镜的算命先生,虽然从趋势上看我相信这个国家终究会朝着一个宽阔的前途走,但也不能断定前面就没有深渊和回头浪。今日中国仍是个未解之谜。无论你戴不戴墨镜,无论你公开支持谁或反对谁,在你之外仍有无数的变量和因果链条在决定着这个国家的未来。醉后不知天在水,坐在时代浩浩荡荡的梦境里,你不知道风朝着哪个方向吹。

上面的问题时常让我想起一个笑话，说的是现在大学门口的保安都是哲学家了，因为他们每天都要提出三个终极问题：你是谁？你从哪里来？你到哪里去？

对于大多数主张活在当下的中国人来说，这些问题通常都不是什么问题。正如孔子所说，"未知生，焉知死？"好好活着，穷尽此生欢乐，是人生第一要务。一旦日子过得不好，比如房屋被强拆，土地被强征，自己被跨省追捕，他们就会问第四个"终极问题"——"中国到哪里去"。

中国到哪里去？它不仅是困扰中国人心灵的"终极问题"，同样让世界各地的中国学专家茶饭不思，为伊消得人憔悴。如读者所知，这曾经是个已经解决了的终极问题——中国将奔向共产主义。然而现在，在经历了上一世纪的迷失以后，生活在这片土地上的人们已经不再那么好高骛远。他们更想知道的是有生之年能否看到自己所期许的未来。

其实，中国到哪里去并不重要，或者说并非问题的关键。既然你并不能够决定中国的未来，你唯一能够决定的是自己对人生与世界的态度，那么就想想你自己该到哪里去。这才是你需要面对的终极问题。如果你认为自己是悲悯的，你就高扬人道主义的旗帜；如果你热爱言论自由，你就要毫不吝惜地表达你的自由，你不能辜负你的热爱。

我曾经想着以评论立世，军书羽檄，风樯阵马，好不快哉！十几年过去，有时我真觉得自己需要彻底回到内心，我疲倦于和这个国家纠缠不清，我不想让自己过得太支离破碎，我想回到文学，我想另起炉灶，我想和这个时代平起平坐。我很清楚让我终身受益、恩泽灵魂的是文学，而非时事评论。当我将《约翰·克利斯朵夫》视为我的心灵圣经，将《九三年》视为告别革命的预言书，我更明白文学与宗教一样，另有一个平行的世界。在那个文字搭建的城堡里，你有着现实世界永远无法剥夺的自由。由此反观现实世界，人人生而平等，在灵魂上的平起平坐也是天经地义的。

每个人都有一个宇宙，每个人都是自己宇宙的中心，是自我世界的帝王。我们的终极问题不是这个国家到哪里去，而是我们自己要到哪里去。我将重新发现社会视为"中国的新革命"，我同样愿意看到"中国的心革命"。我们热心于改造世界，其实我们自己恰恰是那个最需要改造的世界。我这样说，并非落魄的李煜羡慕渔父归隐，吟咏"花满渚，酒满瓯，万顷波中得自由"，不是为了向世界告别，而是为了更好地面对世界。

（六）

《思想国》首版出版后，有读者在网上批评我是不是有些迷信法国。其实我从来没有迷信过任何国家，我不过是将我留学时所看到的自认为美好的事物呈现给读者。否则，在我谈到雨果、罗兰和托克维尔时，我也应该向读者介绍我是如何热爱勒庞，因为他也是法国的一部分。当然这样的情况不可能发生，因为我并不喜欢那位为纳粹辩护的政治海盗。我去国民阵线（FN）总部暗访时，甚至被他们当成坏分子报了警。

和许多读者一样，我有发自内心的信仰，我没有玩世不恭地去赞美或者诋毁某个人。有信仰的人是坚定的，也是幸福的，他只听从内心的声音，而无惧于命运将他带向何方。同样是我在前文不吝赞美的雨果，在他流放到第八个年头的时候，拿破仑三世大赦，然而他拒绝了。他说他接受辛酸的流放，哪怕无终无了。他说法兰西流放的不是作家，而是作家的自由，只有自由回去的时候，他才肯回去。而当他终于回到自己的国家，认为需要保卫自己的祖国时，他毫不犹豫地用稿费换回了两门大炮。

感谢这些年的阅读，我庆幸自己遇到了许多伟大的头脑和心灵。在法国以外，还有雪莱、波普尔、伯林、梭罗、尼布尔、哈维尔、奥古斯丁、茨威格、托尔斯泰、索尔仁尼琴、康德……而且，他们不限于西方世界，他们同样出现在中国及其周边的东方。我相信不论古往今来，只要你有心，就会有无数独立而向上的灵魂与你不期而遇。

2007年4月，我在柬埔寨有一次短暂的旅行，痛惜那个国家的破败，哀叹红色高棉政权带来的千疮百孔。而就在此前一个月，一位叫哥沙纳达的法师刚刚逝去。当月出版的英国《经济学家》杂志还为哥沙纳达推出了悼念文章。正是哥沙纳达的故事让我对生活在这片土地上的人们有了更多崇敬之心。

> 他双手胸前合十，瘦小的身影在柬埔寨中部雨林的羊肠小道中深一脚浅一脚俯首前行。行走时必须时时留意脚下，地雷甚至埋到小路边。湿气模糊了眼镜，汗水却令头顶更加光亮。黄色的袈裟被拉起以免和灌木丛纠缠，下面露出结实的鞋袜。身后诵经之声随鼓点起伏，引领200-300名僧俗步行穿越柬埔寨，只为祈求和平……弹壳从行众头上呼啸而过，炮火四处开花。一些人死去了。怯懦之人逃回家中，法师却一意孤行，穿行于冲突地区。行众时常发现身后跟随了大批难民，和他们一样走痛了脚，带着满载床垫、平锅以及活鸡的牛车和自行车一路跋涉……（《玛哈·哥沙纳达法师》，《经济学家》2007年3月22日）

1974年，波尔布特上台后，原本高贵的僧侣作为"社会寄生虫"很快被驱逐出寺院，剥下僧袍，甚至被折磨致死。到了1978年，柬埔寨境内几乎没有了活着的僧人。高压统治下的幸存者流亡至泰国边界，在那里建立了难民营。几年以后，红色高棉被赶进丛林，一些有责任心的僧侣在哥沙纳达法师的带领下，开始离开寺院，走向民间。当他们开始"真理朝圣"，每天三、四点便出发，而沿路的人们也会早早地在路上守候他们，跟上他们。就这样年复一年，重建人心，"告别革命"的队伍在柬埔寨越走越长。

据说有一次，一些和平行者陷入红色高棉武装和政府士兵的交火中。很多士兵看到他们都会放下武器跪着哭着祈祷："我们不想战争，但我们没有办法，但愿我手中枪里的子弹在打进人身体的时候不至于让他丧命。"

因为倡导和平，阻止战争，把柬埔寨的难民营、监狱、贫民区、战场当作他修行的庙宇，哥沙纳达被人称为"柬埔寨的甘地"。最初读到他的故事时，恍惚之间我仿佛看到僧侣们走过的每个脚印里都长出莲花。这是一次次感化人心的旅程。世界如此离乱，但即使是一个手握刀剑的人也在试图找回自己。

先问你要去哪里，这才是最需要解决的终极问题，而不是时代去哪里，国家去哪里，世界去哪里。你需要一个怎样的时代，你就是怎样的时代。你热爱怎样的国家，你便拥有怎样的国家。你走到哪里，你的世界就在哪里。世界可能还跟不上你，国家可能还跟不上你，时代可能还跟不上你，但只要你已经在为自由担起责任，你就要有耐心，对未来的日子保持虔敬之心。就像我曾经在新年来临时表达过的——如果三月播种，九月将有收获，焦虑的人啊请你不要守着四月的土地哭泣。土地已经平整，种子已经发芽，剩下的事情交给时间来完成。

好了，我意识到自己恶习难改，我已近乎绝望地看到这又是一篇冗长的序文。我只是想与你平起平坐，聊一聊我对这个时代的一些想法包括忧虑，但是为了不让你过于劳累，我还是赶紧关掉我的电脑。坦率说，作为思想国的公民，我更在乎的是我是否言之成理，至于我是乐观派还是悲观派，如加缪所说，若无生之绝望，何来生之热爱，管它呢？

2012年5月17日

初版序

从理想国到思想国

"柏拉图要理想国，熊培云要思想国。"这是我写在我的思想国网站上的一句话。从"理想国"到"思想国"，首先要解释这两个国的源起。"理想国"取自柏拉图的名著 *Republica*（原意为《共和国》）中译本书名。至于"思想国"，则语出维克多·雨果的著名小说 *Quatre-vingt-treize*（《九三年》）。

《九三年》叙述的故事发生在1793年法国大革命时期。以保王党朗特纳克伯爵为首领的叛军在布列塔尼地区发动反革命叛乱。为了医治法国革命这块"第三等级的疥疮"，他们平均每天要枪杀三十个革命党人，口号是"烧光杀光，绝不留情"。与之相对应的是，革命党人认定"恐怖必须用恐怖来还击"，因此实施革命恐怖。正是这种"形势不由人"，革命初期曾经极力主张废除死刑的罗伯斯庇尔祭起了断头台，一时间尘土飞扬，人头滚滚。

在革命者队伍里，蓝军司令戈万相对温和理性。他认为路易十六是只被投到狮子堆里的羊，逃跑是其本能，而革命的恐怖会损害革命的名誉。"真正的革命观点是不指控任何人。谁都不是无辜者，谁也都没有罪。"人们不应该为了行善而作恶，推翻王位不是为了永久竖起断头台，打翻王冠，但要放过脑袋（Abattons les couronnes, épargnons les têtes.）。

小说的高潮是最后发生在关押戈万的监牢里的思想交锋，它以对话的形式似乎揭穿了法国大革命所有血腥的谜底。在受刑的前夜，戈万对前来看望他的革命强硬派、恩师西穆尔丹说：

> Voici la différence entre nos deux utopies. Vous voulez la caserne obligatoire, moi je veux l'école. Vous rêvez l'homme soldat, je rêve l'homme citoyen. Vous le voulez terrible, je le veux pensif. Vous fondez une République de glaives, je fonde… Je fonderais une République d'esprits.

"老师，我们两人的乌托邦区别就在这里：您要义务兵役，我要学校；您梦想人成为士兵，我梦想人成为公民；您希望人拥有强力，我希望人拥有思想。您要一个利剑共和国……我要一个思想共和国（une République d'esprits）。"

本文所说理想国与思想国，各有所指。如何理解上一段话，亦是本文的主旨所在。前者是柏拉图意义上的理想国，人人都是国家的战士，奉行专制主义；后者则属于一个开放的公民社会，是一个人人可以自由思想的共和国。在某种意义上说，千百年来人类政治思想史上最重要的精神流变，就是一场从理想国到思想国的漫长革命。

专制样本理想国

《理想国》是一部经典的乌托邦政治读本。如卡尔·波普尔所说，世界受柏拉图著作的影响（无论好坏）是不可估量的。可以说，西方思想不是柏拉图哲学的就是反柏拉图哲学的，但很少是非柏拉图哲学的。波普尔《历史决定论的贫困》及《开放社会及其敌人》等书对专制主义的源流考察，便是从柏拉图的理想国这一专制主义样本国家开始的。

拜神谕式启蒙运动之所赐，二十世纪，传说或幻想中的美丽新世界彻底撕裂了一个按部就班的人类世界。对于今人来说，了解启蒙者关于知识的立场至关重要。显然，在《理想国》中以启蒙者自居的柏拉图是一位典型的"真理病"患者——自己永远正确，其他人等则想当然的错误或愚昧。

苏格拉底说，一土所生，彼此皆兄弟，每个人都有一双认识知识的眼睛。他的学生柏拉图则认为只有受到过高度训练的哲学家才能获得真正的知识——神圣的形式或理念的知识。老天造人时在不同的人身上掺进了不同的金属元素。有的人身上掺了黄金，他们因而最宝贵，是统治者；有的人身上掺了白银，于是成了统治者的辅佐；像农民和工匠则分别掺了铁元素和铜元素。

柏拉图说，在城邦里每个人只能干一项工作，也就是那项最适合他的本性的工作。每个人应当牢记自己的职责；木匠就应该本本分分干木活，鞋匠就该老老实实做鞋。两个工人对调他们天生的位置，带来的伤害并不很大，但是如果不同的阶级之间发生流动，就意味着城市的陷落与倒退。如果城邦三个阶级（赚钱阶级、辅助阶级和护卫阶级）的任何一个都能各司其职，各尽其责，城邦就是公正的。

"各司其职，各尽其责"与西方三权分立思想不无渊源。然而，通览柏拉图主义，它更适合作为维持一个封闭社会的阶级统治论而存在。其所谓"创制一个最美好的国家，在那里每个公民都真正幸福"的理想，不过是让奴隶与奴隶主相安无事。所以，波普尔在总结理想国的五大特征时，首要一个就是"严格的阶级区别"——统治阶级是牧人和看家狗，而其他人都是家畜。

柏拉图笔下的理想国是人人在思想与行动上都处于半军事化的国家。如波普尔所指出，像其他极权主义军事家和斯巴达的崇拜者一样，柏拉图相信对军事纪律的强烈需要是至关重要的，即使是在和平时期，必须由它们制约全体公民的整个生活，因为不仅全体公民（他们全是战士）和孩子们，而且也包括那些地道的牲畜，必须在持续总动员的国家里度过其一生。一切当中最为重要的原则是："任何人，无论男女，一刻也不能没有领袖。"从孩提时代开始就应当强化统治别人及被别人统治的习惯。

在理想国，国家利益高于一切，国家政治就是人民的生活。在柏拉图看来，首要准则是国家利益和实现统治（稳定）。只要是推进国家利益的都是好的、善良的、公正的，与此相反的就是坏的、邪恶的、不公正的。换言之，人的幸福感不是源于人的天性以及人们关于幸福的体验与直觉，而是来自国家的定义；或者说，来自柏拉图本人的定义。说你幸福，你就幸福。如果国家提倡这种道德，一个人为了所谓城邦或国家的利益牺牲，不计较个人的自我实现，不但死得其所，而且幸福无与伦比。

哲人王即思想+强制

柏拉图借苏格拉底之口说："除非，在他们的城邦里，哲学家们被授予王权，或者我们现在称为国王和寡头的人成为名副其实的哲学家；除非政治权力和哲学二者合而为一（而现在许多顺乎自然、得此失彼的人应由暴力加以镇压），除非这样的事发生，我亲爱的格劳孔，否则的话，将永无宁日……"

"哲人王"是《理想国》里的一个核心概念。吊诡的是，据柏拉图理解，真正的哲学家是那些热爱真理，同时又可以利用谎言进行蒙骗的人。"为了城邦的利益"——多么伟大的说辞！——统治者便可以欺骗大众。换句话说，理想国里的哲学家们不是真理追求者，而是真理拥有者和创造者。真理只是这些哲学家们脑子里的产品，为了谋取最大的利益，可以随行就市。哲人王，不过是话语权与强制的合谋，是大一统思想的发源地。哲人王所统领的哲学家，就是官方意识形态专家。

作为"人类的医生"，柏拉图认为运用谎言和欺骗是统治者的职责。所以，当柏拉图声称哲学素养在抵制退化的危险上起着至关重要的作用时，这种素养同样包括了统治者撒谎成性的能力。

教育是为了统治，而不是为了获得幸福自由的真谛。柏拉图说："我们首先要审查故事的编者，接受他们编得好的故事，而拒绝那些编得坏的故事。我们鼓励母亲和保姆给孩子们讲那些已经审定的故事，用这些故事铸造他们的心灵，比用手去塑造他们的身体还要仔细……"这或许是世界上最早的关于媒体审查的叙述之一。

柏拉图的政治哲学是专制主义的。如其所说，"聪明人应当领导和统治，无知者应当服从"。理论上这句话并无不妥，倘使让无知者统治世界，定然行之不远。然而，柏拉图没有解决以下诸种问题：谁是真正的聪明者？依赖怎样的路径去发现最聪明者？以什么样的条件让他的聪明才智能够得到尽情发挥？关于人智力高低的"金银铜铁"说完全出自柏拉图的臆想，并无合法性基础，更不可能通过凡胎肉眼直接看出掺了金子的统治阶级里谁有最多的"含金量"，以充当哲人王驾驭权柄。

叙述者手持枷锁

卢梭说："人生而自由，却无往不在枷锁之中。"在《理想国》里，我们至少可以看到两重枷锁。

柏拉图给世人讲了一个关于洞穴的经典寓言：所有人都身处黑暗的洞穴之中，身戴镣铐枷锁，只有哲学家才有觉悟和能力跑到洞穴外面喝咖啡、晒太阳，哲学家还要把外面的阳光带回洞里。然而，细心的人会发现，那根冗长的所谓拴住了全体居民的脚镣，却是从柏拉图脑子里凭空生长出来的。从叙述的语序来说，柏拉图内心有无光明尚未可知，却已先入为主、肆无忌惮地将人类关进了洞穴。所谓"人生而自由，却无往不在叙述者的枷锁之中"。

这种先验式的叙述在亚里士多德那里得到了继承："有些人天生是自由的，而另一些人则天生是奴隶；对后者来说，奴隶制是最适宜不过的……"

还应该看到的是，除了给被描述者带来枷锁外，作为叙述者本人的柏拉图也给自己安上了枷锁。这个枷锁就是政治唯美主义。

柏拉图的激进主义与政治唯美主义紧密相关，就像希特勒和波尔布特所犯下的滔天罪行之于国家社会主义、共产主义等美丽新世界。

柏拉图试图建立一个最美好的世界,而且消除了它的所有丑恶。如波普尔所指出,这种审美热情,仅当它受到理性、责任感以及帮助他人的人道主义的迫切要求约束时,它才会变得有价值。否则,它就是一种危险的热情,有发展成为一种神经官能症或歇斯底里的危险。

可想而知,一些画家或诗人,具有艺术潜质的人成为政治领袖并将唯美主义这毫无约束的热情复制并扩大到政治领域将是件多么糟糕的事情。如波普尔指出,我们同情这种唯美主义的冲动,但我建议这样的"政治艺术家"寻求以另一种材料来表现,而不是拿人来做试验。因为唯美主义和激进主义必然引导我们放弃理性,而代之以对政治奇迹的孤注一掷的希望。然而,如上所述,许多绝望却是叙述者手持枷锁,凭空捏造的。

面对人类与语言的局限,路德维希·维特根斯坦说:"凡不可说的,应当沉默。"同样,在《反对大词》中,波普尔主张每个知识分子都有一个很特殊的责任,任何不能简单、清楚地讲话的人都应住口。

思想为什么必须自由?

与柏拉图及其后有意无意的追随者相反的是,波普尔主张"零星社会工程",局部地设计社会系统,反对乌托邦或整体论。这一点,和胡适的"大胆的假设,小心的求证"、"一点一滴的改造、一尺一步的进步"如出一辙。

乌托邦既可归咎于人类的自负,同时也是对人类已经获得的知识的非分之想。如果我们承认启蒙运动的精髓是通过知识寻求解放,我们就必须承认人类的知识是一点一滴地累积而来,而不是先验地可以一揽子获得。人若不能一揽子获得所有知识,就不可能成为绝对真理的拥有者。知识的贫困使人们不可避免地会犯错误。在此意义上,所谓伟大人物,不过是有机会犯下最大错误的一些人而已。人的自由天性以及知识的贫困,是我们主张思想必须自由的两个前提。与黑格尔等历史理性主义者、"预言家"和"救世主"们不同的是,波普尔认为个人的尊严只有在自由批评的氛围中才能得到体现,具有真理意味的见解只有在公共批评空间中才有可能自由形成,它与人们怀有何种"动机"参与辩论无关。

"你可能是正确的,我可能是错误的;即使我们的批评性讨论不能使我们明确决定谁是正确的,我们仍会希望在讨论后对事物看得更清楚。我们都可以互相学习,只要我们不忘记真正重要的不是谁正确,而是我们更接近真理……我们需要别人,以便使我们的思想受到检验,弄清我们的哪些观念是正确的。批评性讨论是个人思想自由的基础。但是这意味着,没有政治自由,就不可能有真正的思想自由。因此,政治自由成为每个人充分运用他的理智的条件。"

世界上只有两种政体,一种是被统治者只能通过流血才能摆脱统治者的政体,另一种是不用流血就可以摆脱的政体。前一种是暴政或独裁,后一种是民主政体。两者的根本区别,就是人身自由和思想自由有与无的问题。前者属于封闭社会,人们的生活习惯是一种神秘的、非理性的态度,反对变化,充满了禁忌;而后者是开放社会,人们把生活习惯当成可以批判思考的对象。前者的成员像一个有机体的器官或细胞,各据其位,各司其职,有发号施令的大脑,有唯命是从的手脚;而后者的成员在整体中的地位是可以互相竞争与流动的。

换言之,在哲人王时代,国家只有一个大脑,当这个大脑失灵,整个国家就会出现"脑瘫",无论多健康的肢体,都不得不为这个瘫痪的大脑付出僵死的代价。专制社会最难解决的王位继承问题因此可以理解为一个国家骤然脑死亡后的改朝换代。然而,在一个开放的社会,人人都有自己的大脑,都可以自由思想。个体的脑死亡,不会造成整个社会的混乱甚至崩溃。因为国家之脑源源不断汇集了全体国民的智慧。它是海纳百川的知识,而不是自上摊派的真理。我们提倡多元化的社会,主张不要把一个国家装在一个篮子里,同样意味着不要把一个国家装在某个人的脑子里。所谓思想共和国,就是一个有机会让各种思想互相抵达，同时又分散了思想最坏的风险的知识共同体。

　　不久前，我与一位法国外交官聊天。言及对中国人的最深刻的印象，这位朋友的回答是：当下许多中国人还不会独立思想，喜欢盲从，随大流。相信这也是许多读者的印象。无论是学校教育，还是社会教育，这片土地对个人独立思考的培养与宽容都是十分稀缺的。或许正是这个原因，几十年过去，主张"宁鸣而死，不默而生"的胡适和倡导"独立之精神，自由之思想"的陈寅恪在中国至今来者寥寥。历史学家唐德刚说中国将以两百年之功完成中国政治及文化意义上的大变革与大转型。笔者相信，它同样需要一场漫长的关于知识与思考的革命，借此通过数代人的努力建立一个思想共和国。在这样一个伟大的国度里，人人可以自由地思想与旅行。这将是一个人道的、人本的，以知识为信仰的新新中国。

2005年1月28日，巴黎，米哈博桥畔

上编　巴黎往思

历史从来就是在道路的两旁生根发芽的。

——布罗代尔《法兰西特性》

美，是道德上的善的象征。

——康德《判断力批判》

第一辑

米哈博桥上的眼泪

三十而立，飘在巴黎。

新近搬了家，我住在一首诗的旁边。十六区，右岸偏左。

初次见面，和其他法国朋友一样，房东太太问了同样的问题——为什么来法国？对于这个问题，我很少自问。我的南开校友、戴思杰先生在他的成名作《巴尔扎克与中国的小裁缝》中有很好的解释：一个小裁缝受到巴尔扎克作品的影响，最后走出天高文化远的小山村。它说明，文化无孔不入、魔力无穷，影响了一代又一代人。回想我这些年读过的书，无意有缘，大多都和法国文化有些渊源。因此，来到法国继续学习，对我自己来说，并不意外。

对我最有影响的人不是巴尔扎克，而是罗曼·罗兰。罗兰这样描述法式乌托邦："世界安宁、博爱、在和平中进步、人权、天赋平等。"其实，我对法国怀有某种情感，除了对这些大道理心存信念，还有一种近乎朴实的乡土之情——怀旧。在我仰望未来浩瀚的星空时，同样深爱着承载现在与过去的大地。道理是，只要你站得足够高，就会发现大地是星空的一部分。

法国人的怀旧之情是举世无双的。有的电台就取名为Nostalgie（怀旧）。怀旧，其实就是抚摸文明发黄的书页，怀念短暂一生的美好，它让人生与历史相逢，在眷恋到心痛的回味中，穷尽过去与未来。所以普鲁斯特意味深长地说，天堂只在那些已然逝去的日子里。

一个雨水涟涟的冬天，我在塞纳河边排了两个小时的长队，第一次走进了奥赛博物馆。很多年来，我一直喜欢印象派的画，尤其钟情凡·高的《向日葵》与《星空》。当我爬着楼梯，快要走向凡·高的展厅时，想着这些年来痴心不改，在愿望即将实现时忽然觉得愿望也疲惫不堪。手扶着楼梯,只是喃喃自语,"凡·高,我来看你了!"

尽管在所有的藏品中,没有《向日葵》,也没有《婴孩》与《吃土豆的人们》,但我却第一次真切地看到了晒场上的生命、自画像、星空与教堂。油画不是印刷品,它是只能到现场看的,透过斑驳的画布、甚至已略显黯淡的色彩,你更可以看到无尽的岁月沧桑与隔世的心灵抚慰。在这里,画框虽已陈旧不堪,却为我们细心保留了文明的现场。

社会就是人类,历史就是人生。在法国,流通于欧元之前的法郎纸币是值得追忆的。

如今,无论是在大商场,还是跳蚤市场,除了欧元标价外,商人还会不厌其烦地换算出法郎。那里栖息的不只是拿破仑与黎塞留的政治野心,更有自启蒙时代以来思想巨子的人文之情——伏尔泰、孟德斯鸠、笛卡尔、莫里哀、哈辛、高乃依、夏多布里昂、雨果、德拉克瓦西、塞尚……法国人怀旧,其实更多的是怀人。

铜臭里飘着书香。

几年前,当我第一次在五十法郎的纸币上看见圣·埃克绪佩里与小王子,犹如第一次在巴黎书店里看到无数个版本的《小王子》、绢着法文"不要用眼睛,而是用心灵看"的方巾以及绣着"Le Petit Prince"(小王子)的金色狐狸与白色小绵羊时,我因此明白一个民族是如何呵护一颗心的。它不像袁世凯,甫一"当选皇帝",便心急火燎将自己的脑袋铸成"大头"上了银元,以示"袁某人到此一游",呵护一顶轮流坐庄的帽子。

书香里飘着些什么?都是些故人名字。

在西岱岛旁,塞纳河两岸,排满了旧书摊。除了卖巴黎名胜的卡片与素描外,大多都是近一两百年间的旧书。那是一些固定在河沿上的简易铁箱子。从市容上考虑,这大概算是"私盖"或"官搭",当被拆除。但很多年来,塞纳河边的旧书商并没有被清理走。政府对文化之重视与宽容使塞纳河水也有了一缕书香。

法国出版社十分重视作者的名字（有时会占到封面的三分之一），而不是用花里胡哨的书名，或忧国忧民担心你有了快感不喊；或"礼贤下体"，派"此处删去下半身数两"的庄之蝶将你诱奸。在法国，性是自由的，以"力比多"来勾引读者钱财的任务已交给了色情杂志或情趣商店的老板。出版商重视推出作者之名而非作品之名，一方面推销并鼓励了作者，同时也让作者因此对自己的名字负道义之责，不至于使小说家们集体"卖身不卖艺"。常有人文学者悲叹近代中国沦为"文化小国"，究其根源，与国人重标签而非思想，重书名而轻作者，重市场而轻人心不无关系。二十世纪后半叶，吾国剪刀加糨糊的学术武工队和著作装修队鱼贯而出，于是有了书香不足、腋臭有余的虚假繁荣。

初到巴黎，我的索邦校友、政治评论家陈彦先生给了我很多关怀。对于中国，他最痛心的是当下犬儒主义流行，冷漠与世故正在成为人们的护身符与安慰剂。几个月前，陈先生在一篇悼念李慎之的文章中说，"当代中国反思的特点不是思想的高度，而是步履之维艰。"让我唏嘘不已。细想下来，中国所以沦为"文化小国"，与吾民健忘、自卑或"自寻短见"亦不无关系。我们在制造天堂与将来时，却将过去或手边的美好扔掉了。我们不但遗忘了过去，也正在遗忘现在。

中国人常说，人走茶凉。其实，一个民族，若不能热情地拥抱自己的祖先与子孙，茶从来就是凉的。就像黄宗羲、胡适、傅雷、顾准这些名字，只是星星点点地出现在几个淘书人的脑子里，却从未在道路上见着。旧朝新朝，路牌上多半是一统天下的"事迹"，却很少见到些民族精神的"人迹"。华族亿万，岂能在"人迹罕至"的道路上再造文明？

一个民族，不能只纪念一个人，否则它就被自我轻视。

文明的敌人是杀人放火，用秦始皇来解释就是焚书坑儒。英法联军火烧圆明园时，中国人出奇地愤怒了。其实，自楚霸王以来，中国人自己关起门来放火，算起来已有两千年，并朝代相袭，因此有了阿Q"先前也阔过"式的文明。如今，中国进入转型期，也进入拆迁期，于无声处，许多"看不见的熊猫"正在消失，胡适先生"一点一滴地改造"，悲哀地沦落为"一点一滴地毁灭"。记得在国内时，有次拜访法国《解放报》驻京记者韩石先生，当时他正准备搬家，因为他租用的四合院要拆了，当时他脸上的表情对于忙着多快好省搞建设的国人来说，始终是一个谜。答案在我的巴黎同学阿兰的嘴里，"如果你拆光了你们文明的四合院，复制一个赝品的巴黎，巴黎若有知，巴黎也会愤怒。"

在许多法国人看来，继往开来不是空洞的政治口号，而是文明延续的金科玉律。没有过去、无视将来的消费者文明，其实不过是酒肉穿肠过的文明。有个道理是：只知道拆除过去的人，将来也会被人拆去，其结果是每一代都会在"拆迁"中疲于奔命。雕栏玉砌应犹在，古老的文明之墙上，用摩登的油漆写着斗大的"拆"字。它有着鲜艳的白色，我却看到了黑暗。

我想，法国人和中国人一样，都是有点"祖先崇拜"的。只是，前者不是家族之爱，而是人类之爱；不是血缘之爱，而是智慧之爱。一个弥漫书香的民族，爱它的祖先，用他们光荣的名字温暖一座城市；爱它的子孙，为他们呵护过去与现在的一切人与物；爱他们自己，做一个幸福的人，甘于辛勤、奋斗一生，最后可以温暖地死去。

飘在巴黎，我住在一首诗的旁边。今夜我无心睡眠，踏过布热约街没足的梧桐树叶，独自倚在米哈博桥上，我竟又一次流下泪水，为了一座桥，一条河，一首诗。

诗的名字就叫《米哈博桥》（Le pont Mirabeau），是短命的天才诗人阿波利奈尔·吉洛姆写的，如今它被刻在米哈博桥头：

Sous le pont Mirabeau coule la Seine

Et nos amours

Faut-il qu'il m'en souvienne

La joie venait toujours après la peine

Vienne la nuit sonne l'heure

Les jours s'en vont je demeure

……

米哈博桥下，塞纳河流淌，
我们的爱，
是否值得萦心怀
但知苦尽终有甘来
让黑夜降临，让钟声敲响，
时光流逝了，我依然在
……

在这里，我不只是我自己，我是一切人。日子走了，我还在；河水走了，桥还在。阵阵西风之中，那一刻，我泪流满面。

2003年11月

米哈博桥畔,塞纳河流淌　　　　　　　　　　　作者摄

十六区,右岸偏左　　　　　　　　　　　　　　　　　　　　　　作者摄

塞纳河上的自由女神　　　　　　　　　　　　　　　　　　　　作者摄

索邦广场上的小提琴手　　　　　　　　　　　　　　　　　　作者摄

"国民之间没有战争,阶级之间没有和平"　　　　　　　　　　作者摄

街道上的巴黎

巴黎是可赞美的，可赞美的，不仅是人道，还有街道。

徐志摩曾深情感慨，"咳巴黎！到过巴黎的一定不会再稀罕天堂！"因为"香草在你的脚下，春风在你的脸上，微笑在你的周遭。不拘束你，不责备你，不督饬你，不窘你，不恼你，不揉你。它搂着你，可不缚住你：是一条温存的臂膀，不是根绳子"。话里话外，将巴黎的街道与人道索性都赞美了。

怀旧与时尚在此交迭缠绵。体味了巴黎的人，会油然升起心底的赞叹。曾经发生在这里的所有标榜自由平等的革命与巷战，从未使巴黎湮灭了往日的荣光与对未来的敏感。协和广场上湿漉漉的断头台已随阴魂飘散，经过诸世纪风雨洗礼的塞纳河畔，林立的墙壁虽未改往日的沧桑，但那些曾将热切希望化为仇恨的每个弹孔如今已开满鲜花，与路边立尽斜阳的香颐软吻一起将巴黎点缀成"朝爱者"的花园。

城市，可以诗意地栖居。这就是巴黎，一个漫步者的天堂，处处弥漫着人文学子的归乡之情。巴黎对世界说，街道之美不只在空中，它更期待赤心赤脚地阅读。穿越巴黎是幸福的，举目投足，到处是隔世心灵的抚慰，它让置身其中的人们充满荣耀与温暖。这是个多情而感恩的民族，她眷顾历史上每一寸宝贵的光阴与荣耀，而不以有权有势者的好恶来决定逝者的一生荣辱。从倒映在塞纳河水里的卢浮倩影到铺满羞涩薰衣草的普罗旺斯天堂，从四季繁花、雨水涟涟的西布列塔尼到维克多·雨果的故乡，几乎所有的道路、建筑、广场以及学校都与某个伟大的名字联系在一起，卢梭、孟德斯鸠、狄德罗、伏尔泰、左拉、饶勒斯、法朗士、乔治桑、蒙田、纪德、谢阁兰、巴尔扎克……它让人们相信，先贤祠不只是屹立在索邦大学旁供后人凭吊，它还通过一条条道路蔓延到五里三乡，在每个角落每片寂静里树起人文精神的典范，让膜拜智慧的香客全心全意相信脚下的幸福。

许是习惯了"欲与天公试比高"、疲于奔命的现代化，我的一位留学生朋友，从出戴高乐机场开始便"不过如此"地忧郁起来。但很快他改变了看法，"几个月来，每天都有人向我微笑，即使是陌生人见面也会互道一声bonjour（你好）；我进大楼时，走在前面的人会轻轻挡住门扉等着我；我横穿马路时，每个司机都彬彬有礼，为我这样不名一文的异乡人停车。我感觉自己受到了尊重，我报之以微笑，拥有这些记忆的一生是幸福的，我因之不虚此行……"微笑是一种人道，它是精神领域的社会契约，谁也不该少一份责任。前些日，巴黎11区的部分居民联名抗议350家华商，因为他们清一色的服装店使街区商品多样性与整洁环境遭到了破坏。法国人坚持文化多样性是世界有名的，但具体到这件事，还有文化上的认同问题。一位居民向记者诉说她的怨愤——我抗议更是因为中国人见面冷冰冰，从不打招呼，不像邻居！呜呼，西学东渐一百年，西方的主义在中国早已活学活用，就地生根，唯独人们心底那拈花的灿烂总也学不会，发不出，笑不响。法国人说，人生哭泣始，快乐终，我们寻求一个理性、标榜个性与自由的社会，但这并不意味着从此冷若冰霜。

法国的街道是人的街道，人受到人的尊重，也受到机器的尊重。大街上没有拍得山响的喇叭，更没有城里司机朝进城农民吐痰的事发生。不管什么车（大卡车、公交车、私家车），多快的速度，都会停下来谦让行人，如果你出于礼貌或以"非机动车让机动车"的教条来礼让司机，他仍会耐心等你先行一步，除非你抬头望天，执意要欣赏天上的风景。英国人嘲讽爱开快车的法国人，是个"不相信飞机比汽车快"的民族，即便如此，法国司机不会在人行道上"炫耀机器文明"，更不会如那位留学生所抱怨挪样，"司机同样排放尾气，一口唾沫吐过来，然后我们大打出手，彼此问候对方的妈妈。"年初回国一趟，险些丢了性命，因为一时恍惚，以身处法国大街上的经验，相信过斑马线时汽车不会冲过来。这件事让我联想起几年前看过的一部国产电视剧,描写一位海外游子回国建设,出师未捷先撞死的遗憾事。我想那只"海龟"八成是死于海外习得的观念,她当时大概也相信汽车为她驻足,奉献绽放人性的花束……其实,她的水土不服远不止面对大江截流般的行人与"兽性大发"的机器。我想她的遭遇或多或少解释了一些海外学子何以学成之后"锦衣夜行",爱国不还乡?

　　法国的街道是知识分子的街道,启蒙时代波澜壮阔的晨曦从未因为时光的流转变得黯淡。如拉塞尔·雅各比所说,真正的知识分子应当立足专业,放眼街道,用自己的言行和创作参与社会运转,感召大众。法国深厚的人文传统不是在精舍与温室中培养的,他们需要大街赋予坚实的现实性格。长期以来,争取社会公正与反对强权的游行示威是法国街道上最绚丽的风景。街道是政治力量(le pouvoir politique)与社会力量(le pouvoir social)角逐的舞台,它既是危机的泄洪闸,改革的分水岭,同时也是政府外交的参照系。希拉克在第二次海湾战争中的反战立场,与法国街道上的这些浪花不无关系。朱学勤先生最近撰文苛责法国政府反战立场,始于妒忌老大所以搅和的"老二心态",着实令人费解。我不知道中国知识分子自成阵营划地繁殖的思想到底从哪里来?一个强国对一个弱国宣战,"以其父作恶而奸淫他的母亲",如果世界上连点反对的声音都没有,我们生活的这个时代是不是太危险了?

　　天底下没有最卑贱的花朵,这就是巴黎,花之都。我曾零星写些文章,对法国开放式的教育奉献赞美之辞,亦深知一个民族精神之养成,不可能通过校园教育毕其功于一役,它还需要从点滴日常生活中习得,并经过一代代的不懈努力,达到人之上升。显然,中国在这方面还有很多事情要做。素质问题,看看爬在小区麻将馆墙壁上的"祖先崇拜"——"偷一张牌我刨你家祖坟"以及"宁可家破,不要国亡"的乡村计划生育宣传;文化消费方面,中国老百姓喜欢报纸,很大程度上是因为它可以废物利用,拿到菜市场包裹鱼肉或利用它优良的吸水性擦桌子；社会安全，问问还有多少潜藏人心与政治背后的诸种恶毒会"让眼泪一夜洒遍互联网"，还有多少"孙志刚"，诚惶诚恐地走在祖国的大地上……

　　地广人稀，街道荒凉。想来想去，就觉得中国街道不是太拥挤了，而是显得有些冷清。它需要有更多的人道，期盼更多的人来，带着对知识的热忱与理性的信仰，带着心底的温暖和瞳孔里的爱。一个没有学会彼此尊重与担当的民族，是不可以奢谈希望的。有一天，它或许会很富有，但身处其中的人民并不因此幸福。

2004年5月

我们的城市,我们的乡愁

乡愁是一种高贵的人类情感。周国平先生曾经撰文,称"城市不是乡愁的产地,城市只是埋葬乡愁的坟场……因为乡愁萌芽在朴素的地方,乡愁生发在辽阔的原野"。在我领略了巴黎之美后,深信这不过是一种偏见。

对一座城市怀有"乡愁"(nostalgie),这似乎是一个悖论。中文语境中,乡愁多关乎乡土、乡情,城市实际上被无情地抛在一边。然而,从希腊词源上说,乡愁("nostos"+"algie")并不局限于思乡之情,它是一种对过去的无名的疼惜,城市故土自然也包括其中。时至今日,乡愁语义更有拓展,它既包括对过往的追忆,也包括对未来的向往。

城市可以诗意地栖居,城市也有乡愁。无疑,巴黎的惊世之美,在于它穷尽时空之维。它向世界开放,容纳各种文化;它跨越千年,为历史保留现场。在这里,即使是一座其貌不扬的普通民宅,也难免有两三百年的历史,更别说那些中世纪以前的建筑以及无数承载历史、以人名或事件命名的道路与广场。

建设一座城市,首先要知道如何保卫这座城市,否则就会出现拆东墙补西墙的捉襟见肘与得不偿失。如有建筑家所批评的那样,中国的城市建设忽视城市生存品质、文化内涵和历史魅力,文化与历史像建筑垃圾一样被清理出城市。一座失去记忆的城市,从此淡漠了乡愁。与大地山川承载记忆不同的是,城市成了浮世不安与居无定所的象征。

无疑,"集体失忆"是今日中国改天换地般城市建设的最大特点,也是最大悲哀。这种对历史的忽略、对记忆的摧残与中国独一无二的"拆迁逻辑/文化"密切相关。

随着城市改造的扩大,各种利益的卷入,拆迁今日已是一个敏感话题,甚至关系到社会稳定。然而,如果将"拆迁"二字置于宏大的历史背景之中,我们不难窥见中国的政治文化中的大脉络——几千年来中国人命运多艰辛劳苦,在很大程度上正是因为受累于拆迁政治与拆迁文化,受累于"先拆迁、后安置"的程序倒错以及一代代互相拆迁下去的恶性循环。过去仿佛是一种可以隔世相忘的东西,它不但没为中国人提供近水楼台的便利,反而成为一种羁绊。历史总是跟不上潮流,每代人都要"白手起家"。在此逼迫下,所谓"前人栽树,后人乘凉"成了空洞的说教。创造者们希望自己种下的树木速成屋里的家具、灶底的柴火,就像短见的革命家希望在有生之年享有一切革命成果。毫无疑问,这种急功近利在一定程度上教唆了拆迁逻辑。

与巴黎诸城相比,中国城市建设的贫困在于,前者是无数代人集体创造与共同保卫的结晶,而在中国它被简化为一两代人的苦役。更糟糕的是,在拆迁逻辑的裹挟之下,几乎所有的建筑、文化、历史都难逃朝不保夕的命运,因为中国的城市语法中,没有过去完成时,只是尘土飞扬的现在进行时。它意味着我们要一代代疲于奔命地拆迁下去,而且要一代代被后来者拆迁下去。后来者以一己之利或一时短见实践"后来者霸权",不可挽回地吞噬着先行者,历史创造从此灰飞烟灭。于是,和建筑垃圾一起被清除出城市的,不仅是记忆,更有祖祖辈辈的人生创造,甚至那些用屈辱换来的宝贵历史文本。同样的原因,即使今日那些引以为荣的政绩与劳绩,在不久的将来也可能成为新拆迁运动中"中国第一爆"的目标。于是悲从中来——我们在创造未来,我们的创造没有未来。

永远需要推倒重来,需要凤凰涅槃,永远要在废墟与火焰中重生,中国城市仿佛失去了历史的恩泽,成为历史的弃儿(确切说是一代代中国人抛弃历史后终于被历史抛弃)。这与中国没有西方"风能进、雨能进、国王不能进"的产权制度有关,与此同时更有观念上的原因，即中国人对自己的历史文化缺少尊重与宽容。否则，我们无法解释，为什么在欧洲许多公共建筑同样被保护得完好无损，以及为了修复巴黎圣母院的外墙，人们宁可花上几年的时间。

不可否认，现代化里装载着中国人载不动的乡愁，但是现代化并不意味着要用新建筑代替旧建筑，用新潮商品代替旧有文化，用"朝闻名于道路，夕死可矣"的时尚主义代替崇尚理性宽容的现代精神。现代化的真义，更在于以理性的创造联结过去与未来。没有对历史宽厚的接纳和对前人智慧劳动的尊重，忽视人类生活在文化与记忆之中，忽视人对过去与未来的高贵怀想，那么现代化就会淘空意义，沦落为一种庸俗的拜物教。

法国漫画家菲利浦·格吕克（Philippe Geluck）的话里多有机锋，他曾讲了句耐人寻味的话："Dans le passé, il y avait plus de futur que maintenant（过去有比现在更多的未来）。"是否我们可以说，当一座城市失去了自己的历史文化，更意味着它失去了所有关于过去的想象，意味着它失去了藏身其中的无以计数的未来？

2005年1月

风范大国民

前年春节的回国飞机上，我的邻座是位黑人——西非某国驻华大使馆二等秘书。一路上我们聊了许多中国问题。他给了我两个深刻印象：一是他的素质"大概不算高"，当然这不是因为他一身落魄商人的打扮，而是他不停地找空姐要酒却不喝，最后把六七瓶酒都装进旅行包里带下了飞机。另一个印象是他对我说，中国发展太快了，但是中国人还没有大国国民应有的素质。这是他给我印象最深的一句话。由于我已经私下认定这位来自非洲战乱国家的外交官"素质不算高"，所以连他这样"素质不算高"的人都说中国人还不配做大国公民就给了我一些刺激。既然他给我印象不佳只是因为一件骗酒喝的小事，而不是因为他的国家正在打仗，所以我也从小事出发，谈谈中国人怎样培养大国公民的素质。

记得几年前刚到法国留学，我住在大学城里，同楼层有不少中国学生。有天晚上，和一位法国朋友聊完了他感兴趣的"中国即将复兴"问题后，我下楼睡觉。大概凌晨两点，我被一阵阵乌拉声吵醒。在挣扎得终于睡意全无后，我敲开了那个喧闹的房间。出乎意料的是，在这间不到十平米的宿舍里，挤着八九个中国学生。他们团坐在一台笔记本电脑前开三级会议，当然这次会议并不涉及政治经济，只是关乎西洋女郎的"口技"生活。领头的学生见我被他们的评头品足吵醒，便十分热情地对我说，大哥也醒了，干脆把大家都叫起来看得了。他的热情让我很尴尬。这栋学生公寓是各国学生混住的，我隔了八九个房间能被吵醒，相信很多人也都被吵醒了。我谢谢他的美意，然后回屋。想起临睡前和法国朋友谈的中国复兴，那夜我就彻底失眠到了天亮。

在巴黎，我住在塞纳河边一幢十九世纪的老楼里。对法国庭院深深的市井文化有一些切身体会。那些飘散在生活里的细节总是让我无比感动。

有一天我下楼去买食物，看见走廊内的玻璃门正反面都贴上了精美的信笺。上面工工整整地写了几行字：

Chers voisons：
Aujourd'hui nous fêtons mon anniversaire.
Veuillez nous excuser de bruits occasionnés.
Merci de votre compréhension.

Donia

亲爱的邻居们：
今天我过生日，偶有噪音，请您原谅。
感谢您们的理解。

多尼娅

原来我的邻居多尼娅女士今天要过生日，请了几个朋友来庆贺，因为害怕不小心吵着大家，便写了两张纸条希望得到大家的理解与宽容。后来我发现，事实上，那天晚上她家没有传出一点喧闹的声音。这只是日常生活中平常的一幕。当晚，我坐在塞纳河边上，想得很难为情——以中国人风格情操，多半都是要"与民同乐"的。然而，这种"好心"多半都是建立在扰民的基础之上。别说结婚时为性交做广告的吹吹打打，即使温文尔雅的求爱，也不免会变成高音喇叭里的"安红，我爱你！"

法国的日常生活，留给我印象深刻的事还有很多。比如说，在进出门厅的时候，走在你前面的人会用手挡着门扉等你进，虽然你们并不相识，也可能你们相距有十米的距离。这些细节，让人觉得生活其中十分温暖。又比如说，在电视里，当主持人出现口误的时候，会在纠正字词的同时向观众说一声"Pardon"表示对不起。这是一种对观众表示尊重的职业素养。如果你只是急着纠正发音，并不代表你因为你的错误向观众表达了歉意。既然没有这种歉意表达，口误者就会时常想着蒙混过关。在法国，如果播音员在电视里说错了话不向公众道歉，只会让人觉得他没有教养，而不只是职业道德的问题。在日常生活里，这种"对不起"文化是随处可见的。甚至可以说，许多场合不经意的歉意表达已经成为西方忏悔文化的一部分。1793年10月16日，路易十六的王后玛丽·安特瓦纳特被判处死刑。走上断头台时玛丽王后不小心踩到了刽子手的脚，她因此留下了一生中最后也是最让所有法国人至今都脸红心疼的一句话："Monsieur, je vous demande pardon. Je ne l'ai pas fait exprès."（先生，我请求您的原谅，我不是有意的。）

几年前，《泰坦尼克号》在中国电影院里掀起了眼泪风暴。最让我感动的镜头，不是爱情，而是生死，是人们怎样有序地上救生艇，是竟然没有一人喊出"让领导同志先走"的口号。在巨轮即将沉没之时，许多人表现出的英雄气概，既是人道主义的，也是出于对秩序的尊重。所以最早知道要沉船、最有条件逃生的船长愿与船同沉；牧师也不忙着逃生，而是为人们朗诵《圣经》；让人感动的还有乐队，在死神逼近的时候，以琴声温暖人心……同样是电影，在没有秩序的年代，我们看到的只是《滚滚红尘》里被拥挤的人群冲散的一双痴男怨女。如果说此时人们不讲秩序是因为战乱，现在中国人日常生活里不讲秩序该拿什么当替罪羊？

鸦片战争以降，中国人做梦都想自己国家变得强大。李叔同二十六岁时曾写《祖国歌》述怀："上下五千年，一脉延，文明莫与肩。纵横数万里，膏腴地，独享天然利。国是世界最古国，民是亚洲大国民。乌呼大国民，乌呼，唯我大国民！幸生珍世界，琳琅十倍增声价。我将骑狮越昆仑，驾鹤飞渡太平洋，谁与我仗剑挥刀？乌呼大国民，谁与我鼓吹庆生平！"字里行间，甚至还有些刀光之气。近年来，伴随着中国国力上升，越来越多的人开始自问如何胜任做大国公民，这是中国人集体理性上升的一个标志。然而，大家所谈多是"不让狂热的民族主义引火烧身"式的警告。笔者以为，除了民族、国家这些大词之外，塑造大国公民，应该从情结走向细节。政治文明之外，更有生活文明。所谓生活文明，可以理解为一种对人尊重、对秩序尊重的文化，它是一切政治文明的摇篮。没有人本主义与秩序文明的根基，幸福会像天上的星星一样美丽浪漫却不在我们身边，而自由随时会摇身一变，成为一根驱赶他者生活安宁的皮鞭。

2006年6月

巴黎大学如何考试

2009年2月5日出版的《南方周末》刊登了安徽一位在校高三学生的文章《我被中国教育逼疯了》。在文章结尾，作者用一种近乎控诉的口吻说："我曾想过自杀，但我不甘心被中国教育折磨死。我恨父亲，但没有真正恨过，我更恨中国教育，是中国的教育让所有亲人只用分数衡量人。"

关于这一"爆料"，最近多有评论。应该说，学校用分数衡量一个考生是否"达标"，以及部分家长望子成龙时的苛严，在今日中国都不是什么新闻，更无所谓"震惊"。人们关心的是，在"万般皆下品，惟有分数高"的鞭打下，挤进大学的所谓成才之道，也完全可能异化为毁才之道。而我在这篇自述中所看到的真相是，一方面，这位学生在拿高分的重压下苦不堪言，以至于"想过自杀"；另一方面，在他通向理想的关键时刻，来自家长与社会的过多干涉与单向度评价，又使他长期困顿于"被追杀"的亡命之途。

相信许多人或多或少都做过有关考试的噩梦，总是答不完卷子，急得蹬掉被子。这自是因为过去紧张的考试给我们留下了"记忆伤痕"。我这里谈到的"记忆伤痕"，实际上有两种解释：一是心理上的创伤，比如考试太多，太紧张；二是方法上的，尤其对于文科生而言，迎合"标准答案"的考试所考查的更多是学生死记硬背的功夫，而非创造力，是记忆之技，而非思维之学。

谈到中国的应试教育，同样深有感悟的是我在中国和欧洲所接触到的两种考试的差别。实话实说，我在国内念大学时，成绩好坏多半决定于我在考前一晚是否强忍悲痛背诵答案；而当我在巴黎大学参加考试时，一门必修课只考一道论述题，而且是连续笔试五个小时，写十几页纸。显然，这才是我最需要的测试。二者的区别在于：前者太专注于色情，只考我对标准答案是否有过"一夜情"，而后者所考察的则是我若干年来持续思考或者阅读了哪些东西，是我有着怎样的知识积累与思辨能力。

为什么学生的家长与老师不鼓励学生就着自己的兴趣与特长成长？为什么这位学生读自己喜欢的书、思考自己的问题却被理解为"不务正业"？为什么许多人在学龄前便被要求参加各种培训班，而且一辈子都在忙着考这考那？传播学者感慨电视媒体大行其道已经使人类失去了童年，其实，那些畸形的、功利主义的教育，各种毫无价值的证书，不仅让人类失去了童年、少年、青年，甚至可能是一生。生命何其短暂，有考证的时间，有对标准答案的时间，何不多给自己一些机会去创造？

生活没有标准答案，考试不是生活的全部，更不是成才者的必由之路。一个人，即使在高考时做了状元，也并不意味着他一定比落榜的人优秀。比如，"偏科"的韩寒当年没有考大学，而是按着自己的方式生活，几年来，他独立的个性、睿智的见解以及远在同龄人之上的担当与澄澈，让多少人赞叹。有人可能会说，韩寒天赋异禀。的确，韩寒十分与众不同。在我看来，其最大的不同就在于，许多人只能看到有路牌的路，而韩寒却看到道路边上也是路。有了一定阅历的人会知道，在道路边走出的路，往往才是自己的路；而那些标明是道路的路，很多都是别人的，二手也是别人的。

曾经在《哈佛家训》上看过一则让兔子奔跑的寓言。小兔子是奔跑冠军，可是不会游泳。有人认为这是小兔子的弱点。于是，小兔子的父母和老师就强制它去学游泳。结果兔子耗了大半生的时间也没学会。兔子不仅很疑惑，而且非常痛苦，就差"想自杀"了。然而谁都知道，兔子是为奔跑而生的，而不是像菲尔普斯一样做条一天到晚游泳的鱼。

作者由此感慨现代社会对人的教育的异化——"看看我们的四周

吧！大多数公司、学校、家庭以及各种机构，都遵循一条不成文的定律：让人们努力改正弱点。"君不见，"父母师长注意的是孩子成绩最差的一科，而不是最擅长的科目。几乎所有的人都在集中力量解决问题，而不是去发现优势。人人都有这样的想法，那就是只要能改正一个人的缺点，他就会变得更好。"然而事实上，许多缺点都是微不足道的。在"完人"标准答案面前，没有哪个不是千疮百孔。

　　为什么要参加一些毫无意义的考试并且获得高分？既然没有谁会"全知全能"，为什么大学拒绝"偏科"的学生？当教育体系成为一套精细的矫正仪，当教育设计"像捕鼠器一样"完全针对人的弱点，而不是发现和激励一个人的优点与特长时，置身其中的人也就成了一头被教育机器不断纠正的猎物。最不幸的是，许多人并不自觉，在此漫长的"纠错"过程中渐渐失去了自我抉择的意志，渐渐磨灭了原本属于自己的才情，荒芜了斗志，辜负了创造。

2009年2月

汉字与国运

月皓云瀚，汉字江河流淌。

相信每位在国外生活过的中国人，读到汉字时感觉都是暖洋洋的，那时你像是历尽艰辛，终于爬出密林瀚漠，于恍惚间见到了父老乡亲。

然而，我在法国读到第一个汉字时，感觉更多的却是荒诞。

当时我坐了十几个小时飞机，住进朋友安排的一家宾馆里。在这里，我看见了"父老乡亲"，第一个汉字——那是"爱"。它不是贴在墙上，也不是印在书里，而是以文（明之）身抖动在猛男的一瓣屁股上——猛男正在荧屏里面"间歇性抽搐"。这是法国成人电视节目里的一个镜头，我感觉"乡亲们"被糟蹋了。

好在法国人民明察秋毫，这毕竟是个精致的国家，没将汉字之"爱"如此"做掉"。更多的时候，汉字在异乡的境遇还是好的。我曾在法国西部小城的一家旧书店里见到一幅标准的中国字——"书香"，挂在书店已近斑驳的墙壁上。旁边落的款是："不问窗外纷纭事，但求世间未见书"。去年冬天，我随团参观大西洋边一个村庄的教堂，没想到与汉字亦有番奇遇。接待我们的乡村牧师神情肃穆地站在台上，单手悬开一轴书法，上面写着"我是道路真理生命"，让我们这些远道而来的中国人感慨不已。

我住在一幢公寓里，邻居里有位叫Duc的越南教授，中文名字叫"德"，我们时常在一起聊天，Duc对中国充满好奇与敬意。起初他甚至教我说几句越南话，但很快，Duc便少了热情，Duc说其实他并不喜欢越南文字。那是一堆用拉丁字母、部分汉语读音以及几个注音符号七拼八凑出来的文字，无论是和中文还是西文相比，都显得捉襟见肘。越南曾长期使用汉字，并发明了自己的"字喃"，后受法国殖民者的影响，将文字彻底拉丁化，因此有了这"四不像"（法语、汉语、字喃、拉丁语）文字。

布朗夏尔是我认识的一个布列塔尼族小伙，我们曾聊过《别再死了，语言！》（Halte à la mort des la mort des langues！）一书，当时他近乎哀叹地摇头——世界正以每年消失二十五种语言的速度（该书观点）走向"文明一体化"，布朗夏尔相信十五年后布列塔尼语也在劫难逃；同样悲哀的是，法语在挤逼布列塔尼语的同时，未来也可能会"在英语文化的强大攻势下走投无路"。空前的文明兼并，阳光下可见的弱肉强食的水印，在整合世界文化的同时也让世界失去许多色彩斑斓的东西，直至人类文明的丛林里只剩下一种讲英文的动物。自十九世纪以来，英语就是这样，在推进世界文明进程的同时，它也扮演了"语言断头台"的角色。法国人所以恨英语文化，既是世仇，也源于英美今天的咄咄逼人的优势。

和布朗夏尔一样，我的不少法国朋友对中国文化都十分感兴趣，比如中国结艺、剪纸、京剧脸谱，当然也包括汉字。在许多西方人看来，东方之所以神秘，和汉字不无渊源。这些像"被刀耕火种出来的"方块字，每一枚都散发着原始绘画与图腾的气息。一位名叫马奥尔的法国男孩，见到我时常会掏出一个小本儿，让我教他习汉字。每次看他写中国字，我都难免会笑出声来。确切地说，他是在画汉字，像学素描，讲究"三庭五眼"。听我说普通中国人能认几千个汉字时，他吓得半天没合上嘴。他大概在想，东方人的脑子的确神秘伟大，黑发之下竟然藏了那么多幅图案而不混乱。

当然，真爱汉字的还是中国人，那是一种融于血液的热爱，而不只是出于文化上的好恶或实用的考量。一位来自沈阳的留学生朋友，听我背了句席慕蓉的"那渡船头上风里翻飞的裙裳"，欢欣难抑，旋即将它写在黑板上，然后站在一边，浩叹汉字意韵之美。当时的情形让我一生难忘——他双手近乎掬着了"裙裳"二字，像圣·埃克绪佩里笔下的小王子，呵护自己星球上的那朵玫瑰花。那一刻我相信，对于大多数中国人来说，每个汉字都是和狐狸一样可以被"驯养"的，而不止于唐诗宋词的意境之美——世界大概还没有哪一种文字能像汉字这样可以供人享受人生。

近几年在网上看新闻，时常会读到一些让我欢欣鼓舞的文字，世界经济"中国一枝独秀"，欧洲流行"汉语托福"，美国兴起了"中文热"，大家嚷着"你好"到中国搞投资……洋子洋孙们不知道，当年八国联军大闹北京城，唯一没能抢走的，大概就是汉字了。他们更想象不到的是，在此后的漫长岁月里，汉字险些被中国人自己"刨个坑儿给埋了"。

汉字，让中国人诗意地栖居。我庆幸汉字逃过了上一个世纪的劫难。它祸起中华衰微的国运，也源自城市脆弱的人心。好在这毕竟是个伟大的民族，穿越历史无穷的险境，逢山开路，遇水搭桥，终以忍辱负重之心，使中华文明薪火相传，未蒙没顶之辱。

1918年钱玄同首先在《新青年》上发难，在这篇《中国今后的文字问题》中，钱玄同称，"废孔学，不可不先废汉文；欲驱除一般人之幼稚的、野蛮的思想，尤不可不先废汉文"，"欲使中国不亡，欲使中国民族为二十世纪文明之民族，必须（以）废孔学，灭道教为根本之解决，而废记载孔门学说及道教妖言之汉文，尤为根本解决之根本解决"。钱玄同希望中国能废除汉字，因为"处处都足以证明（汉字）这个老寿星的不合时宜，过不惯二十世纪科学昌明时代的新生活"。那个时代大多数有头有脸的文人，对用来表达自己思想的汉字几乎到了仇恨的地步。鲁迅被称作民族的脊梁，却差点上房揭了"汉瓦"，将汉字绑去"杀头"。鲁迅说，汉字是"愚民政策的利器"，是"劳苦大众身上的结核"，"倘若不先除去它，结果只有自己死"。与此同时，文人政治家瞿秋白也不甘示弱，其对汉字的辱骂几乎到了"丧心病狂"的地步："汉字真正是世界上最龌龊最恶劣最混蛋的中世纪的茅坑。"在瞿秋白眼里，拉丁文字是印有ISO9001标签的抽水马桶，代表先进文明。

清末以降，国势既已衰微，西学乃当务之急，"西体中用"、"中体西用"之争便是明证。糟糕的是，中国大多数激进知识分子为使"东方不败"，纷纷将西文视作葵花宝典，"欲练神功，必先自宫"，索性阉了这"象形文字的残余"。透过一个世纪的烟云，回想起历史上的这些声音，我惊诧于中国知识分子勾肩搭背群起赶时髦时有多么疯癫。无论是国统区的国语罗马化运动，还是"汉字一定要走拉丁化"的反右斗争，都让我在事后想起它们时冒一身冷汗。语言是一个民族的血液，是承载文明的江河，失去它，就失去了根本。这与古人所说的"亡其国，先亡其史"的道理是一样的。国破山河在，城春草木深。若是将汉字消灭了，对于整个中华民族来说，"山河"就不在了。

陈独秀与胡适也是主张废除汉字的。只是胡适态度稍显温和一些，认为一切都得慢慢来，先把汉字变成白话文，再谈消灭汉字，因为文言文里有太多的单音节词，"决不能变成拼音文字"（现在的越南语看上去便像是被雨水冲散了的法文，像是拉丁版的方块字，既不流畅，也不美观）。胡适持此主张，虽是权宜之计，但他的白话文运动让汉字这个"象形文字的残根余孽"能爬出中世纪的茅坑，多少算是救了汉字。所以才有今日汉字与拼音同生共气的机会，这大概是迄今为止最经典的"中体西用"的案例了。

其实，真正"茅坑援手"、挽汉字茅坑于既倒的还是中国老百姓。因为在精英们努力推广罗马汉语和拉丁汉语时，草根阶层大多"甘心愚昧"，没有一点"与时俱进"的精气神。所谓思想的"龙种"收获现实的茅坑，字母化在中国一直只停留在自负革命的知识分子的书斋里，汉字因此存活下来。这或许是中国历史上唯一一个可以"愚昧图存"的例子。它让我相信柏克所说的保守主义有其金贵的一面。

2003年5月

巴黎墓地书

许多东方人无法理解，在巴黎这样世界独一无二的大都会竟然会有拉雪兹神父、蒙巴那斯和蒙马特等大型公墓，让死人挤占活人的地盘，让"寸土寸金"的生意经变成不识时务的陈词滥调。然而，每当我路过那些墓园，想起那里依然屹立着甚至几百年前的坟墓，栖息着无数我对其生平或许一无所知的思想巨子与市井凡人的时候，我的脑子里便有了一个奇怪的念头：今日巴黎之伟大就在于它不但让活着的人有安全感，可以诗意地栖居、自由无拘地写作，而且它还让死去的人有安全感。以我在巴黎的有限经历及感悟，很难想象有朝一日巴黎人会为了改天换地的理想，将这些墓园捣毁或远迁郊外有风有水却没有人的地方。

有人将公墓比作"虚无的夜总会"，但是那些与巴黎结下不解之缘的人更愿意拿墓地与书相提并论。三百多年前，索梅兹便在他的《女雅士大词典》（1660年版）里把书摊比作生者与死者相遇的公墓；波纳德同样把图书馆比作人类精神与思想的公共墓地，那里栖息着无数我们无法唤醒的逝者。待法国大革命这一页翻过去一个多世纪之后，同是作家的马尔罗更进一步。在他笔下，真正具有人道主义精神的人，没有时间去闹革命，他们的一生都在忙于修建图书馆或者公墓。

巴黎的公墓像是一座座微缩的建筑艺术博物馆。在这里，没有地狱，没有天堂，甚至没有死亡。当你在墓地里徜徉，就像走在一座安静的尘世之城里。它全然不像中国鬼魂缠绕的坟岗，灵火飘荡，骷髅出没，让害怕鬼打墙的人们纷纷敬而远之。对于这些活人而言，似乎除了自己的所谓祖宗，其他逝者都是孤魂野鬼。中国丧葬多排场，好哭棺材时的行为艺术,却很少有文化观念上的温暖与创造。

巴黎不只是一座城市,它让我时常想起那些偎依着祖坟的村庄。不同的是,居住在巴黎的人们从不畏惧"与鬼为邻"。在蒙巴那斯公墓,法国发明家查理·皮永一家的墓是一张名副其实的墓床,在岁月雨水的侵蚀之下虽然早已泛满铜绿,却经年不改地为过往行人展示往日的尘世。就这样日复一日,陷入沉思的皮永半身斜卧手持纸笔,靠在尚未入睡的妻子身边。他们的墓床紧靠着公墓的外墙,与一幢居民楼正好连在一起,让你觉得这是邻居家的露天卧室。

记得在一个阳光明媚的午后,我独自徘徊在拉雪兹神父公墓里寻找圣西门与肖邦最后的安身之所,忽然听到墓园外面的居民楼里有人朝我大喊,一位中年人手握吉他正站在自家的阳台上轻轻弹唱——希望我能与他分享欢乐。也许是他今天人逢喜事,也许是因为他的住宅守着这片共和国一般壮丽的墓园——这里栖息着巴黎人、外省人以及外国人。他们包括旧时的王公贵族、平民百姓,德拉克瓦西、拉封丹、巴尔扎克、都德、普鲁斯特、被拿破仑家族刺杀的记者以及刚刚逝去不久的思想家布迪厄。

在拉雪兹公墓,诗人阿波利奈尔的墓是一块棱角嶙峋的长条大理石,墓台上面镌刻着一首诗,其中一句是"我将含笑而死"。一年四季都有人为他送来鲜花。巴黎蒙巴那斯周围,由于聚集了更多的电影人与画家,墓地因此更富有想象力。有一位名叫Jean Jacques的墓主,他的墓地既没有竖立的墓碑,也没有关于他的任何生平介绍,然而它出类拔萃。一位设计师好友用金属箔片与铁丝在墓石上支起了一只巨大的飞鸟。墓台上端端正正地写着"致我的朋友让·雅克,一只早逝的飞鸟"(A mon ami Jean-Jacques un oiseau qui s'est envolé trop tôt)。此时,关于逝者的献词与伤感都化作了一座令人回味无穷的城市雕塑。

拉丁区是巴黎的精华,巴黎是世界的拉丁区。巴黎人不仅在生活中爱书,给所有爱好读书与写作的人以自由,几大墓园里"书墓"同样随处可见。比如在拉雪兹神父公墓，我曾无意中撞见一位社会学家的墓，它是一本打开了的书。墓主马德·多甘（Mattei Dogan）教授今年已经85岁高龄。我曾冒昧地与他通了一次电话，电话那头多甘先生神闲气定，他说这墓是七八年前请人修建的，目的是想提前知道自己将来栖身拉雪兹公墓里时是什么样子。由于多甘的墓穴紧靠着作家巴尔扎克，以致我在写作此文时眼前总有一种挥之不去的幻觉。我仿佛看见寂寞的老巴尔扎克坐在墓地的阳光下发出意味深长的叹息：邻家的房屋空置多年，怎么一直没人来住呢？恍惚之中，我似乎又听见了多甘先生的回答：墓里墓外幸福安康，我何必着那份急呢！

或许，人的高贵就在于他能够像修建墓穴一样安排自己的一生。对于一个思想者而言，文字就是他的墓穴。多甘先生想死后躺在一本书底下，就像他生前选择做一辈子社会学家。然而，人生的不幸是，不安定的社会、没有保障的自由、突如其来的灾祸会使你的计划全部落空。

2004年的最后一天，我独自坐在蒙巴那斯墓园的长凳上。在我的身后，栖息着萨特和西蒙·波伏娃，淡淡的墓石之上摆满了游客送来的鲜花。萨特曾在《词语》一书中感慨自己逃离纷纷扰扰的尘世，欣慰自己终于逃进了书里——"我在书里结束我的生命，也在书里开始我的生命。"这句话让我一直无比感动。此刻，如果在我的膝上有一本摊开的书，对我来说一定是件幸福的事。

那天，我在墓园里静静地待到了天黑。我在想，没带书又有什么可遗憾的呢？有些书并不是放在膝上捧在手里的，它既存在于我们的内心，也飘摇在我们脚下。巴黎不就是这样一本打开的书么？它让你无时无刻不想着赤脚诚心地阅读。即使是在这方寂寞的墓园里，你也能闻到缕缕的书香，而绝没有人拿着锄头与火把将你心中的书砸烂或者烧掉。

亲爱的，当你知道我为这座城市眷恋到心痛、时常为之潸然泪下的时候，你是否读懂我在心底破冰而出的欣悦与呼喊——在这短暂的一生中,如果不曾爱上巴黎,我的世界将是怎样黯淡无光!而我在心底仍有无限盼望:什么时候,当我路过东方的城市与墓地,没有一点阴森与恐惧。生者与死者,墓里墓外,阳光可以温暖我们的身骨?

2005年3月

拉雪茨公墓一角　　　　　　　　　　　　　　　　作者摄

查理·皮永夫妇的墓床　　　　　　　　　　　　作者摄

萨特与波伏娃于此长眠

作者摄

阿波利奈尔，"我将含笑而死"　　　　　　　　　　　　　　　作者摄

做蝴蝶，还是做蚊子

平安夜刚过。有记者撰文，称圣诞节已经成为中国的民间节日。中国社会调查所近期发布的一项问卷调查结果显示：一半以上的被访者明确表示一定会过圣诞节，而明确表示不会的只有9.2%。部分学者因此忧虑西方文化对中国本土文化的冲击，倡议奋起保卫。在我看来，这个呼吁未免有些唐突。

首先，因为中国并没有国产的圣诞节，所以要保卫的客体几乎无从谈起。有人翻箱倒柜，找出灶王爷，拿灶台当烟囱，说灶王爷就是中国的圣诞老人。于是让灶王爷与圣诞老人在天上单挑，以捍卫灶王爷的神权。如此势不两立，将圣诞老人在精神领域的伟大内涵简化为一个彻头彻尾的宗教贩子。这种简约主义无疑是荒唐的。若以宗教线性来思维，公元纪年早该驱逐出境。公元纪年通行于中国的道理很简单——从人类文明史的角度上看，基督纪年不过是个便于流通的公共产品。而在中国的纪年传统里，找不出一个可以普世的民族品牌。历代帝王甫一登基，纪元自动复位到元年，推倒重来。汉武帝以后，皇上为了开辟政治新篇章，在位时要注册若干吉祥如意的马甲作为年号，不厌其烦地让史官跟在后面做加法。历史学家黄仁宇曾经批评中国历史上少数目字管理，我想纪元概莫能外。这种纪年的方法着实委琐不堪，皇帝老儿不但占有了天下无双的沃土良田，还把中国宝贵的历史光阴割裂成一段一段的不文明的碎片。同样值得一提的是，圣诞老人的礼物和中国人过年压岁的文化意涵是不同的。给压岁钱是中国宗族文化里的纵向的血源关怀，而不是横向的普世关怀。圣诞老人的关怀是快乐而慈悲的。他不辞辛劳，要把礼物送给天下所有的孩子，无论他富有还是贫穷，无论他的肤色与是否健康，而且从不要求他们子继父业、以图回报。所以，美国总统卡尔文·柯立芝不无感慨地说，圣诞节不是一天或一个季节，而是一种精神气质。

是否拒绝圣诞老人，还有一个"谁在过节"的问题。人权先于神权，国门是所有家门的共同体。对于接受圣诞节的中国公民来说，过圣诞节多是为了丰富自己的生活。"圣诞热"，这是中国文化走向开放，精神领域市场化的结果。和其他商品不同的是，圣诞节完全免费。只要大家觉得它好，可以接受，就等于送货上心了。在传说里，圣诞老人柴门立雪，不过是个给孩子们送礼物的义工。圣诞节这几天，我在巴黎街头，随处可见背着大口袋的"圣诞老人"分列成队，和梯形霓虹灯串一起被悬挂公寓墙壁上，让人怀疑这些登梯子跳窗户的"红衣派送"是消防员。这种辛苦是显而易见的。如果法院或文化保守主义者不能举证这个老头跑到松树底下偷领美元或卢布，就不能动辄以国门或民族大义套牢家门，在公民们的窗子上钉上木板。

显然，中国人不珍视本土节日，和喜欢圣诞老人之间没有必然联系。学者们认为圣诞节会冲击中国传统文化是典型的逻辑混乱。我把中西文化的融合比喻成了一种联姻。圣诞节就像一位新娘。男人娶了新娘，忘了老娘，是男人思想出了问题，其错不在于新娘年轻貌美，也不在于老娘乳房干瘪，韶华尽逝。苛责中国人因为过圣诞节导致传统丢失，这是见到男人不孝顺老娘就找他媳妇吐痰的欺软怕硬、不辨是非。圣诞老人被贱斥，不过是中国人为自己不珍视传统民俗找替罪羊。依我看，世间一切事物，都比人类无辜，圣诞节情同此类。中国端午节被韩国人抢注，谁能说是圣诞老人派的卧底干的？到底是中国人自己不知道珍惜。如果以二元对立式的视角观看世界，世界文化自然会裂成两半。就像爱德华·萨义德在《东方主义》里抨击的，"东方主义"不过是西方学者为了殖民方便在书斋里炮制出来的一个概念。同样尴尬的现实是，"西方主义"在东方也被当作了一个炮制的概念兜售。圣诞老人是世界的文化遗产，应该归属于全人类，而不是某个国家或某个方位。荷兰与芬兰等北欧国家在抢圣诞老人的发明权，其实它并不重要，重要的是圣诞节文化的成长与其在世界各地的习俗养成，并记住像托马斯·纳什一样给圣诞老人一个鲜红面孔的继承者与改造者。

　　文化如人，在交合中诞生，在交流中上升。几年前我在法国大学课堂里第一次听到Mon beau sapin（《我的美丽杉树》）法语圣诞歌时如坐针毡——其曲调竟然和我南开母校的校歌一模一样！我当时觉得很羞愧。然而，在我对欧洲文化有了更多接触之后，我认为这是件可以引以为荣的事情。它是东西文化合璧的一种象征。举例说李叔同的《送别》，该曲原出自于美国曲作者John Pond Ordway（1824—1880）的《梦见家和母亲》。后来，日本词作者犬童球溪为此填写《旅愁》发表，此时李叔同正东渡留学。有心者对读《旅愁》中"西风起，秋渐深，秋容动客心。独自惆怅叹飘零，寒光照孤影"等句，不难发现，李叔同几年后所填《送别》深受《旅愁》的影响。据传此曲在日本填词已经超过百余种，然而李叔同一词既出，以一当百。有井水处，皆有"长亭外、古道边"。《送别》没有因为西洋音乐破坏中国的文化传统。相反，它极大地丰富了中国的文化，让所有的后来者感恩。

　　中华文明源远流长，保卫自己的文化传统不丢失，并不意味着要拒绝外来文化。如果我们志存高远、面向未来，就不能骄傲地论定中华文化已经定型，并且可以依靠传统文本改善一切。一个民族的文化应该永远在路上、在生长，它不是定型，不是完成，而是不断地形成。这是个惊心动魄又赏心悦目的过程。八百年前，当火药制造术传到阿拉伯并转道欧陆时，当地并没有发生精神领域上的恐慌，也没人上街打"西方主义"的义和拳，以抵制中国的"鞭炮文化"入侵。同样，作为欧洲的中心，今天的巴黎，也是文化包容的典范。在这里，没有人会担心中国的春节与大红灯笼高高挂会动摇他们的文化根基；在巴黎草地与地铁里随处可见的非洲鼓，让那些久居巴黎终于离开的人们无比怀念，它们融入并成为巴黎文化的一部分。一个伟大的城市应该能包容一切文化。

法国有条谚语是这样说的：蚕蛹如果只会自己照镜子，永远也不会变成蝴蝶。哈兹拉特·伊纳亚特汗也有个绝妙的隐喻，蚊子从来不向周围的环境学东西，还对它们嗡嗡地教育，所以永远不会拥有蝴蝶那样的美丽人生。是做蝴蝶，还是做蚊子？这是个几乎不需要讨论的问题。

2004年12月

寻访罗曼·罗兰

> 我曾领略一种高尚的情怀,
> 我至今无法忘却,这是我的烦恼。
> ——约翰·沃尔夫冈·歌德

偶 遇

让·保罗·萨特曾在《词语》一书中感慨这个纷繁芜杂的世界,欣慰自己终于逃进了书里——我在书里结束我的生命,也在书里开始我的生命。我无法像萨特那样幸福,在童年时便有一间祖父的书房藏身。我的父母更是一文不名。我能记起幼年家中的藏书,不过是一本新华字典。所幸父母并不愚昧,立地躬耕,不辞田间的辛苦,能支持我读到了大学。

人生得一知己足矣,若添得一两本好书,当因幸福而哭泣!然而,说到中国的文化教育,总难免让人失望。回想十几年的课桌生涯,我只得益于其识字扫盲的教化,而那些即将影响我一生的名字,几乎无一在教科书中出现过。若干年后,当我有一天坐在索邦大学的课堂里,听吕西安先生讲玛丽·雪莱和她的科幻小说时,忽然忆起在中学时期,她的丈夫、蹈海而死的帕西·比西·雪莱,曾伴我度过乡村寂寞而清贫的漫长岁月。这位在冰冷的炉边度过童年、在平庸人群中生长的英伦云雀,是第一位搀扶我迈向自由而诗性人生的精神向导。Oh Marie, si tu savais[①],那一刻,我在心底轻唱。因为深爱雪莱的

---

① 作者注:法语歌《玛丽》的第一句歌词,意即"哦,玛丽,如果你知道"。

缘故，此时的玛丽，仿佛是失散多年的故人，与我在熙熙攘攘的岁月里再次相遇。

昔我往矣，雨雪霏霏。

十几年前念大学时，因为节省盘缠的缘故，有个寒假我没有回老家，日日蜷在宿舍里读书。就是在这个冬天，我翻开了一本改变我一生的小说——《约翰·克利斯朵夫》。现在想来，这是多么令人感恩——这个中译本，将贝多芬、罗兰和傅雷这三个伟大的名字天衣无缝地联系在一起。

大学毕业后，我留津工作。此后有机会与我的同事、体育记者张东老先生同船去威海，由于同时谈到自己喜爱《约翰·克利斯朵夫》的缘故，我们从此成了忘年交。书香满舱，夜航船，两代中国人在渤海潮头齐诵"江声浩荡，自屋后上升"（原文：Le grondement du fleuve monte derrière la maison）时的壮景让我终生难忘。几年以后，当我孤身一人，途经德国，未忘去贝多芬的故里还愿，在波恩乱云飞渡的阴霾底里，仰望着这条长流不息的大河，沉郁于少年之时的滚滚热泪，禁不住夺眶而出。

寻　书

在《约翰·克利斯朵夫》中，有段关于巴黎的描写：在巴黎，谁都是自由的，并且巴黎人个个聪明，所以大家都运用自由而不滥用自由，你爱怎么做就怎么做，爱怎么想就怎么想，爱信什么就信什么，爱什么就爱什么，不爱什么就不爱什么，决没有人多句话。那儿，决没人干预旁人的信仰，刺探别人的心事，或是管人家的思想，那儿，搞政治的决不越出范围来干涉文学艺术，决不把勋章职位金钱去应酬他们的朋友或顾客。那儿，决没有什么社团来操纵人家的声名和成功，决没有受人收买的新闻记者，文人也不相轻，也不互相标榜。那儿，批评界决不压制无名的天才，决不一味捧成名的作家。那儿，成功不能成为不择手段的理由，一帆风顺也不一定就能博得群众的拥戴。就这样，法兰西成了德国人彷徨无主时候的救星，像多少德国音乐家在痛苦绝望的时候一样，约翰·克利斯朵夫总远远地眺望着他梦想中的城市——巴黎。

2002年，梦想中的巴黎以及这个孕育无数人道主义作家的国度，让我在经历了七年死气沉沉的新闻工作后，以极不人道的决心告别了早孕的妻子，开始留学生活。

初到法国，我住在西布列塔尼一座终日飘落太阳雨的小城。我急于做的第一件事，便是寻找法文版的《约翰·克利斯朵夫》。我在日记里记载了当年淘书时的失落与狂喜：

一、独自一人，去找Jean Christophe，空手而归。

二、我又花了两天的时间找Jean Christophe，早上八点天蒙蒙亮便出发了，一直找到下午四点，筋疲力尽。我不知道在法国Jean Christophe为什么无人记起。在国内时我也曾问过几个法国人，大多都不知所云。

三、多少年以后，我一定不会忘记，某年的某一天，我带着一个面包一瓶凉水，夹一把雨伞，在这座西部小城孤独地步行了六个小时后，对Fnac书柜的小姐说"我太累了，我几乎找遍了全城所有的书店也没有找到我心爱的Jean Christophe"时的情景。

四、今天是我最幸福的日子，它让我相信真有上帝。循着朋友Noël昨天的指引，中午我赶往圣·马丁教堂。在那附近我转了好几圈，几乎问遍了所有的行人，大概一个小时后，我终于找到了那家Bouginiste（旧书店）。在小广场的一角，闪着明亮的黄色。我在心底默默地祈祷Christophe在那等我。由于三点才开门，我便在附近的一家酒吧向女主人要了一杯水，女主人一脸和悦，说送给你了。送一杯水，给一个远行的人，多么美好的情意！

为了答谢女主人的好意，我买了杯啤酒，和女主人聊天，等旧书店开门。三点刚到，我便进了旧书店，寻找找了十年的 *Jean Christophe*。踏破铁鞋无觅处，在这个旧书店里我竟然看到了三个版本。花二十欧，我高兴地买下了最贵的那个版本。更有意思的是，在书店的墙上，我看到一幅书法，上面写着"书香"两个字，旁边并注有"不问窗外纷纭事，但求世间未见书"——寻书偶得多年心迹，一切仿佛天意。

从书店出来时，我看见漫天的鸥鸟与云共舞，我看见每个窗台都长满了鲜花。没人知道今天我有多快乐，我和迎面而来的每个人说"Bonjour"；我要告诉Noël，告诉文学课的Stéphanie，我已经找到了我的Christophe。在上午的文学课上，我把从图书馆里借来的 *Jean Christophe* 第九章最后一段念给她听，让她和我分享罗兰的心灵……现在我要告诉她，我有了属于自己的 *Jean Christophe*，我不用到图书馆里续借十次才能看完它了。我还要告诉她，我可以在书上幸福地画横线了。

傅 雷

此后两个月，我将自己关在屋里读 *Jean Christophe*，不时拿出傅雷翻译的四卷本对照。傅雷是我最尊敬的翻译家，傅译本也是我带到法国的唯一一套中文小说。如果说对傅雷的尊敬以前局限于《译者献辞》和《傅雷家书》，从我对读法文版开始，它已经蔓延到傅译本里的每一个汉字。只有读了原著，才知道克利斯朵夫在中文世界里重生，不染尘埃。是的，不必怀疑了，只有傅雷的中文，才不会辜负罗兰的才情。

翻开《约翰·克利斯朵夫》，无处不是《燃烧的荆棘》一章里克利斯朵夫的心灵趟过雨水时的华美篇章：他往回家的路上走。一阵暴雨过了，又是阳光遍地。草原上冒着烟。苹果树上成熟的果子掉在潮湿的草里。张在松树上的蜘蛛网还有雨点闪闪发光,好比古式的车辆。湿漉漉的林边,啄木鸟格格地笑着。成千成万的小黄蜂在阳光中飞舞,连续而深沉的嗡嗡声充塞着古木成荫的穹窿。

克利斯朵夫站在林中一片空地上:它是土坳中间一片椭圆形的盆地,满照着夕阳;泥的赭红,中间有一小方田,长着晚熟的麦和深黄的灯芯草。周围是一带秋色灿烂的树林:红铜色的榉树,淡黄的栗树,清凉茶树上的果实像珊瑚一般,樱桃树伸着火红的小舌头,叶子橘黄的苔桃,佛手柑,褐色的火绒……整个儿像一堆燃烧的荆棘。在这个如火如荼的树林中,飞出一只吃饱了果实,被阳光熏醉了的云雀。

而克利斯朵夫的心就像云雀一样。它知道等会要掉下来的,而且还要掉下来无数次。但它知道永远能够望火焰中飞升,唱出呖呖流转的歌声,向那些留在地下的同伴描写天国的光明。

法文原文:

Il remonta vers sa maison. Un orage avait passé. C'était maintenant le soleil. Les praires fumaient. Des pommiers, les fruits mûrs tombaient dans l'herbe humide. Tendues aux de pluie, étaient pareilles aux roues archaïques de chariots mycéniens. à l'orée de la forêt mouillée, le pivert secouait son rire saccadé. Et des myriades de petites guêpes, qui dansaient dans les rayons de soleil, remplissaient la voûtes des bois de leur pédale d'orgue continue et profonde.

Christophe se trouva dans une clairière, au creux d'un plissement de la montagne, un vallon fermé, d'un ovale régulier, que le soleil couchant inondait de sa lumière: terre rouges ; au milieu, un petit champ doré, blés tardifs, et joncs couleur rouille. Tout autour, une ceinture de bois, que l'automne mûrissait : hêtres de cuivre rouge, chataigniers blonds, sorbiers aux grappes de corail, flammes des cerisiers aux petites langues de feu, broussailles de myrtils aux feuilles orange, cédrat, brun, amadou brûlé. Tel, un buisson ardent. Et du centre de cette coupe enflammée, une alouette, ivre de grain et de soleil, montait.

Et l'ame de Christophe était comme l'alouette. Elle savait qu'elle retomberait tout à l'heure, et bien des fois encore. Mais elle savait aussi qu'infatigablement elle remonterait dans le feu, chantant son tireli, qui parle à ceux qui sont en bas de la lumière des cieux.

和克利斯朵夫一样，傅雷一生像是在火焰中飞升的云雀，为地上的同伴描写天国的光明。不可饶恕的是，他为之鞠躬尽瘁的民族竟然逼迫他自杀了。若干年前，详细读完傅雷夫妇自杀这则史料时，我正坐在天津的一辆公交车里。车当时正好到站，没有人知道那位刚刚下车的年轻人为何泪流满面，没有人知道他和他的祖国又一次失恋了。

奥里维

冬季。

有一天，我在一张海报上发现西布列塔尼大学有位闻名法国的罗兰研究专家，名叫Bernard Duchatelet。当晚我去听了他的演讲。这次演讲主要谈他的新书*Romain Rolland tel qu'en lui-même*。在演讲开始之前，我有意坐到了Duchatelet先生后面，并递给他一张纸条。大意是，我因克利斯朵夫从中国远道而来，并署了一个法文名字"Olivier"。看得出Duchatelet先生很惊讶，他怎么也想不到，一个远在中国的年轻后生，所以漂洋过海，抛舍家园，竟然是因为在十年前无意中翻开了一本名叫《约翰·克利斯朵夫》的小说。

由于当晚来的人比较多，我们约好了第二天下午在他的办公室见面。

转天，我如约到他的办公室找他。在我们兴致勃勃地谈完奥里维以及甘地后，我向他推荐了傅雷与胡适。遗憾的是他对胡适没有表现出多大兴趣。当然，这在我预料之中。在法文版的《大百科全书》里，"胡适"条目下只有短短几行，说到底在欧洲人眼里胡老夫子不过是个"提倡白话文的中国人"，而且编撰者误把胡适的老家从安徽搬到了上海。

奥里维是克利斯朵夫的朋友，同意大利姑娘葛拉齐娅一样，在克利斯朵夫告别狂躁、走向智慧的道路上起了至关重要的作用。茨威格在罗曼·罗兰的传记中曾写到，奥里维是法国文化的精华，就像约翰·克利斯朵夫是德国优秀力量的新秀一样。智者被强者提高，强者被智者净化。这种相互的喜悦对两个民族来说是一种象征。他们的理想共同构筑了一个最高的理想。它把西方的两个翅膀联系在一起，让欧洲精神自由地翱翔于血淋淋的过去之上。奥里维把从行动中抽出的所有力量都转到了思想上。他生产思想，而克利斯朵夫则生产活力；他不想改造世界，而是想改造自己；他满足于在自己身上进行责任心的永恒斗争，他从容地观看时代的游戏；他不与现实同流合污，他不必成群结队，他的实力就是孤独。

在出国之前，我曾花了半年时间通读胡适全集，从此深爱胡适，并在《错过胡适一百年》一文中将胡适喻为奥里维，他是思想之军，而非暴力之军，无人可以将他击倒。胡适晚年的觉悟是，容忍比自由还更重要。奥里维则说："我不愿意憎恨……我愿意公正地对待我的敌人，在一切狂热当中，我愿意保持目光明亮，以便能够理解一切和热爱一切。"同样，罗兰在给爱弥尔·维尔哈伦的通信中也写道："不，您别憎恨，您以及我们都不应该仇恨。我们反对仇恨甚于反对我们的敌人！"令人悲伤的是，在一次五一节的游行示威时，克利斯朵夫与奥里维被卷进了群众同警察的搏斗，后者在一片混战中受伤而死。

那天下午，我与Duchatelet教授大概谈了约一个小时，语言的隔阂让我们的交流缺失灵感，法国知识界对中国的胡老夫子一无所知同样让我对汉字江山黯然神伤。

克莱蒙西

决定去克莱蒙西是夏天的事,当时我已经从索邦大学毕业。我的妻子和一岁半的女儿来巴黎探亲。全家人去罗兰的故乡,对我来说,没有比这更郑重其事的了。

克莱蒙西位于法国中部,是勃艮第地区一座普通的中世纪小城。周一早上从巴黎出发,三个小时后我和妻子推着女儿的小婴儿车,已经走在古城的细雨之中。当我走到圣·马丁教堂前的空地上,望着小城低处房屋斑驳的旧色与屋顶红瓦上的青苔,竟激动得不能自已。我对妻子说,我们这次不是来旅游,而是还乡。幽幽古道,无限热肠,罗兰虽逝,旧镇犹存。在这里,每一块石头仿佛都有热度,飘散着隔世的温暖。

我在江南乡下生长了十七年,和我的农民父亲一样,曾经向往城市没有泥巴的生活。然而当我终于提着笔杆子进城,发现这里不过住着一群有房屋却没有家园的可怜虫。只有乡村,才是游子栖息灵魂与双足的地方。疲惫的时候,我不必像城里人一样去桑拿房或歌舞厅,我只要买张还乡的车票便可以了。回到村子里,就像回到《海上钢琴师》演绎的那艘轮船之上。望着童年的老房子,无论在外面的世界有多少挫折困苦,即使失去一切,都有信心从头再来——进一步说,我原本一无所有,或者我并不需要那么多。不幸的是,2000年以后,当老家的房屋被移民建镇的风潮彻底淹没时,我栖居乡村的信心与骄傲已荡然无存。曾经生养我的村庄如今变成一片废墟,我从此变成了一个在心灵上既没有城市又失去了村庄的流浪汉。

我憎恶城市,在我终于抵达巴黎之后,发现原来城市也可以诗意地栖居。在中国,人们有种印象,现代化就是高楼大厦。搞建设如果不能翻天覆地,至少也要翻新。几年来,我几乎转遍了法国的大中小城市，无处不在的"翻旧"让我肝肠寸断。我在柏林采访，接待我的朋友不禁感慨万端，"有人抱怨欧洲不新，其实这是欧洲的风格，欧洲人注重自己的文化传统，比如说历史建筑，要做的工作其实就是翻旧。"所以，在别的文化忙着改朝换代轮流坐庄时，巴黎的文明却可以坚持千年。在这里，现代化是对传统的补充，不会因为有权有势者的狂热与短见取而代之——巴黎人不会为了建戴芳斯广场的大拱门而将凯旋门拆掉；就像祖坟偎依着村庄，守着拉雪兹神父公墓的巴黎人从不畏惧与鬼为邻。

大学毕业以来，我对南开母校的情感浓得化解不开，然而，当我游历欧洲以后，对南开的校训也渐渐有了自己的看法。"允公允能"的理念诚然值得一生珍惜，然而"日新月异"四字，置于今天急功近利的中国，我狐疑满腹。中国人太过于追求新异，有时甚至为了一个虚幻的"新天地"发展到了癫狂的地步。自项羽一把火烧了阿房宫以来，造反曾经如此，革命曾经如此，如今的现代化何尝不是如此？政权更迭、文化革命就像在黑板上写字，写完了就擦，擦完了再写，写写擦擦，时至今日，在西方人眼里，中国的黑板上仍只写了"绪论"两个字，吾国吾民称之为"初级阶段"。

疼惜了一路，终于走到了罗兰博物馆（全名为"罗曼·罗兰艺术与历史博物馆"），这时雨已经停了。馆外标示今天关闭。于是，我们信步在城里转了起来。当我们跨过一座小桥沿着威尔逊大街一路拍照时，碰见几位当地居民正坐在路边聊天。我便跑过去和他们搭讪，询问罗兰的故居，顺便和他们聊了起来。我的生活总是充满了奇遇，今天也不例外。一位自称爱丽丝的女士告诉我，罗兰生前的女仆——她的表姐布达夫人，就住在马路对面！

罗兰的仆人还活着？我几乎不敢相信自己的耳朵。几分钟后，热心的爱丽丝把我们领到了布达夫人的家里。布达夫人是罗兰晚年的女仆，悉心地照顾罗兰夫妇。布达夫人说，罗兰生前对她的照顾十分感激，曾经和她说，"等战争结束了一定为你写本书，书名就叫《战争时期的布达》。"布达老人对我们的到来有些喜出望外。我们谈得十分投入，从克利斯朵夫到奥里维，从超越于混战之上到令人忧伤的《莫斯科日记》，一个话题接着一个话题。每当我们停顿下来时，她的表妹、爱丽丝夫人便会感叹一句，"生活多神奇啊，怎么会这么巧呢！多神奇啊！"

晚上，我们回到了旅店。店主和我说，此前这里来过一位中国人，大概也是来看罗兰博物馆，不过因为当时闭馆，悻悻地走了。在中国，八十年代以前的许多人，或多或少地受到傅雷和罗兰的影响。《约翰·克利斯朵夫》一书，对我而言，是一部关于心灵的圣经。就像鹿桥的《未央歌》呵护战争时期的爱情，我为在生活中偶得的这些智性之美感恩。倘使我的一生从未读到这些好书，错过克利斯朵夫与葛拉齐娅、错过童孝贤与蔺燕梅，在人生原本荒芜寂寥的旅途，将是怎样一种遗憾！

第二天，我们参观罗兰博物馆。布达夫人昨晚表示愿为我们做一些讲解，所以我早早地赶到她位于艾米尔街的家里来接她。老人今年已经八十多岁，腿脚有些不太灵便，一路上我搀着她，如同搀着自己的亲人，亲密无间。我们相识才一天，我感觉自己在这座小城里已经生活了好多年。

大概十几分钟后，我们来到罗兰博物馆。妻子和女儿正在那里等着我们。馆里的工作人员说，由于博物馆重修，近几个月不对外开放。所幸布达夫人德高望重，在她的坚持下，博物馆破例开馆并为我们指派了讲解员。

罗兰博物馆是在罗兰旧居的基础上建立的。现在这栋仅有两层的楼房，从前一半是医院（在罗兰博物馆里，同样收藏了这家医院的一些旧物），一半是罗兰家的祖宅。1866年1月29日，罗兰就出生在这里。在对罗兰的祖屋做了简短的介绍后，讲解员将我们带到了旁边一座楼（罗曼·罗兰文化中心），罗兰生前的遗物，包括他弹过的钢琴、各个译本的著作以及1931年同甘地在瑞士家中的合影，主要都存放在这里。我无法描绘当时自己是以怎样的快乐一步步踏上楼梯的。直至今日，我的内心仍然无法平静。在这个让我时常觉得恍惚的世界，总是有一些机缘，传承文明，让我与逝去的人与岁月相遇。

墓　地

当天下午，我和妻子决定去十几公里以外名叫Breve的小村庄，那是罗兰与他的俄罗斯妻子玛丽最后安歇的地方。由于没有通往该村的火车和公交，我们只能想办法搭车了。

在法国，搭车并不如想象中那样容易，有时很需要耐心。举着"BREVE"几个大字母，我竖起拇指，站在路边示意搭车。然而两个小时过去，谁也没有等到。过路的行人劝我们死心，说小镇不是巴黎，一般搭不到车；也有不少过路的车主，指着自己后座向我们表示无奈，瞧，我这后面已经装了几个呢！空车自然也有不少，大概因为嫌麻烦或急于赶路纷纷绝尘而去。

大约五点左右，我们回到了车站，询问是否有其他办法去Breve。有人递给我一个出租公司的小广告，上面有电话，说不太远，可以打车去。于是我便拨通了电话。对方是个男士，"很抱歉，我现在不开出租了。"

我准备打退堂鼓，盘算着该回巴黎了。就在这时，来了两辆车，从里面下来几个西部牛仔似的年轻人。他们高声地说话，一下子全冲进了车站，几分钟后纷纷退了出来。他们四射的活力感染了我，使我有了和他们搭话的兴致。走到哪，我都喜欢和陌生人说话。有次在马赛，和一位乘客聊文学，兴之所至，差点误了火车。一到布鲁塞尔，我便钻进酒吧，与当地人讨论欧盟，结果对方是个同性恋，只和我高谈阔论活跃于大广场附近的八家同性恋酒馆。

我走上前去，同一位戴着牛仔帽的年轻人打招呼，你知道出租公司的电话吗？牛仔说，想去哪儿？我说，我们想去Breve看罗兰墓。牛仔转回头问同伴，你们知道Breve吗？这时，其中一位小姐掏出了地图册，几个人开始埋头找了起来。不一会儿，牛仔回头兴奋地朝我喊，上车吧，我们路过！

  La vie est belle（生活是美好的）。就这样，我和妻子女儿坐一辆车，行李放另一辆车去了Breve村庄。牛仔一行五人，中午从几十里外的乡下赶来克莱蒙西，顺便到车站遛了一圈。坐在车里，我的耳朵里回响起艾丽丝夫人的话，"生活多神奇啊，怎么会这么巧呢！多神奇啊！"

  二十分钟后，牛仔将我们送到了Breve村。找酒吧老板问好了路，我们径自去了墓园，它静静卧在小村的教堂旁边。墓园的正面，是一条以罗兰的名字命名的大道，两旁排满了粗壮的栗树，生机勃勃。围墙的入口处用法文写着"罗曼·罗兰，诺贝尔文学奖得主在此安息"。

  走进墓园时，暮色已经苍茫。我大概转了半个小时，竟然没有找到罗兰的墓。过一会儿，来了几个意大利人。其中一位女士告诉我他们在克莱蒙西玩，听说这里有罗兰墓便骑着自行车过来了。于是我便发动他们一起来找罗兰墓。如此打搅死者的安宁，让我这样的活人同样心有不安。找了十几分钟，意大利人终于放弃，陆陆续续走了。独自在墓地里走着，我只愿用目光为所有的墓石拂去尘埃。

  晚上八点来钟左右，我终于找到了罗兰墓，它静静卧在教堂一侧的墙脚下。一块简朴的水泥墓石，淹没于青草与玫瑰之间。上面浅浅地刻着三行字：

  RomainRolland

  Et

  SaFemmeMarie

（罗曼·罗兰和他的妻子玛丽）

尾　声

　　近几年，因为《莫斯科日记》出版的缘故，在寻访罗兰时，我时常心事重重。1935年，接受高尔基的邀请，罗兰与妻子玛丽访问莫斯科一个月，写下对苏联略有微词的《莫斯科日记》，却在原稿标题下注明要求封存半个世纪，唯恐《日记》被苏联的敌人利用来攻击苏联。上世纪三十年代，法西斯军队将至，很多左翼知识分子一厢情愿地把俄国革命看作人类的希望。与罗兰的小心翼翼不同的是，法国另一位作家安德烈·纪德回国后立即发表了《从苏联归来》，对斯大林的极权主义直言不讳。对照两本书，有人因此得出结论：纪德不失知识分子良知，而罗兰的人品让人怀疑。

　　罗兰已矣。六十年过去，独坐罗兰墓前，更觉历史过于无情。长眠地下的罗兰已无法为生前的事作任何辩解，那些曾经热爱罗兰的人又何必为此神伤——对于现实与历史，以我们有限的人生究竟能了解多少真相？如雷颐先生在《罗曼·罗兰的担忧与胡适的反悔》一文中所说，胡适的幸运在于"天假以年"，历史给了他反悔的机会，而早在1944年就辞世的罗兰无此"机会"，所以对苏联自始至终充满了感情。认识一种社会的本质并非易事，常常需要几代人的时间。

　　从罗兰的墓园出来，我如释重负，于是和妻子商定连夜赶回克莱蒙西小镇。我们不太指望能搭上谁的车了。推着女儿的小车，我们沿着Breve的乡间公路慢慢地走着，仿佛在江南的乡下散步。远处的山坡，开满了向日葵，无数金色的花瓣，穿透了夜色，宛如灯盏。

　　星空之下，夜幕四垂，低头看着在一路颠簸中沉入梦乡的女儿，其实，十几年来，我不知疲倦地寻找罗兰，又与罗兰何干？

2004年12月

克莱蒙西郊外　　　　　　　　　　　　　　　　　　　　作者摄

克莱蒙西街景　　　　　　　　　　　　　　　　　　　　作者摄

与布达夫人在一起

罗曼·罗兰纪念馆
秦秦摄

墓园旁的罗曼·罗兰林荫大道　　　　　　　　　　　　作者摄

除了思想和儿女,我们没有什么可以留在世间　　　　秦秦摄

第二辑

美国化与法国病

有朋友说,如果没有三天两头的罢工和名目繁多的税收,法国会是世界上最美好的国家。我想,更准确的说法应该是:如果没有美国,法国将是世界上最美好的国家。这样说并非笔者持美国是世界上最好国家的信念,更不是号召法国有朝一日攻打华盛顿。问题在于全世界都跟着美国忙效率,而法国人特立独行,讲究"法兰西文化例外",并渐行渐远,成了一个美好却孤独的国家。二十世纪以来,法国文化日益边缘化,渐渐失去"主流"意义。关于这一点,法国历届总统、文化部长以及那些有深谋远虑的知识分子都深有体会。在这场抵抗美国化的浪潮中,法兰西引以为荣的"例外"一词其实已隐含了某种悲观色调。

一、佩雷菲特的电梯寓言

法国著名政治学家阿兰·佩雷菲特在《停滞的帝国——两个世界的对话》一书中曾表达这样的忧虑:孩子们在自动电梯上逆向而上。要是停下来,他们便下来了。要是往上走,他们就停在原处。只有几级一跨地往上爬的人才能慢慢地上升。在人类漫长的队列中,各个国家也是这样:静止不动的国家向下退,不紧不慢地前进的国家停滞不前,只有那些紧跑的国家才会前进。这是佩雷菲特叙述马戛尔尼访华时对"中华帝国"衰微所作的总结。现在当我们重新端详这把"电梯的尺子",发现法国已停在原处,它似乎已经放弃几级一跨地往上攀爬。虽然我们常说"纵观历史",但考究文明衰微时多半是要横着看的。"中央帝国"没落并不是因为乾隆逊于朱元璋,更不是GDP出了问题,而是吾皇万万岁后觉于同代欧洲君王,所以才逼着后代蒙羞含垢、忍辱负重、苦寻良机,等待有朝一日以"震惊世界"的方式醒来。佩雷菲特接着写道:这种相对的运动与静止,我们只有经过长期的比较才能发现。十八世纪的中国发生过许多事情:一位毕生研究这段历史的汉学家在把这个帝国看成停滞不前时可能会感到犹豫不决。相反,一位研究英国文化的学者可能会对同一世纪里英国国力的发展无动于衷,因为他只看到这个国家里的苦难与不足,看到被无情的圈地法从自己的土地上赶走的农民,看到那里的破屋、暴乱、咄咄逼人的寡头势力,看到它对美国起义军与对法战争的失败,看到总是低于百分之二的发展速度……但比较结果却发现英国的农业迅速地完成了现代化,而在同一时期,大多数法国农民像中世纪一样地生活;通过大银行家、大工业和大宗买卖的协同作用,英国不但对其他各洲,就是对欧洲其他各国的领先地位也越来越明显了。如今,彼时的英国已换成了美国,彼时的中国定不是现在的中国。

二、美国不是检验一切国家的唯一标准

全球化是二十世纪的高频词,它是积极的、残酷的,同样是不可阻挡的。事实上,全球化与人类进化迁徙是同步进行的。人是动物,如果可能,动物大多要全球走一走的。植物也一样,一有机会便借助风力或水力将种子繁衍到世界各地。若不是气候的原因,北极熊现在会在孟加拉湾捕鱼,杜鹃花也会开满珠穆朗玛。所以,不管你赞成,还是反对,全球化是必然趋势。人和文明一样,具有病毒的天性,要复制自己,要说服别人,甚至还会像小布什一样为了扩大"我们都是上帝的仆人",搞一搞"十字军东征"。现在许多法国人反对全球化,可往上数不了几代,他们的前辈当中也少不了甘为全球化作贡献的炮灰与洋灰。法国人嘲笑美国人,我们早已收起了殖民的枪炮;法国人忘了,强者多半是要到世界各地走一走的。像华盛顿那样的珍稀

领袖，功成后能解甲还乡，这地球上几千年才出一个。所以，无论知识精英或异见者对中国经济提出何等严厉的警告，笔者仍相信中国大有希望，因为现今中国人的态度，从政府到民众，都是端正的，也是积极的。中国人知道落后就要挨打，闭关就难自守，中国不能绊倒在同一颗地球上了。

世界政治，以利益分析，殖民时代是一群狼抢肉吃，而现在是狼群进化出了一个首领。法国虽然是个老牌殖民国家，但除了拿破仑可以扬眉吐气，乏善可陈，再数就得找贞德那妇道人家帮忙。法国战争史几乎是部投降史，既打不过英国，也斗不过日耳曼人。硝烟散尽，法国自知打仗不是长项。与此同时，作为人道主义的故乡，法国自然也是世界反战中心。无论是基于客观还是主观，法国人都更愿意过安逸的日子。和其他欧洲人一样，他们相信自己找到了人类幸福生活的真谛，他们不仅是享乐者，而且是先行者。世界因此分化成两个方向，要么像法国一样维持一个合理富裕的社会，大家公平平等地生活，让"血浆经济"无处藏身；要么像美国、日本一样，紧锣密鼓建设，不放过一刻可以赚钱的机会，并致力于"好文明走四方"，自我复制愈快愈好。

遥想萨达姆当年，在科威特复制很快，没想到竟被布什家族端了老窝，说到底也是被美国复制掉的。如今，恐怖主义与恐美主义并行，睡不好觉的何止是活在录音带里的萨翁？笔者楼下的法国朋友也常睡不好觉，他知道欧洲正在没落，他害怕有朝一日白天和美国人打交道，晚上照镜子脸上还带着媚笑。有个观点颇为流行，民主国家对民主国家是不会有战争的。真是这样吗？可哪个国家敢将自己的安全寄托在另一个国家选民的素质上呢？林达说，总统是靠不住的。想想希特勒如何十年发迹，看看勒庞如何驱逐了"要市场经济，不要市场社会"的若斯潘，就知道其实选民也是靠不住的。

当然，你让现在法国人有危机意识，和美国那样"在摩天大楼里关着暗无天日的劳工"，也是绝对不可能的。法国人太珍惜今生今世，太珍惜每一缕阳光每一寸海滩，除了想保持他们继续说法语、思考和养狗的权利，甚至不太想将来。法国政教分离后仍保留了许多宗教节日，并不是因为人们对上帝心存怀念，而是为了好好休息，所以一有机会便"搭桥"（将两组假日连起来）。美国的经济学家惋惜法国人"活在统制经济的桎梏之中"，法国人则嘲讽前者不知珍惜幸福与自由——人应该自己选择生活。

我们可以说，美国不是检验一切国家的唯一标准，但有个标准却一直在检验着每个国家——人类文明史上最残酷的规则是它以成败论英雄。否则，中国现在会有完整的圆明园（写到这多痛心啊！），巴比伦空中花园的门柱也不会被人搬到哈贝马斯的家乡去赚门票。

三、今日法国与旧日中国

如今，全世界都上跑道了，你推我搡，法国却在理想社会中闲庭信步。全球化到底是一场没有尽头的马拉松，看客与运动员都信奉速度与效率。所谓"国在跑道，身不由己"，逆水行舟，不进则退。

有切肤之痛的中国人知道，法国有没落之象。十七、十八世纪，吾国与吾民也是养尊处优的，无论骑马坐轿，还是徒步前进，社会终究歌舞升平，平稳发展，甚至后来还长出了"资本主义的萌芽"。在工业革命发威之前，连伏尔泰这样伟大的思想家对东方的专制主义都佩服得五体投地。那时候，法国是世界民主与法制的摇篮，闪电之下，思想家"鱼贯而出"。只是今日法国，思想家已不如往日风光旖旎，只留下些"想家"在高速路上雷诺狂奔。

法国人是完全可能找回十七、十八世纪中国人的心理的。有个说法是，"法国人是欧洲的中国人"。理由是法国人有着东方人的细腻与复杂。对于法国，笔者曾在上几篇文章中赞美其举世无双的精神气质，但笔者同样发现，法国人有不少中国人的特点。

譬如说封闭，一提起它，人们就会想到中国的万里长城。其实法国也是有长城的,它不只是如今已散落在大西洋岸的城堡与断壁,还有著名的"百里马其诺"。和始皇帝一样,法国的天才军事家相信修一道墙便可高枕无忧,从此天下太平。

和英国比,法国当属大陆文明,为防止英国海盗上岸,免不了到处修墙。欧陆上的庄园,其实就是一个个大碉堡。同时因为临海而居,封闭不算彻底,于是便有了关于围城的那句话,"墙里的人想出去,墙外的人想进来"。因此,说法国属于半海洋半大陆式的文明会更贴切些。

和中国人一样,法国人也是天生平等派。中国人后天"逆来"较重,又闹窝里斗和告密,因此朝野"顺受"风行,但中国人骨子里还是要求平等的,所谓"不患寡,患不均"。中国历史上几乎所有的农民起义,莫不高扛"等贵贱、均贫富"的大旗,从陈胜、吴广到太平天国,直至极端共产主义试验,都是要量身定做一个平等天堂,但最终莫不以激情始,以悲情终。其症结就在于,这些运动只注重结果的平等,却忽视过程的公平。

法国人对平等的诉求同样坚持了若干世纪。如今的法国,虽以"左派大本营"为中国自由精英诟病,但法国人对平等与公平的追求已见成效。笔者曾对法国民众做过些访问,受访者或许身份卑微,但多以此国家之公平自豪,相信自己已置身于理想国家之中。法国人并不追求财产平等上的完美,但做到了平等上的合理。相较之下,中国落后了许多。

和传统的中国人一样,法国人也不少爱祖宗,这都是留下了丰厚文化遗产的伟大祖宗。和中国人受害于"中央帝国病"一样,法国人其实也受害于"文化帝国病"。傲慢固执结下的恶果是敏感与创新精神的缺失。

佩雷菲特是这样分析中华帝国之衰败的:中国原来领先于其他文明好几个世纪,为什么它会在如此短的时间里失去这种优势呢?马戛尔尼的出使至少作出了两种解释。正当西方各国投向广阔的世界时,中国却闭关自守起来。当欧洲的革新层出不穷时，中国却在顽固地阻止新事物的出现……长期受中国文化影响的日本起飞了，而他们文化的故乡的文明之火却被自己的灰烬压着正在熄灭。这句话现在同样可以用来警告法国。

四、向后看与向外看

普鲁斯特说，天堂只在那些逝去了的时光里。法国人之怀旧举世无双。法国人的眼睛可能是长在脑后，他们习惯朝过去看。如果让他们和政客一样往前看，最多也只能看到退休改革的分摊金上，所以今年一听说政府搞退休金改革，法国人便纷纷上街抗议去了。因为习惯往后看，所以法国能出哲人、作家和诗人。逡巡于大学校园里的法国学生，成熟得让中国人畏惧。十八九岁的文科生，与你交流，从不缺思想，他们深沉优雅，像是十八世纪徘徊在索邦小广场上的哲学家。重思辨轻实利的法国似乎不是以国家的形式存在的，它更像是世界的拉丁区，他们做不了在校区卖羊肉串致富的勤俭营生，也当不了文化顾问去收开发区的钱。他们勤于思辨也时常囿于思辨，并因此渐渐失去了创新能力。长期以来，由于过分依赖巴黎信奉教条主义的官僚机构以及文化神经中枢的唯理传统，许多来自更广泛的群众生活的敏感与判断得不到重视，而重人文轻实践也使这个国家受累于思想者的空话连篇。

世界经济论坛2002年11月公布的各国竞争力年度排名，法国从世界第二十位跌至三十位，原因之一是技术创新缺乏活力，虽拥有高水平的科研，但产业化不足。中国古代从不乏发明创造，据说连足球都是中国发明的，问题也在于产业化不足。即便是那时畅销大江南北的春药，也不过是手工作坊式的量产，没有形成规模，否则哪轮得到今日美国"伟哥"横空出世。

法国向外看的人有两种。一是"勒庞病"患者，他们相信外来人口是法国每况愈下的根源。他们盼望勒庞有朝一日大权在握，能兑现承诺，成立"移民营"，然后将这些"外来民工"驱逐出境。另一种向外看的人是勒庞请都请不回来的，他们是转道英美的淘金者。2000年，法国参议院公布的一份调查报告说，法国的年轻技术人才外流严重。他们包括年轻的高科技人才和年轻有为的企业家，主要流向美国和英国。近五年来，在这两个国家注册的法国人增加了30%，它侧面说明了法国渐渐被那些想创业的年轻人所轻视。

给法国人当头一棒的是大名鼎鼎的威旺迪环球前老总让·梅西埃，这位"M6先生"不但卷走巨额钱财移居到了美国，而且还扔下句让法国人集体失血的话："L'exception culturelle française est morte！"（法兰西文化例外已死！）对于法国文化，笔者常怀敬畏之心，但当我在法国电视上看到一个完全克隆美国荒岛生存的节目时，便如食苍蝇。若不是CANAL+的木偶新闻剧原汁原味，尚能陶冶情操，我定会相信梅西埃此言不虚。

汉语不怕西文入侵，毕竟是象形文字，有天然屏障。当年"email"大举入侵时，汉语只派了几个"伊妹儿"便立即战成平手。法语不一样，由于是字母文字，所以随时提防其纯洁性，尤其严防来自盎格鲁·撒克逊文的"性骚扰"。不久前，法国文化部门下了一项禁令，不许使用email一词，而改用courrier electronique。法国人认为email是美国外来文化，会给法语掺脏水。不过，法国官员还算开明，否则会将互联网也禁了，因为这是外来通讯科技，会玷污法国Minitel的纯洁性。

我寓所附近有个电视房，里面不乏观摩好莱坞垃圾片的法国学生。他们眼巴巴盼着"无中生有"，每次看完还是大骂"nul"（什么也没有），但他们乐此不疲，以"偏不信美国文化没东西"式的韧劲，夜夜抢占本土频道。法国人说，电视是餐厅里的政府。如果法国年轻人整天看美国电视，美国政府便已经介入法国人当下的（更在于未来）生活了。因此，法国政府的email式的禁令不过是道文化马其诺防线而已——也就是说，当法国文化部门如敝国抗洪大军深一脚浅一脚到处排查管涌时，美国文明的浪潮已绕道而下冲进了善良的法国人家。

五、官僚主义与民僚主义

天灾不比人祸多。

法国人认为，政府应该和人一样，有必要午休。但今年希拉克与拉法兰"午休"却出了大乱子。"人命关天，医院关门"——由于罕见的天热，短短半个月，法国有一万五千位老人因未得到及时救治死亡。法国朋友戏称，苦命的拉法兰终于感动上苍，但得如此热上几次，法国退休制度改革就可以不搞了。

法国人享受生活是出了名的。每年夏天，因为很多人外出度假，法国医院的床位减少，政府部门也精兵简政，甚至人去楼空，加上有三分之一的老人都是单独居住，死了都没有人知道。其时拉法兰携第二夫人避暑在外，直到老人死得差不多了才缩着脖子回来启动应付紧急事态的"白色计划"。几天后，刚从魁北克晒完太阳的希拉克打破沉默，一脸健康肤色地站在爱丽舍宫大骂天气预报。但是一个高效的政府是不能总抱怨天气的。卫生部长倒是知趣，没等中央说撤便自己辞了。

法国是个"上有老下有小"的社会，任何一项政策都需要酝酿很长时间。近日，拉法兰总理打算取消圣灵降临节休假日，以此为救助老人基金筹资。这个主意看似简单，但落实起来难上加难。首先是法律难题，可谓牵一发而动全身。十一个法定休假日写进了劳工法，劳工法必须修改。此外还须修改大多数企业劳资协议、劳动时间法、按月交税法等等，不一而足。工程浩繁复杂，2004年初以前完成实非易事。当然还有文牍旅行的问题。法国人信封和记事本的使用量大得惊人，前者多半是为文牍，后者是为了"航得吾"（rendez-vous，约会）。在法国，拔牙修脚都得"航得吾"一下，否则准吃闭门羹。

说到公民权利，中国人常会激动得热泪盈眶。但在法国，公民权利却已出现了庸俗化趋势。所谓钻权利的空子，和中国人钻政策的空子差不多。最明显的便是罢工庸俗化，本是严肃的社会政治类新闻，却可能会抢娱乐新闻版头条。

自法国大革命后，法国人食髓知味，动辄上街，其中大多是可赞美的。与此同时，有些上街也没少让这可爱的国家遭殃。由于社会福利太好了，多年来大家已经习惯了享清福，政府稍微作一点改革触及一部分人的利益，这部分人便捆绑公众，以罢工来威胁。2002年，又是热闹的一年，教育改革、退休改革、反美……据统计，法国每天有三次罢工。其中有一半发生在巴黎。一方面，罢工可以作为泄洪闸防范社会危险；另一方面，罢工也让极端个人主义有可乘之机。损失是难以估量的，记者说："电站一罢工，冰激凌厂和冰激凌一样融化了。"

法国人动辄罢工，总统有时也心痒痒。1985年，政府推出教育改革方案，全国一罢了之，最后密特朗也走上街罢了五分钟。理由是，"反对学生罢课家长罢市！"

今年法国教育界抗议教育改革，罢课罢教风起云涌，到升学考试时，若不是思想工作做得好，差点没有老师监考。事后拉法兰盛赞法国公民识大局。这让笔者想起几年前发生在天津的一件事：一群老太太要求政府解决平房积水问题，牵着绳子在中环线上静坐数天，至7月7日突然销声匿迹，只留下一条标语悬在护栏上："为了下一代支持高考灾区人民忍忍忍"。从这点看，其实法国公民素质和中国老太太是差不多的。

眼下，正值多事之秋。假期刚过，拉法兰总理四下排雷，承诺条件，因为刚度完假的1800万名师生又杀回来了。度完假，然后再搞一场声势浩大的罢工游行，是法国"民僚主义"的精华。法国最长的一次罢工"烽火连七月"，当时全国几乎瘫痪。法国人罢工，有时是为了争取权利，有时漫无目的，有时蛮不讲理，有时是传统的例行公事。每个人都"逆来顺受"，"顺受"是为了自己有朝一日有权让别人

"逆来"。

中国人说"罢罢罢",常是自己有苦难言,因此有了"罢罢罢,不说也罢"的口头禅。法国人说"罢罢罢",常是政府有苦难言,但凡有点风吹草动,举国都沐浴在"阿罢"(A BAS:游行口号,"打倒"之意)的浪潮之中。尽管英国人骂这是"法国病",但法国人,从官方到民间,都不以为然,只当是大家的权利。今年闹大罢工,马赛的垃圾工人一罢就是十七天,留下八千吨垃圾,恶臭连天,到复工时不得不动用香水。这就是法国人的优雅,香水不仅是用来除体味的,还可以和白匪的消防水龙一样横扫大街,消除罢工影响。从消防水龙驱散人群,到政府出资香水扫街,应该说人类的确是进步了,至少是有了品位。

六、福利与创新

若泽·博韦是法国中部拉尔扎克山区一位养羊的农民,1987年创建"农民联盟",以保护农民利益。这个留着八字胡、烟斗不离手的"罗宾汉",近些年成了反全球化的明星。砸麦当劳是博韦的拿手好戏,今年他又因捣毁基因玉米实验地被投进监狱,一时引来成百上千的支持者在门外高喊:"博韦回家,希拉克进去!"在这些人看来,全球化与美国化正在摧毁他们平静安逸的幸福生活。

华盛顿曾说过,"一个国家,如果听任自己时不时受制于对他国的爱憎,那它在某种程度上就成了奴隶,被它的爱憎所奴役。"无论大家如何谈全球化,"美国化"总是无法回避。法国与美国的诸多纷争,其实更可以看作是两个方向上的纷争,或者说是美国的经济学家与法国的社会学家在打仗;既是经济学,又是幸福学。如今"美国化"大行其道,但与其说他国做了美国的奴隶,不如说是做了效率的奴隶,其错不在美国,亦不在效率。人类的天性是面向未来,更想在有生之年知道更多的未来——对于他者的财富甚至还有点贪婪之心。

经济学家对法国以及整个欧洲的忠告是，"在凯恩斯主义走向衰退，在维护社会公平为中心的社会民主主义传统受到了冲击，在以市场经济为信仰的新自由主义受到质疑的时候，欧洲如何在保持固有价值观的基础上，制定出富有创新精神、适合欧洲的全球化对策。"如今，欧洲新经济的起步至少比美国落后了十年。犯了"勒庞病"的法国人认为是移民抢走了饭碗，而美国却借着移民的脑袋多快好省地振兴经济。美国大学数学和信息学专业一半以上的博士文凭和工程师文凭授予了外国留学生，其中大部分留在美国工作。

透过网络科技，我们可以看到法国年轻人多少有些不思进取。笔者深有体会的是，中国青年学生到法国后，给不少法国学生普及了网络知识。让人费解的是，很多学生对网络根本就没有兴趣。

有人说，法国福利太好，所以人们渐渐失去了进取心，因为"饱暖思进取"闻所未闻。可芬兰人不这么想。在世经论坛2001年的全球竞争力报告中，仅有五百万人口的芬兰其创新能力世界排名第一。芬兰的福利与税收均高于法国，但是政府较法国更高效、更重视创新，民众心理也较为轻松。

好福利并不会滞塞人的创新能力，比福利更高的是人的智商。可以想见，法国没落症结不在于享受生活，也不在于"坏罢工"，更不在于"好福利"，而是因为长期以来创新能力的萎靡不振。创新不仅是创新本身，它还包括国民接受创新的能力，这不只是几个科学家在精舍或实验室里培养的。它关系到整个民族的精神面貌，他们必须面色红润，而非垂垂老矣。

一声叹息，写在后面

如上所述，世界潮流，浩浩荡荡，如今已汇集成一个大江湖，每个国家都在跟着美国赛跑，谁也不甘落后，谁也不敢歇息，其实都已身不由己。历史记住了那些"先前也阔过"的文明，现实却十足无情。

以人道、勇气和幸福的名义,笔者赞美法国,它热血柔肠、特立独行,超然于此"囚徒困境"之上。笔者同样担心的是,在强劲的"美国化"背景下,法国如此安于现状必将寅吃卯粮,伤及未来。外在因素是,大多数国家出于功利与自身安全的考虑,都信奉美式效率,而非法式幸福,这或许注定了将来又一场先行者的悲剧上演;内在因素是,当法国人沉醉于昔日荣光与今世安逸时,自大症与鼻塞正腐蚀它未来的根基。

在《停滞的帝国》一书结尾,佩雷菲特发出意味深长的叹息,"一方面的狂妄自大与另一方面的骄傲自满相对抗,结果是人类失却了难以估量的财富,这些财富只能随同没有发生过的历史永远埋藏在地里。"

那一声叹息,是萦绕在无数曾经盛极一时的帝国心头的噩梦。

2003年10月

文明政治，轻松生活

十年来，萨科奇觊觎法兰西共和国的总统宝座早已不是什么秘密了。现在，凭着十足的人气和果敢的作风，年仅四十九岁的萨科奇到处张扬他的远大前程，号召年事已高的希拉克总统给年轻人让路。所谓"重大事情让人民知道"，萨科奇的决定就是这样"袒胸露乳"、咄咄逼人。巴黎记者在萨科奇身上找不到任何探密的机会，因为后者直来直去，是个"没有秘密的人"。同样，政治体制的透明，让好揣度时势、捕风捉影的纽约媒体也无法凭借"2007年希拉克是否交权"的"国家秘密"来扩大发行。

政治的实质不是阴谋与威权，而在于实现力量的凝聚与责任分担。在法国，这一高深莫测的责任被媒体解构得既轻松又活泼。近两年，关于希拉克与超级部长萨科奇之间的恩怨权争，一直是每天晚上CANAL+木偶新闻剧的重头戏。以下是让笔者过目难忘的两个片段：

剧情一：

某日，希拉克坐在爱丽舍宫叹息道，"累死我了！"这时一直暗藏在角落里的内政部长萨科奇激动地跑了出来，"啊，希拉克死了？！"不容分说，便手脚麻利地将闭目养神的希拉克装进了棺材，然后大步流星地将棺材抱进自己的专车，开到一片墓地，迅速掘一个坑，请来了神父为死者祷告。此时，马赛曲响起，站在墓地上的萨科奇宣誓就职，"从现在开始，我是法兰西第五共和国的总统……"就在萨科奇沉醉于其爱丽舍宫的光荣与梦想时，脚底传来敲棺材盖的声音。不一会儿，希拉克从棺材里坐了起来，给这位匈牙利移民的儿子上起了法文课，"萨科奇先生，我说累死了，其实只是我很疲惫的一种文学表达……"

剧情二：

自从今年政府重组之后，拉法兰一直是个十分尴尬的角色。法国媒体认为，实际上的二号人物是财政部长萨科奇。今年10月份，希拉克开始亚洲之行，CANAL+没忘了追踪报道，并将希拉克总统和拉法兰总理串在一起哄笑了一番。

故事发生在希拉克离开巴黎的当天早上，爱丽舍宫的卫生人员例行清洁，给希拉克打扫完凌乱不堪的房间后离开。没多久，希拉克进来，环顾四周，怅然若失。寻思片刻后，希拉克跑出总统府，在一堆垃圾箱里翻出个被折叠扭曲的人来。待希拉克给他细心地梳理完头发，观众才发现那人正是现总理拉法兰先生。原来，今天早上他被清洁工当成希拉克办公室里的废物扔掉了。希拉克将他搬回爱丽舍宫，摆正姿势，然后在拉法兰的额头上贴了个纸条，"请不要把他给扔出去了！"短剧结尾是希拉克哼着幸福的小曲，放心地离开爱丽舍宫，开始意在中国的老板外交。

第二个故事有个关键背景是萨科奇造反成性。希拉克在其政治生涯里，主要培养了两个人，一个"政治儿子"，一个"政治女婿"。前者是前总理阿兰·朱佩。今年，这位波尔多"新长征突击手"命运不济，因为开虚职案被迫结束政治生涯。后者就是人称"政治齐达内"的尼古拉·萨科奇。萨科奇跟希拉克有过近二十年的师生之情。早在七十年代，时任总理的希拉克便将二十出头的萨科奇拉入自己的队伍。据说，膝下无子的希拉克有意将这个貌似蝙蝠侠的青年才俊当"政治女婿"来栽培。然而，在1995年的总统大选中，萨科奇倒戈，转而支持当时的巴拉杜总理，两人从此关系破裂。反对萨科奇的人一直将此"弑父"行为当作萨科奇一生中最不光彩的事加以抨击。希拉克一家自然是惆怅万分、寒透心骨。对于希拉克来说，更不幸的是，"政治儿子"忠心耿耿，阴沟翻船；"政治女婿"不断变节，节节高升。就是这个屡屡变节的萨科奇，讲了一句看似解嘲又颇耐人寻味的话，"穿越沙漠是件令人愉快的事情，借此你知道哪些是你爱的人和爱你的人。"萨科奇自称是个占有欲极强的人,"有个空位子,我就想坐上去。"去年,在法国电视二台的"100分钟辩论"节目中,主持人阿兰问萨科奇法国财政部长洛朗·法比尤斯曾承认自己刮胡子都想着总统竞选,你是否如此?萨科奇的回答是,"我不只是刮胡子的时候。"喜欢萨科奇的人对希拉克的评价是,他说的都是一些共识,我们学不到东西,而萨科总能引起争论,有争论才有进步。多数法国人认为,这个"左右逢源"、四处招朋引类的尼古拉将毫无疑问地成为希拉克时代的终结者。

看不惯萨科奇行事作风的人以"萨科这·萨科那"来宣泄心中的不满。抱怨同时也透露一个信息,今日的萨科,被漫画书描绘成背负两节劲量电池的超级部长,无所不能、无所不在。

应该说,"法兰西文化例外"并非完全是积极意义的。时至今日,"例外"二字,不时也成为这个民族不事进取,不向其他国家或文明学习的遮羞布。今天,评论犬儒与享乐主义正在启动这个老牌文化帝国的安乐死程序,未必尽是夸张之辞。大凡在法国办过事的人,都会抱怨法国人效率低,衙门风气重。更别说还有个荒诞不经的35小时工作制,在这个旨在增加就业的制度下,勤奋竟然是不合法的。初到法国,笔者曾经揣着钱包游荡在一座关门闭户的小城,饥肠辘辘、举目无食。因为是星期天,所有店铺都关门休息了。2001年,塞德里克·克拉皮奇拍了部叫座的法国电影——《西班牙旅馆》——开篇即讽刺了法国的官僚主义。一个学生申请去西班牙留学,公章文牍满天飞。对于这种官僚与民僚主义,尽管在法国不乏自我批评,但是能够身体力行的人毕竟是少数。法国的学界更是时常将效率与增长完全模糊了界线。在追求décroissance soutenable(合适的增长)之时也让日常生活的效率背了黑锅。事实上,减少官僚主义或及时回复他人的邮件,并不会多消耗掉伊拉克地底下有限的石油。在这点上,萨科奇的另类表现与今日法国的"主流文化"显然格格不入。

萨科奇注重行动,他有句颇为吊诡的名言:"不冒险就是最大的冒险。"在法国人眼里，野心勃勃的萨科奇的确是个异类，是"法兰西政治例外"。他是个工作狂，有人为此拿出数目字，"萨科（Sarko）每天工作17个小时"，睡眠时间少是有人将他比作拿破仑的理由之一。萨科奇的勤奋和中国的农民工勤劳当说不分伯仲。不同的是，后者在数量上占绝对的优势。通过萨科奇与中国农民工的比较（对于忍辱负重的后者来说，这种比较无疑是残酷的），似乎可以找出关于中国和平崛起与法国和平衰落这组宏大叙事间的一些蛛丝马迹。一个勤奋的财政部长怎抵得了数亿农民工？所以每当看到萨科奇因其效率鹤立鸡群、被媒体捧为政治明星时，笔者便会想起唐德刚在《晚清七十年》里对李鸿章的描述：泱泱大国，面对一双孤儿寡母、万千列强，唯一人扶危。

有报章描述萨科奇主政财经部的情形是，"上至次长、主任，下至普通执达吏，谁也不敢有丝毫懈怠。执达吏统统穿起了气派的制服。司厨长手托鱼盘在长廊里飞奔。"此情此景，不可不谓气象万千！或许正是这个原因，许多法国人在萨科奇身上看到了希望。萨科奇正在进行一场"效率洋务运动"。当然，在塞纳河左岸一些反对过于追求效率的学者眼里，这不是什么可以恭维的事。在他们看来，当世许多乱哄哄的繁荣，不过是"疾步如飞、追赶监狱"。值得注意的是，来自左岸的理性声音，有着浓郁的世界主义传统，思虑所及无远弗届。其关于效率的批评对于此时的法国虽已不合时宜，有药量过猛、"落井下石"之嫌，然而对于中国现状却有着忠言的意味，或者说更切近中国的实际，有益于化解潜在与日积月累的危机。不可否认的是，流行于当下中国拆迁运动中诸种野蛮与短视，既源于利益集团的合谋与分赃，也因各地政府寻了中国长策中的短见，中了效率至上的暗毒，终于失之于一端。仅从文化保护一维而论，近两年来暴风骤雨式的拆迁改造，已经具有几十年前文化大革命的某种暴戾特征。

萨科奇之于法国，是年轻与效率的象征；他的成长，渐渐成为法国告别希拉克时代的一个仪式。萨科奇曾以律师为业，2002年进入内阁任内政部长，旋即成为法国政坛巨星。其雷厉风行的作风，很快使内政部焕然一新，巴黎社会治安也明显好转。当年年底，《巴黎人报》即以《安心睡吧，萨科守着您》（Dormez tranquille，Sarko veille）为题撰文，以赞美萨科奇的非凡政绩。在调任财政部长后，同样大刀阔斧，改革沉疴。不久前，萨科奇宣布他将在今年11月份参加竞选"人民运动联盟"（UMP）主席，并得到了拉法兰总理的支持。一旦坐上党魁交椅，萨科奇2007年入主爱丽舍宫当是触腿可及之事。与无处不在的萨科奇相比，在CANAL+的木偶剧里，希拉克则被丑化为手握狼牙棒，终日以强凌弱的墨镜先生。他可以随时揪起萨科奇的衣领并教训他，"想当党主席？呵呵，辞了财长再做梦吧！"

CANAL+的木偶新闻剧每晚8点前后播出，通常只有十几分钟左右，这是法国收视率最高的节目，也是许多年轻人唯一观看的电视节目。该台曾就木偶新闻剧的辛辣风格和社会反响制作了一个专题，其中有一段是萨科奇谈论自己日日"上镜"的体会：政治人物、政府官员要有责任和胆量面对公众，如果受不住批评或讥消，就安心去过自己的私生活好了。

萨科奇这番评论不禁让人想起几个月前发生在中国陕西的一则丑闻。有个农妇家中被盗，向当地警方报案后长时间没有消息，在县公安局上访催促破案时，情急之中骂了县公安局局长一句，结果竟被拘留了七天。理由竟是"公开侮辱他人"。官员不接受批评，以名誉权自卫抓人、徇私枉法，委实公私不分，不得不让人摇头。此事被媒体曝光之后，引来一片喊打之声，最后终于有了"说法"，虽然"说法"离"法说"还有些距离，毕竟各地媒体关注了这件事情，并帮着讨回了"公道"。然而，此案不过是中国众多地方、众多领域、众多层次政治生活的一个缩影罢了。只是当它被放到县镇一级，剥离了枝节与干扰，火眼金睛的人们才能看得真切，萌生了权利意识，因而怒火中烧或悲从中来。

眼下，中国政府着力加强执政能力建设，意义久远。结合对西方政治文化的一些亲历或观感，笔者相信，提高执政能力所赋予的价值内涵，当不外乎八个字："文明政治、轻松生活"。它将是中国告别革命，完成转型，走向幸福自由不可或缺的一环，也将是最重要的一环。CANAL+等法国媒体在揶揄政治人物的同时，也向人们讲述了一个道理——政治并非必然面目可憎，它甚至是轻松的，公开的批评与讥诮在一定程度上维护了一国政府及其政治群体的声誉。政治毕竟是人的事业，文明政治即是轻松政治，轻松政治必然服务于轻松生活；政治文明之演进在于让管理者与被管理者轻松互动，否则政治及其改革将失去其必要之意义。

2004年10月

法国式同居

在总统选举中输给萨科奇的罗雅尔日前宣布与社会党第一书记奥朗德分手，理由是后者有不轨行为。今年3月，罗雅尔还在书中暗示两人可能会去塔希提群岛"浪漫"一下婚礼，谁料如今已劳燕分飞。

法新社说，除生活纠葛外，两人在政治上也将成为对手。在输掉总统选举后，罗雅尔已明确表示希望自己能以社会党第一书记的身份准备2012年的大选。

奥朗德一下子变成了塞纳河边最可怜的人。平常，法国人总是嘲讽他没有主见，说话东张西望、吞吞吐吐。在罗雅尔竞选总统失利后，奥朗德更是饱受党内指责。而现在，他不但与"法兰西第一丈夫"失之交臂，而且连社会党第一书记的位子也要打水漂了。

今年五十三岁的罗雅尔和五十二岁的奥朗德相识于大学，同居时近三十年，虽然没有结婚，但是育有四个孩子。相信对于多数中国人来说，真正感兴趣的莫过于他们好合好散的"法国式同居"。毕竟，"非法同居"这一观念在中国流行了许多年，至今它也未能完全消褪对社会生活的影响。与此相反，在法国人们不但在文化上宽容同居，甚至还在生活与政治层面制造便利以促进同居的发生。

论及谁是法国的"同居英雄"，想来非萨特与波伏娃莫属。1929年，年仅二十岁的波伏娃与大她三岁的萨特因为参加法国哲学教师资格考试相识。若干天后，萨特便直截了当地对波伏娃说道："我们签个两年协议吧。"就这样，一场惊世骇俗的"契约式婚姻"拉开序幕。此后他们又有补充协议，"双方不应互相欺骗，不应互相隐瞒"，谁有了"偶然爱情"都应该毫无保留地告知对方。尽管其间两人双双"出轨"，但是波伏娃与"惟独在床上没有热情"的萨特依旧共度一生。他们自由恋爱、自由生活,一生都没有在政府那里"挂牌",却"非法上床"了几十年。甚至,两人死后还合葬在巴黎蒙巴那斯寂静的墓园里,政府也曾经为他们先后举行国葬。萨特与波伏娃以其同居的一生,向才子佳人证明"剽悍的婚姻不需要领证"。

或许是因为这对英雄情侣影响太大,他们"不拘一证"的生活方式影响了几代人,其作用甚至有点像英美法系的"判例"。1999年,也就是在萨特和波伏娃协议"契约式婚姻"七十年后,法国通过了"亚婚姻"立法:男女只需正式办理一份民事合同即可以成为契约式生活伴侣。这种被称为"PACS"的"民事结合",不像婚姻那样有太多的束缚,只要双方同意,说好了就可分手。当然,和以往随性的同居相比,由于PACS立约在先,也并非完全不受法律约束。

法国政府对同居的"鼓励",相信那些曾经在法国生活过的外国留学生更有所体会。最简单也最有说服力的事实是:一个学生独自申请房补能得到的要比他(她)和别人一起申请同居房补少得多。所以,很多留学生一到法国便"非法同居",一方面是为寂寞的生活所迫,另一方面也是为同居房补所引诱。

至于政治层面,法国的"左右共治"在法语中同样是"左右同居"。总统和总理可能分属不同政治派别的政治奇观,恐怕在世界上绝无仅有。由于法国实行的是"半总统制",即总统和总理都是由选民直接选举决定,也就是说全民投票的总统选举和国民议会选举交叉进行,总统只能任命议会多数党的领袖当总理,这种制度无疑为"左右同居"提供了可能。

在希拉克时代,法国人便制造了两次"左右共治"。1986年,当时由保卫共和联盟和德斯坦领导的法国民主联盟组成的中右翼阵营,在议会选举中击败社会党,时任保卫共和联盟主席的希拉克因此被密特朗任命为总理,首创法兰西第五共和国的共治先河。十一年后,时为总统的希拉克解散议会提前举行议会选举,左翼的社会党获胜,若斯潘出任总理,右翼总统与左翼总理从此公开同床异梦。

类似的左右故事，在法国近期举行的立法选举中亦有所体现。在第一轮投票中，社会党明显处于下风，执政党在选举中大获全胜似成定局。然而，出人意料的是，第二轮投票形势逆转，社会党候选人攻城略地。最后结果是，虽然执政党获得了控制议会所需的半数席位，但和其在上届议会中的席位相比不但没有预期的"蓝潮翻卷"反而减少了45席。与此同时，萨科齐推崇的前总理、现任国务部长兼环境与可持续发展部长阿兰·朱佩因为败给左派候选人也不得不宣布辞职。

如果说法国政府直接或间接"鼓励同居"是为了社会团结与安定，好让散兵游勇且精力旺盛的年轻人回到自己家里"做坏事"而不是拉帮结派到社会上"做坏事"；那么，法国选民撮合不同党派在政府中同居则或多或少是出于对权力的警觉——其目的就是防止政府一边倒"做坏事"。所以，只要觉得有必要，或者时机恰到好处，选民们便会不遗余力地"拉郎配"，好让政客们在权力体系中保持约束与平衡。当然，关心法国政治的人们同样发现，这种撮合左右同居的行为，也是法国近年来改革难以为继的一个重要原因。

从情感到政治，总结法国式同居，或许我们可以说——同居在法国，情感上是浪漫的，政治上则是无奈的，因为前者为了自由，后者为了约束。

2007年6月

杀人不偿命，欠债要还钱

最高人民法院副院长万鄂湘9月26日表示，最高人民法院将增设三个刑事审判庭，以应对死刑复核权的收回，并将使死刑复核程序真正中立于行政机关及防止其他权力的介入。万鄂湘同时感慨，虽然中国现在面临废除死刑的压力，但是这个问题在中国几乎无法讨论，因为"杀人偿命"这个千年古训在国人的头脑中已根深蒂固，很难一下子丢掉。

对于"杀人偿命"这个千年古训的影响力，我算是偶有体会。不久前，当我主张废除死刑的文章被一些网站转载时，立即在网上激起不少反对的声音。反对者不乏幽默，譬如他们以不被法律保护的弱者的名义，要求截杀熊培云，然后再响应熊先生的呼吁，一举废除死刑，宽宥杀手，以显示吾民与吾国法律之人道主义情怀。

当然，有些愤怒是可以理解的。受制于当下不如人意的形势，我看到一些原本主张废除死刑的人变得心灰意冷，至少并不积极。他们时常挂在嘴边的理由是，在这个半吊子法治的国家，即使我们有朝一日废除了死刑，也不能避免一个"囚犯公民"在狱中非正常死亡。

关于这一点，我想保持一种乐观心态是重要的。一个国家从全社会"公开杀人"到某个团伙"暗中杀人"毕竟是个进步。我们不能指望一个人道主义的宪政中国可以一蹴而就。我们日积月累的讨论，事实上也是在改造一种"以牙还牙"的法治精神。

记得两年前我住在法国某大学城里时，常有几位学法律或社会学的法国学生到我宿舍里聊天。有一次当我引用"杀人偿命，欠债还钱"这八字俗语概括中国的刑法和民法时，立即引起了他们不小的兴趣。在他们看来，好的法律应该是"杀人不偿命，欠债要还钱"。

"欠债要还钱"不必赘说，而"杀人不偿命"的确成为法国等欧洲国家新的传统。

众所周知，在密特朗时期，法国废除了死刑。据说，当时法国民意大多数都反对废除死刑。密特朗到底是个自信有主见的人，敢冒民意之大不韪，硬是将废除死刑写进了竞选纲领，并且顺利入主爱丽舍宫。

若干年后，当时法国的司法部长，曾经大力推动废除死刑的巴丹戴尔先生出版《为废除死刑而战》一书。书里谈到一个观点，如果政府想要废除死刑，一定不能搞全民公决。因为有时候，民意是靠不住的。精英阶层在必要的时候要有大担当，学会引领社会。

不难看出，在"杀人偿命，欠债还钱"这个"中式偶句真理"里，"欠债还钱"四字深植于契约精神，而"杀人偿命"仍不过是一种"以眼还眼、以牙还牙"式的报复性立法。当今世界昌明，人道主义已经深入人心。显然，"杀人偿命"一说是对法的精神的深刻误解。

在我看来，法律为人所信仰，并不止于它的苛严与威仪，更在于法有慈悲心。二十世纪以来，法之精神有所进步，至少体现在人们对法律强制力的正本清源——越来越多的法学家意识到强制并非法的本质。如奥地利法学家魏因贝格尔所说，法律的主要作用是引导和协调，是为管理服务，其主要手段不是强制（惩罚）而是促进。

因此，就本质而论，现代意义上的法律在各国规制并严格推行，并不是因为法律神圣，而是生活神圣，人追求并捍卫幸福自由之神圣。换言之，法律之形成并非以制裁违法者为目的，而是为了保卫公民，包括每一位违法者以及潜在违法者。

人处于社会之中，必须直面两种东西：一曰人性，二曰社会性。

所谓人性，指人的本性。或许我们可以说，人性本无善恶，只有在一定条件下对善恶的抉择，人性在路上，处于发展与变动之中。关于这一点，笔者在与法兰西学院程抱一院士访谈时曾深受教诲："人性永在不断形成之中。"如法国电影Le temps du loup（中译《恶狼时代》）所揭示，在未来资源极度匮乏的年月，公民社会势必土崩瓦解，人的兽性从此大行其道。

所谓社会性，指社会的本性。在此，我们区别以往关于"人的社会性"的解释，意指社会作为一个有机体亦有其本性——"社会性"，善恶博弈，此消彼长。在一个没有宪政保障的时代，比如清朝的"文字狱"、近三十年前中国所经历的"文革"，"社会性"同样暴露出穷凶极恶的一面。

人性恶或相对性恶以及社会自我运行过程中形成的复杂性，决定了每个人都是潜在的制度或秩序的破坏者。换句话说，在人性与社会性的相互作用下，人人都只能是"目前清白"。人为生存或理想而有欲望，而性恶，这与其说是人与生俱来的"原罪"，弗如说是有生之年可能发生的"未来之罪"。

基于上述"未来之罪"的可能，我们相信，保卫违法者甚至杀人者应有的权益，同样是保卫所有"目前清白者"。在此意义上说，在积极推进制度与社会改造的前提下，对死刑犯的宽宥，胜出的将是社会，而不仅是死刑犯本人。它不是鼓励犯罪，而是最大限度地保障与救赎我们的生活。如果我们为了消灭几个可能继续杀人的人而将所有"死刑犯"都押上断头台，无异于犯下和汪精卫当年"宁可枉杀三千，不可放走一个"一样的逻辑错误。

我之相信法律向善，如托马斯·阿奎那所说，法律的首要也是主要的目的是"公共幸福的安排"。阿奎那相信人是社会整体的一部分，只有公共生活才是完整的生活。换句话说，法的主要任务在于促进"公共幸福"，在于规诫，而非惩罚。

进一步说，无论是立足于"性恶论"的法律，还是"性善论"的道德，其目的都莫过于保障人类对幸福的追求。基于性恶论的法律从创建伊始，本质上和道德上是同等向善的，都是关于人性与"社会性"的救赎。恰恰是这种向善的共性使法律和道德精神互通，并在一定条件下使道德上升为法律，法律形成新的道德，逐步完善对人性的指引和对"社会性"的改造。

美国当代思想家尼布尔（Reinhold Nibur）对人性与民主有经典描述："人有不公正的倾向，民主成为必要；人有公正的倾向，民主成为可能。"

暴君当道，民主无以诞生；暴民当道，民主生不如死。应该说尼布尔的这句话同样适用于法律：人有不公正的倾向，法律成为必要；人有公正的倾向，法律成为可能。倘使人人以践踏法律为乐，法律将毫无意义；同样，当立法以不公正为前提，自然无人遵守它。法的来源及精神取向因此可概括为"人之初，性本恶；法之初，性本善"。

人之初，性本恶，使法律成为必要；法之初，性本善，使法律成为可能。对于社会而言，法律可被信仰是因为它有向善之心，可以增进并保障民众的幸福自由。在制度甚至所谓的民意面前，每个人都是弱者。谁能想到，法国大革命胜利之初，罗伯斯庇尔曾是个坚定的主张废除死刑的战士？（当然，不可怀疑的是，相对于制度而言，人将是最后的胜出者，因为正是后者决定制度的内容，而非相反。）

死刑是一种灭绝希望的惩罚，其负面效应显而易见。略论其一："死刑之下，必有勇夫"。历史学家慨叹秦朝末年的那场大雨改写了中国历史，是因为这场大雨浇灭了陈胜、吴广活命的希望，所谓"失期，法皆斩"。在此意义上说，现代社会之废除死刑，给死刑犯留存希望，同样也给社会增添希望，使死刑犯在押上断头台之前不至于因为绝望走得太远。况且，从某种意义上说，死刑犯作为社会中的一员，他多一分绝望，社会就多一分绝望。

何况，中国社会关于佘祥林似的死刑错案屡见于报端，让当代人蒙羞。但是，即使如此，我也不认为，这只是一个非民主时代才会犯下的错误。这种救赎是关乎制度的，但本质上却是关乎人类的。当人工的真理不再可信，人类的死刑判决书同样有可能远离真相，它并不必然与制度相关。换句话说，替死鬼归根到底是人制造的，而不是制度。毕竟，制度也是人工产品。

毋庸讳言，当一个社会因为制度原因出现运转失灵时，死刑犯或曰失灵制度的挑战者可能被推上前台，充当替罪羊。法国著名人类学家勒内·吉拉尔（Rene Girard）的"替罪羊"一说可谓清澈见底，"寻找替罪羊"是普遍存在于人类社会中的一种机制，"替罪羊"一直被当作"基本的建设性暴力"在世界各地存在。

法国有句谚语：有人得了痔疮，有人没得痔疮，没得痔疮的人不能因此感谢痔疮肛下留情。然而，奇怪的是，有许多中国人从替罪羊身上找到一种近乎变态的幸福感。只在一百年前，中国人仍然热衷于观看凌迟表演，这或多或少是因为借助这种杀人的仪式或行为艺术，人们可以从中体会到某种知足常乐的"比较幸福"。

显然，对于王斌余而言，如果他曾经被社会抛弃，那么社会就是有罪的。当关于王斌余的讨论被禁止，就意味着他或他的同类再一次被抛弃。对于一件由全社会犯下的罪行，如果由某一个人承担责任，自然有失公正。法律必须进行独立宣判，但它不能在制度失灵时充当偏心的祭师，让一位失足公民做替罪羊，而让有罪的社会趁机开溜。一个崇尚理性与人道主义的社会，应该站在这些被侮辱与被损害者面前，自问究竟谁在"十年磨一刀"？

早在1764年，意大利刑法学家贝卡利亚这样评价死刑："死刑并不是一种权力，而是一场国家同一个公民的战争。……因为，它认为消灭这个公民是必要的和有益的。……体现公共意志的法律憎恶并惩罚谋杀行为，而自己却在做这种事情：它阻止公民去做杀人犯，却安排一个公共的杀人犯。"

可叹这二百年前的绝响，至今依旧绕梁。

2005年10月

萨特的鸦片

"我在书里开始我的生命,也将在书里结束我的生命。我祖父的书房里到处都是书。他不准任何人清理书上的灰尘,每年只可以在十月份开学之前清洁一次。我甚至还不识字的时候,就对那些像石板一样厚重的书怀有敬意。它们或正或歪,像一块块砖头一样插在书架上,对我来说它们就是一块块古老的纪念碑,它们目睹了我的出生,也将目击我的死亡。"这是萨特《词语》一书中最让我感动的一段文字。

今年3月14日和6月21日分别是法国两位重要的思想家雷蒙·阿隆(Raymond Aron)和让·保罗·萨特(Jean Paul Sartre)诞辰一百周年纪念日。这两位少年同窗、未来的论敌,对二十世纪法国政治运动与思想走向有着深远的影响。有人曾经如此对比两位才俊:前者"有根基无力量",后者"有力量无根基"。

由于萨特所具有的左派知识分子的"人民性"与"政治正确",法国曾经流行一句话,"宁要错误的萨特,不要正确的阿隆。"对于这种偏执,意图"让意识形态诗歌下降到平凡现实"的雷蒙·阿隆在《知识分子的鸦片》一书中有情理相通的诠释:知识分子之走火入魔,多是因为坚持某种意识形态导致知识与道德上的精神错乱。在我看来,与之对应的仍有另一种"民众的鸦片",它表现为民众对代表其利益的行动知识分子的言行的盲从。由此可见,受意识形态之害的民众吸食了"双重鸦片"、"二手烟"。

如有书评指出:雷蒙·阿隆写《知识分子的鸦片》,目的就在于为意识形态祛魅,指出"一切都是可能的"是不可能的。人不可能设计出最佳的行动路线,真正的政治智慧是寻找一条相对较好的务实道路。对于对手，阿隆强调："永远不要急于下定论，也不要以绝对真理在握的姿态来判定自己的论敌。"此态度有如胡适——"容忍比自由还更重要"。

不难发现，二十世纪萨特与阿隆在法国之对立与发生在中国的胡适、鲁迅之争异曲同工。今日法国，人们渐渐告别了萨特，重拾阿隆之路，如同胡适获得越来越多的中国民众的认同。无疑，八十年代的中国，是萨特的时代，阿隆几乎无人知晓。然而，当时的中国版萨特也并不完整，甚至充满了悖论。当中国人终于走出"文革"的冰天雪地，开始欢呼"解冻"抚平"伤痕"时，填补了中国人的精神虚无主义的萨特几乎成为个体精神解放的一种象征，"存在主义"成为年轻人推崇的思想时尚，其倡导的"人人有选择自己生活的权利"顺应时势，深获民心。然而，正是这位"因外斜视而视野开阔"的烟斗知识分子，站在法兰西的自由土地上讴歌中国史无前例的"文化大革命"。

关于这段往事，法国汉学家高达乐（Claude Cadart）曾经进行了直言不讳的批评（见《法国式毛主义的类别与兴衰：1966—1979》）。据说萨特当时并非不了解中国"文革"的"负面性"，但出于"大街政治"及其思想影响力的考虑而没有向法国人道破。萨特不但屡次撰文讴歌"文革"，如同他赞扬苏联人拥有"批评一切的自由"，而且还以种种理由禁止反对意见在他主持的《现代》杂志上发表。如果说为人诟病的罗曼·罗兰拒绝公开《莫斯科日记》代表一种艰难的沉默，那么作为杂志主编的萨特对他者的禁声，则代表着一种基于信仰与绝对真理的专制。

萨特的存在主义名言是，"他人即地狱"（L'enfer c'est les autres）。1944年，萨特推出独幕剧《禁闭》，该剧后来被奉为西方现代戏剧的经典之作。剧本场景设计在"地狱"之中，此"地狱"不过是个平常人家的房间。短剧将"彼岸"的地狱置换到"此岸"。萨特说，他人的存在是自己存在的参照，这种参照使人备受折磨，因此他人就是地狱。倘无基于他者的价值参照，人就不必时时拷问自己。

1964年萨特以"不接受官方的任何荣誉"、"不愿意被体制化"为由拒绝了诺奖当局的"评价地狱"。然而，如上所述，萨特脱离真实的世界，过于相信自己的思想与力量，远离阿隆所赞扬的朴素与常识，终于跌入了"真理在手"及其"思想大师"的地狱。

萨特曾经感慨存在主义的困境，"人是一堆无用的热情"。萨特死后留给人们一个追问是：参与型知识分子是代表人民，还是代表知识，抑或兼而有之？是代表唯一真理、"民意知识"，还是立竿见影的进步？直至今日，我们仍能看见许多以萨特为代表的知识分子的贫困，一方面他希望人人能独立自由地思考，抉择自己的人生与价值，另一方面又忍不住想在广场上充当领袖与将军，在欢呼声中背离对知识的虔诚信仰，从此不再目光明亮。

2005年6月

左脚社会，右脚经济

　　法国学者抱怨欧洲的没落，说欧洲不过是华盛顿的牛仔们插手世界事务时方便开会的地方。就在人们对小布什的反恐战争与印度洋海难心有余悸之时，今年达沃斯世界经济论坛年会却是更多地传达了欧洲的心声。英国首相布莱尔再次充当了连接世界与美国的桥梁，代表世界呼吁美国倾听外界的声音。尽管法国总统希拉克关于救济贫穷的发言受到一些美国媒体的冷嘲热讽，但是从中人们不难发现，以法德为主的欧洲国家政府已成为全球化运动中不可或缺的纠错力量。

　　2005年1月26日，由于天气的原因，希拉克总统未能亲临达沃斯小镇与英国首相布莱尔一起为年会揭幕，而是以视频连线的方式向与会的各国政要与商界领袖发表演讲，呼吁在全世界实施一项试验性的征税方案，以便为防治艾滋病筹集资金。据称，要制止艾滋病蔓延，每年至少需要100亿美元的投入。目前世界为此每年投入60亿资金。在报告中，希拉克将饥饿、疾病、暴力、非法移民、无政府主义等称为"沉默的海啸"，它们是培植恐怖主义的沃野良田。只有全世界团结一心，才可能赢得这场战争。总结2004年底发生的印度洋海啸这一悲剧性事件，希拉克认为西方富国要意识到自己的所作所为，并不只是为了坚持人道主义立场，更是为了本国的切身利益，因为对于这些国家来说，繁荣并非到了今天就停步不前。最重要的是放眼未来，实现可持续的发展与繁荣。希拉克因此具体入微地建议通过对运输与金融交易等征税的办法来实施这个"希望计划"。主要征税对象包括国际间金融交易、航空和海运燃料、适用于银行保密原则的出入境资金，以及对每年世界各大航空公司售出的30亿张机票征收较低比例的税款，比如说向每张机票征收一美元等等。希拉克同时希望发达国家能够创立激励性征税机制，鼓励私人向慈善机构捐款。

事实上，早在两年前希拉克就已经提出通过国际征税抗击艾滋病的构想。如希拉克事先预料，他的动议立刻引起激烈的争议，只有德国总理施罗德等少数发达国家领导人对此表示了坚定的支持。美国一直反对建立任何国际征税机制。在希拉克讲话的第二天，美国人的态度已经在媒体里尽情地流露出来。1月27日出版的《商业周刊》发表了一篇题为《达沃斯的最好、最坏与意外》（Davos' Best, Worst, and Surprising）的文章称，希拉克呼吁在全球征税以帮助贫困人口是今年达沃斯论坛最糟糕的演讲。这位名叫Bruce Nussbaum的主笔挖苦说，如果希拉克能取消法国政府对其棉花及其他农产品的补贴，倒是有可能更好地为世界脱贫解困服务。关于这个花絮，笔者曾在《美国化与法国病》中指出，法国与美国之间的诸多纷争，可以看作两个方向上的纷争，或者说是美国的经济学家与法国的社会学家之间的较量。应该说，希拉克在此次年会上的连线演讲，社会意义多于经济意义，它同样可以作为法国社会学家在自我表达时遭受美国经济学家杯葛的一个例证。

和前几年一样，就在达沃斯论坛吸引世界各地商贾名流与政治领袖时，远在南美洲的快乐港，也有数以万计的"反全球化运动者"走上街头集会，为世界社会论坛揭幕，他们包括和平人士、环保主义者、自由主义者、工会组织者以及狂热分子，与地球另一端达官显贵们"冷酷资本主义的嘉年华"遥相呼应"唱对台戏"。与去年一样，世界社会论坛今年的主题仍然是"另一个世界是可能的"，它包括反贫穷与反战等重要议题。1月27日，世界社会论坛举行全球反贫困行动大会。巴西总统卢拉在大会上发言，称贫困是人类面临的最严重的问题之一，而消除贫困的办法是穷国团结起来，加强内部合作和同其他国家的合作。与此同时，他还批评一些发达国家在反贫困问题上态度消极。全球反贫困行动由全世界一百多个非政府组织发起，旨在敦促各国政府和机构共同制定反贫困计划，向贫困开战。

笔者相信，二十一世纪是全人类和解的世纪、共同进步的世纪，多元化成为此浩浩荡荡的世界潮流的源头活水。地球村的概念已经将全世界紧密地联系在一起，但是，族群、国家以及不同阶层之间的和解并不是从天上掉下来的，至为关键的是：即使是贫弱的一方也要有自我维权的机会与自我表达的自由，而强者同样要意识到在全球化与信息透明化的新时代里，没有绝对自治的、一劳永逸的繁荣。所以，当富人们欢聚一堂，在瑞士的雪山之间指点烟霞之时，相聚在巴西"快乐港"（多有趣的名字！）的"穷代表"们同样可以在大街上用脚表达自己的意愿，抒发自己关于我们需要一个怎么样的地球的真情实感。他们所拥有的不是财富，不是权力，而是多数。然而，这个"多数"是足以撬动媒体的杠杆，是政治人物与工商巨子们必须为之注目的千钧砝码。只有在各种自由表达讨价还价的基础上才会形成新的契约，达成真正的和解。东南亚海啸也充分说明，人类命运紧密相连，无论忽视谁，都是忽视人类自身。

比较两个论坛，同样饶有趣味。一个叫"世界经济论坛"，一个叫"世界社会论坛"，都带有某种全球化的性质。所幸"世界社会论坛"的参与者虽然不乏反全球化论者，但是论坛本身并非"彻底反对全球化"，而是要求"另一种全球化"，一种不是有钱人说了算的全球化，否则这个论坛名称与宗旨就只是一个悖论——若是与全球化彻底决裂，就不必在社会论坛前加上"世界"两个字。由此看来，两个论坛之间并非一定要唱对台戏，而是在同一个台子上唱戏，是一场声势浩大的对话。归根到底，它们所表达的都是全人类对世界对自己命运的关怀与关注。从名称而言，两者只有"经济"与"社会"之分；从内容而言，前者更像是富人论坛、富人俱乐部，而后者为穷人论坛、穷人茶馆；前者关心效率与发展，后者关心公正与社会多元；前者偏重"官方"色彩，参加者多为各国政要富豪（以本届年会为例，参加者包括25位国家元首或政府首脑，72名部长级高官和"全球500强"中的120家企业的总裁），而后者则多来自民间，来自世界各地的草根阶层，只有少数国家领袖点缀其间；前者羽扇纶巾，坐而论道，后者则肩负旗帜，行在街上，以世界社会力量的动人姿态同世界主流政治与经济力量博弈。

重要的是，这种努力卓有成效。本届世界经济论坛年会关注贫穷与可持续发展，是与各种形式的"世界社会论坛"力量的踊跃表达分不开的，它得益于欧洲以及世界其他落后地区对狂飙突进、风卷残云的经济全球化的积极抵制。笔者注意到，近年来，在法语文化里，altermondialisation渐渐成为一个流行的新词。它既区别于mondialisation（全球化），又区别于anti-mondialisation（反全球化），而是代表另一种诉求，是"另一种全球化"。事实上，如今活跃于世界各地的所谓"反全球化"人士，并非真正反对全球化，而是反对"野蛮自由主义"与"野蛮资本主义"大行其道的一元主义全球化，反对超拔于人们朴素的关乎幸福自由诸信仰之上的经济决定论。人类的富庶来自于文化多样性，全球化应该是积极传播多元文化的马车，而不应该是以强凌弱的枪炮、贫弱者文化与经济的断头台。

既然"经济"与"社会"两个论坛可以互相救济，所谓"对台戏"立刻变得赏心悦目。经济论坛代表着世界发展的方向，而社会论坛则为经济论坛站岗放哨，它让今日世界无论经济获得多大的成就，以多快的速度奔跑时都不丧失痛觉。当有伤口流血时，知道停下来包扎伤口，而不至于在勇往直前的狂热追逐中，终于因为失血过多而倒地甚至倒毙。显然，这是盲目追求经济高增长，各国之间比拼纸上富贵与效率时最容易出现的危险倾向。所以，当许多中国企业家、官员、新兴群体晕眩于本国经济高速增长时，有良知或理性的各界人士出来呼吁政府重视社会公正与人民的实在幸福，就显得格外及时并且宝贵。

是社会公正优先，还是经济增长优先？这是今日世界也是今日中国左右争端的实质与源头。面对这个复杂的问题，走红法国的比利时幽默家雷蒙·德沃斯宁愿自己变成一个头脑简单的傻瓜。德沃斯说:"当我迈右脚时,左脚嫉妒,当我迈左脚时,右脚嫉妒。一只脚在前,另一只脚就想超过它。而我,像个蠢蛋,就这样走起来了!"这个傻瓜寓言里充满智慧。回到前文,笔者相信,世界不能没有经济论坛,也不能没有社会论坛,如同不能没有左派,也不能没有右派。对左右之争,既不能认为它们无用,但也不必指望谁压倒谁,左右不为难、互相支撑才更重要。如果一方吞并了另一方,走路便成了单脚跳,既不好看,恐怕也行之不远。超越于左右之上、最重要的是人类要以幸福自由为第一目标,沉着勇敢地向前走。这个寓言,同样适用于我们关于中国未来的所有抱负与想象。

2005年2月

谁改革，谁下台？

2005年5月29日，法国就是否批准《欧盟宪法条约》举行全民公决，不出民意测验所料，"说不派"最后以54.87%胜出。尽管此前法国各主流政党、媒体及欧洲其他国家领导人纷纷出力游说，终究未能力挽狂澜。此次公决失利，对于许多为欧盟建设倾注汗水与热情的人来说，无疑是一次沉重的打击，巴黎媒体亦不吝"地震"一词形容这次左右欧洲政治的投票。

6月1日，一路风雨飘摇的拉法兰政府终于曲终人散。希拉克的"另一爱子"德维尔潘与"变节者"萨科奇"双雄配"，顺利重组内阁。新总理德维尔潘表示要在百日内恢复民众对政府的信心。种种迹象表明，今日法国已陷入严重的危机。在享乐主义与犬儒主义的大背景下，如何走出这种"大沉沦"，对于法国政经界领袖与欧盟的建设者们来说，无疑都是一个巨大的挑战。

说不，一次轻率的浪漫

在欧盟建设上，法德是"轴心国家"。从戴高乐、德斯坦到今日与德国总理施罗德称兄道弟的希拉克，法国人在欧盟那份"谁主沉浮"的自信是毋庸置疑的。5月30日出版的《世界报》有条新闻是《法国成为第一个没有批准欧盟宪法条约的国家》。法国人对自己亲手创制的《欧盟宪法条约》说不，不禁让人想起2002年的世界杯。当热情的球迷盼着法国冠军队（1998）卫冕时，没想到他们刚踢了首轮就第一个打道回府了。

5月29日的结果，在全欧引起震荡。它同时鼓舞了"说不国家"的士气。三天后，荷兰人在全民公决中以62%的更高票数抛弃了《欧盟宪法条约》。法国和荷兰都是"欧盟宪法条约"的发起国之一，两国同声"说不"使欧盟在2006年11月1日生效《欧盟宪法条约》的计划搁浅。虽然人们普遍认为欧盟建设不会就此停歇，但是此后诸困苦挫折殊难预料。

几十年来，在法、德等"轴心国家"的积极推动下，欧盟终于形成了今天拥有4.5亿人口、25个国家的庞大国家共同体。欧洲一体化一直受到法国主流政治、媒体、学界及多数民众的支持。纵观全局，此次功败垂成至少有以下几个原因：

其一，《欧盟宪法条约》不像"法律面前人人平等"那样简单易懂，不足以说服公众。该条约有近千页条文，虽然媒体偶有摘录报道，但对于大多数人来说终究十分陌生，加上反对派政客的鼓动，人们在心理上自然更倾向于说不。事后证明，在接受调查的反对派当中，因为"看不懂"而投反对票者超过了三分之一。

其二，"打耳光式投票"再次发作。全民公决前，有网友问法国原文化部长杰克·朗，"如果我投赞成票，岂不意味着我对希拉克政府重新肯定一次？"希拉克连任以来，随着拉法兰总理一系列改革的推进，民众对右派政府的疑惧越来越重，正是因为这个原因，去年法国地方选举时出现了"全国山河一片红"的反常政治生态。如"说不派"明星人物若泽·博韦所说，这次对欧盟宪法说不同样是一次"抗议性的投票"。许多法国人不希望政府继续推行他们不乐见的改革，担心这张赞成票与2002年投给勒庞的反对票一样，因为"顾全大局"让希拉克白得好处，逼着自己不管刮风下雨天天上街游行。

其三，法国年轻人对开放的未来没有信心。IPSOS等民意调查机构在选举后的调查显示，60%的年轻人投反对票，而60岁以上的人大多数投了赞成票。这些数据说明，对于欧洲的未来，后者比年轻人有着更开放的心态。老年人的态度可解释为他们大多已进入退休年龄，且对欧洲上一世纪所经历的苦难记忆犹新；至于年轻人，则反映了他们对社会变革有着深切的不安甚至不自信。当然，这种忧虑与现实密切相关，在法国失业队伍中，年轻人中失业比例高达23.3%。

其四，希拉克失策。和那些年轻人相比，希拉克显然过于自信。许多人开始批评希拉克为了私利，葬送了《欧盟宪法条约》。去年，基于当时欧宪在法国受欢迎的程度，希拉克决定采用全民公决而不是像德国那样进行议会表决，以此凝聚执政党的民心，并为自己2007年赢得大选铺路。希拉克显然高估了形势，也高估了自己。2002年法国大选，极右派国民阵线领导人玛丽·勒庞第一轮淘汰若斯潘，一时震惊欧洲。此后，在法国主流政党与进步人士的积极推动下，人们纷纷将支持社会党的选票转投给了希拉克。显然，希拉克连任的合法性并不充分，他上台是因为人们反对极右势力，而不是因为支持他。

人民法国与精英法国

当然，还有一个更重要的原因，即人民法国与精英法国之间存在的鸿沟。

反对派是绝大多数由受薪职工组成的一个"人民法国"。从全国一览表上可以明显看出贫穷地区和富裕地区的差别。有调查结果还显示，文化水平越高，赞成票比率越高，中学毕业文化水平以下的人，反对票最多。相反，传统的保皇党地区、文化程度在法国首屈一指的布列塔尼地区几乎无一例外地投了赞成票。

从地区整体分布来说，这不啻是一次"农村包围城市"式的全民公决。与70%的农民和71%的工人投反对票形成鲜明对比的是许多大中城市的赞成票都超过了半数。如巴黎（66.4%）、里昂（61.3%）、波尔多（57.9%）、斯特拉斯堡（62.8%）、图卢兹（51.3%）、南特（59%）。虽然农民在法国总人口比例中仅占5%，但是他们和工人组成了广泛的联盟，在法国压倒性的大多数地方占了上风，使巴黎66.4%的赞成派不得不缴械投降。如上所述，希拉克一念之差导致满盘皆输。吊诡的是,如果他当时选择议会表决的方式,参考德国议会数日前的结果,通过率至少会在七成以上,然而为什么全民公决的结果只有45.13%?与许多愁眉苦脸的法国人相反的是,一位投了反对票的朋友对笔者说,"这次公决之后,法国前景将变得更加乐观。人民不再臣服于权力。他们不仅捍卫了民主——因为欧盟的决策机制没有体现民主,而且它还意味着权力重新回到了法国人民的手中。人们有理由怀疑那些代表是否真正履行了职责,代表了法国民众的利益。"

显然,这种选举悖论反映了"人民法国"(全民公决)与"精英法国"(议会表决)之间存在着某种程度的脱节。有理由说,欧盟代表着人类某种最美好的愿望,它既来自于一点一滴、不厌其烦、脚踏实地的建设,也得益于政经领袖与有识之士的高瞻远瞩。因此,它不可避免地会造成不同阶层间认识上的隔阂。即使是在代表与其所代表的人群之间,也在所难免。假如代表们身上的某些前瞻性的价值取向不为民众所认识,同样会造成代表与被代表者之间的"精神分裂"。但是,政治就是传播的艺术,此处与其说是制度上的宏观设计有问题,弗如说是在细节沟通上欠考虑。虽然希拉克时常强调对话,但其所谓的对话总给人一种"临时抱佛脚"的印象。今年4月份民调告急,希拉克才想着与青年座谈,发表电视讲话。显然,此前他对公决可能产生的变数估计不足,以至于有读者在媒体上发牢骚,近一个月,政府和媒体给大家灌输了一些根本没法消化的知识,不但没有说服他们,反而有此地无银的意味,让他们更加举棋不定了。

忧郁的巴黎与不清洁的政治

几年前,维旺迪的老总梅西埃曾宣告,"法兰西文化例外已死!"它让心高气傲的巴黎人黯然神伤。这次"说不"行动,同样打击了那些对法国深怀热爱与希望的人。刚从巴黎大学毕业的Yann Cadoret先生,是个社会运动积极分子,与笔者谈到反对派在巴士底广场上的狂欢时可谓义愤填膺："法国什么都没有了，不知道为什么这帮蠢蛋还要到巴士底去庆祝胜利。他们究竟得到了什么？我鄙视他们。他们把自己关在一间叫法国的屋子里，只等待小布什拿钥匙开门。"在他看来，法国在欧洲的伟大抱负快破灭了，或者，"至少因此耽误了十年时间"。

一位不愿透露姓名的外交官朋友向我谈及此次投票结果显然没有了一点兴致。他用"Triste aveuglement"（令人忧郁的盲目轻率）来形容这场"颠倒是非"的全民公决。他的妻子对此同样不满，觉得法国快完蛋了，如果有必要，可以申请其他国家的国籍。

6月3日晚，CANAL+电视台的新闻木偶剧"一反常态"，贴出一份颇有爱国情怀的"公告"，要求全法齐看"积极的一面"，留存"希望"。然而，陆续上场的各位"政要"，无不以互相拆台攻讦为能事。剧组如此反讽似乎是在告诫人们，世界上没有你我一厢情愿的清洁的政治。

值得一提的是社会党内部因为全民公决发生了严重分裂。投票前，赞成《欧盟宪法条约》的法国社会党第一书记弗朗索瓦·奥兰德建议民众将自己的不满带到2007年的法国大选中去时，反对派领袖、党内二号人物法比尤斯却号召大家没有必要放弃这次"纠错"的机会。公决结果出来后，奥兰德指责法比尤斯为了个人的政治利益牺牲欧洲。不过，反对派虽然占了上风，社会党大权并未易手。6月4日，社会党国民大会召开。为了化解政治危机，重申党内团结，会议以167票赞成、122票反对、18票弃权将法比尤斯排除出领导层。法比尤斯为煽动拒绝欧盟宪法条约付出了必要的政治代价。

毫无疑问，对《欧盟宪法条约》的否定，使一些别有用心的政客捞到了政治资本。此前有调查显示，认为法比尤斯力量加强的有34%，认为勒庞加强的有27%。勒庞不得而知，而法比尤斯显然已经鸡飞蛋打。事实上，在许多法国人心目中，法比尤斯只是一个"撒谎者"。八十年代震惊法国的艾滋病"污血案"丑闻的主角正是时任政府总理的法比尤斯。有法国朋友对笔者开玩笑,如果一定要在法比尤斯和勒庞之间选出一位总统,他宁愿投勒庞,理由是勒庞虽危险,但是人人皆知,因此并不可怕;相反,法比尤斯,这位主流政党里的"爱国者导弹",才是引起法国内爆的"潜在敌人"。

一部被法国主流政党和媒体看好的宪法遭此厄运,实在让许多人摸不着头脑。希拉克在最后一次动员讲话中指责反对派,称他们将欧盟简化为一个听命于极端自由主义的"简单的自由贸易场所",同时削弱共同农业政策、法国的社会模式与文化例外,而无视欧盟建设"人性化全球"的立场。虽然这番话没有挡住许多"抗议票"主人跑到巴士底广场开香槟庆贺,但是在新总理德维尔潘组阁后,他们立刻就失望了。一位朋友向笔者诉苦道:"命苦。投了三次票,右派政府还没有垮台!"这三次投票分别是2002年的大选、2004年地方选举以及这次全民公决。令人惊讶的是,他这次之所以投反对票,第一个原因竟然是希拉克在欧盟建设上做得太多。颇有点敌人支持的我们就反对的意味。

或许,他们会后悔当时没有听从巴黎市长贝特朗·德拉诺埃的劝告:你们可以合法地表达自己的愤怒与苦难,但是不能以削弱并孤立法国在欧洲的地位为代价。换言之,不要拿欧盟当法国政府的替罪羊。

德拉诺埃的建议是:先肯定欧盟,再对政府说不。民意应该合情合理、有步骤地表达。毫无疑问,这种迁怒式的投票同样体现了草根政治不清洁的一面。

"波兰管子工"遭遇马其诺防线

不久前,笔者与法国著名华裔画家司徒立先生谈到欧洲的未来,司徒先生用"大沉沦"这个词来形容欧洲可能面临的危机。笔者以为,欧洲现在主要危机是改革维艰。

显然，欧盟之于欧洲的意义，不只是宏大远景，更有当下实用主义的一面。比如通过政治经济一体化，引发一系列改革，从而使欧洲重获激情与生机。这种一体化实际上和中国全球化背景下的许多改革有相似之处。即，在新的形势逼迫下，将旧有的、阻碍社会发展的条条框框逐渐打破，使社会变得有活力，以免于沉沦。我们对中国改革抱有希望，很大程度上是因为它渐渐从"改革→开放"走向了"开放→改革"，以一个开放的世界的能量救济一个封闭的社会，改革与开放渐次良性循环。不幸的是，今日许多法国人死守一时一势，对欧盟随之而来的变革多怀畏惧。于是，在预感到"波兰管子工"大军压境时，纷纷在心理上筑起了马其诺防线。

然而，他们忘了欧盟金玉其中的共享原则。各国受惠，实则与开放国界异曲同工。如果每个国家都开放领土，对于它的国民来说，他们失去的只是国界线上的栅栏，以及那些不让别人进来，同样妨碍你出去的卫兵，而得到的却是比原来大数倍甚至数十倍的更广阔的领土。如德斯坦所说，将市场经济转向"市场社会经济"，欧盟建设更远的目标是创造更多工作机会。"波兰管子工"能到巴黎来找工作，巴黎人一样可以到波兰去创业。

如果说法国大革命代表着一次改天换地的激进主义，那么今天"对欧盟宪法说不"同样意味着一种墨守陈规的激进主义。不同的是，前者为了尚未得到的一切，后者为了已经拥有的一切。不可否认的是，法国创造了世界上无与伦比的精神财富，然而时至今日，害怕"波兰管子工"会抢走奶酪的法国人之因循守旧似乎也发展到另一个极端。更糟糕的是，随着时间的推移，这种对往日荣光的迷恋渐渐演化为一种对未来的不安与不自信，并成为拒绝变革的理由。

谁改革，谁下台？

有新闻说，自从公决开始后，拉法兰便从马提翁府的偏门溜走了。希拉克的又一个"爱子"德维尔潘与"变节者"萨科奇"双雄配",顺利重组内阁。身为人民运动联盟党党主席的萨科奇身兼内务部长,为政府二号人物。新内阁由31位部长组成,比上届41人精简了近三分之一,其中有8位新人。最值得一提的有两位:一是受希拉克器重的前爱丽舍宫发言人卡特丽娜·科罗娜,她出任欧洲事务部长,足见希拉克在欧盟事务上的深谋远虑;另一位是社会学家阿祖·贝加,这位阿尔及利亚移民后裔出任新政府的机会平等部长。贝加研究涉及城市社会经济学与弱势群体等领域,已经出书二十余本,其平民作风和底层背景也深受欢迎。

德维尔潘临危受命,鉴于法国目前10%的失业率,解决就业问题将是新政府的首要任务。法国企业运动商会主席塞耶尔日前表示,公决结果削弱了法国经济、法国和整个欧洲,在拒绝欧盟宪法后,许多对工商界有利的改革很可能停滞。

值得推敲或意味深长的是,新总理德维尔潘表示要在百日内恢复民众对政府的信心。显然,广为媒体批评的"法国病"已经集中体现为民众的享乐主义和对公权不信任。诚然公权不被信任是宪政存在的某种法理基础,但对公权的过度不信任,也使国家的政治诉求难以为继。当这种不信任与民众"大私无公"的生活诉求发生重合时,便出现了"谁改革,谁下台"的政治尴尬。

举例说,在1995年的总统竞选中,希拉克把"改革"纳入其竞选纲领,以减少失业、削减政府财政赤字和增强法国经济活力作为主要施政目标。在击败密特朗上台以后,希拉克随即任命朱佩组阁,实施其改革路线。同年11至12月,全法发生大罢工,参加人数达380多万,最后导致朱佩政府垮台。十年后,拉法兰政府表面上看是与《欧盟宪法草案》一起被否决,实际上也是因为他坚持推行一系列触及国民既得利益的改革。在此意义上,我们可以说,德维尔潘面临的最大挑战不是法国的失业率,而是民众要求政府画好素描,却不能使用橡皮擦的高标准。

同样，改革者拉法兰一直是法国媒体取乐的对象，他们嘲笑拉法兰发明了一种降低失业率的办法——将失业者塞进炮筒，一炮连一炮发射到德国去；甚至挖苦拉法兰说，牛顿的苹果是从树上掉下来砸到脑袋，而砸拉法兰脑袋的苹果许多是从地上"掉下来"的，因为他的大脑功能完全违反自然法则。法国人热衷于将他描绘成天下二号傻瓜。至于冠军的称号，早就把它送到白宫去了。

在全民公决时，CANAL+的木偶剧又将拉法兰挖苦了一番。由于声名狼藉，希拉克把拉法兰打包装进一个纸盒子里，嘱咐他公决结果出来后再出来。第二天，CANAL+的节目继续这个话题。某行李房传来广播员的声音：如果这个纸盒子还没人领走，我们就要把它销毁了……

历史不会简单地重复，永在结巴中前进。虽然《欧盟宪法条约》在法国遇到挫折，欧盟还要继续。同样，法国的改革仍会进行下去。只是那些投抗议票的人当时没有好好计算一下，对希拉克不满，只需耐心地等待两年，通过选举"收拾旧河山"，然而，在这次否定性的公决之后，法国错过欧盟及欧盟错过的，将远远不止两年时间。

2005年6月

骚乱面前，人人平等

生命无价，两个孩子的意外死亡，引起巴黎郊区持续十天的骚乱。路透社的消息说，愤怒之火已经蔓延到斯特拉斯堡、图卢兹和雷恩等外省城市。昨天，圣丹尼斯的几千居民开始静默行走，以此抗议暴力。

几年来，虽然我不曾遭受法国青年们对政府或对社会那种所谓"报复"，但是这场持久的骚乱难免让我想起自己在巴黎的一段经历。

2005年3月某天，巴黎的中学生示威游行，抗议拉法兰政府的教育改革。当天下午，我乘坐地铁去示威现场采访。刚走出共和广场地铁站，一位女路警劝阻我不要去转角的大街上去，因为那里情况很糟糕。当然，我还是坚持过去了。对于一位新闻记者来说，没有比见证更重要的事情。

博马舍大道上热闹非凡。跟着学生队伍，我一边随机采访，一边拍照。应该说，我在法国见证了无数场游行示威，但是这样混乱的场面的确是第一次看到。街上的学生可以分为两部分，一部分人是游行，他们喊着口号，反对政府；另一部分则是"游跑"，他们在队伍里或人行道上狂奔，抢东西、打群架。印象最深的是有一群人拿着棍子，装扮得像切·格瓦拉，像红卫兵，戴着红袖章，追打三三两两的学生。据有经验的巴黎人讲，这次来了许多郊区的学生，他们也想借机到巴黎市区里发泄，表达内心的愁苦或不满。

我之所以愿意回忆这件事，是因为我接下来的一点遭遇。出于职业习惯，和往常一样，我举着数码相机爬到了一个高台子上，寻找角度，尽可能多拍点好照片。大概拍了几十张后，忽然发现身底下来了七八个黑人,说你下来。我知道事情有些不妙。他们像群狼一样围在我脚下,虽然大街上到处都是人,但是那一刻我感觉自己像被巴黎抛弃了一样。随后五六个黑人将我从台子上拽了下来,我跌到了地上,一只有力的手迅速地从我手里将相机夺走。所幸刚才他们用力并不猛烈,我没有因此受重伤。

至今我也不知道谁夺走了我的相机,只觉得在这场骚乱中有个黑色符号而不是具体某个人抢走了我的相机。我没有向警察报案的一点兴趣,在这失序的乱世,你怎可能将一个游走的符号缉拿归案?

当然,这不过是一件寻常小事,并不足以让我对脚下与心底里的巴黎心灰意冷。作为一个时代的见证者,无论你遭遇什么,出于对智慧的求取与对真相的尊重,都该抱有一颗感恩之心。但是,这件事的确让我寻思良久。我回想起自己曾经写过的文章,无时无刻不在呼吁社会公正与平等,呼吁对弱势群体的保护。然而,在这混乱的街道上,在那些我曾经试图援以热情之手的弱者面前,我竟然变成了一个手无缚鸡之力的被剥夺者。换句话说,一个人无论他心怀怎样的愿望,无论他在社会改造与建设的过程中是否当过逃兵,当社会动荡来临,他只能心存侥幸不受到侵害,而从前所谓的"弱势群体",以其反抗或报复,将印证法国歌剧《斯巴达克斯》里的一句台词,"我将归来,万马千军"(Je reviendrai et je serai des millions)。

所以,在近日巴黎郊区及外省的骚乱中,我们看到有千余辆被焚毁的汽车像是沙漠里的骨架一样被遗弃在路上,一些与德维尔潘右派政府毫无干系的超市、货仓也被洗劫,然后付之一炬,甚至连幼儿园这样"与世无争"的场所也受到了不同程度的侵害。如果说"法律面前,人人平等"多少有点乌托邦情怀,那么,"骚乱面前,人人平等"则具有某种现实主义特征。否则,在风起云涌的1793年,法国国王路易十六怎会喋血革命广场?革命之初那位为反对死刑而辞去法官职务的"公民"罗伯斯庇尔,又怎会在量产滚滚人头后反被人送上了断头台?

"一个人不能让灵魂之火熄灭,但也不能让它烧出来。"凡·高关于火的这句隐喻,可谓意味深长。社会如人,我们该随时关照自己的内心。一个理性的社会应该通过思想之火来表达,日积月累,撑起光明,而不是如此突如其来,火烧连营;换言之,我们应该在日常生活中绞尽脑汁寻找出路,而不是等到某个时日通过烧尽汽油来解决问题。

法新社说,"观察家们将这场骚乱当作法国社会不断分裂的信号——移民、贫穷、落后地区教育水准下降和失业。"无疑,这场骚乱与法国长期以来积累的移民问题有着深厚的渊源。所以,内政部长萨科奇要用高压水龙"清洗盲流"的"极右翼"言论立刻引起激烈反弹,年轻人发誓要继续与警察斗到底,"这才是开始。我们要打到萨科奇辞职为止!"

一切正如法国机会平等部长、社会学家阿祖·贝加(Azouz Begag)所言,我们要歉疚地带上我们的尊重而不是摄像机去亲近困难街区的民众;要努力消除歧视,多去倾听他们的所思所想,而不是部署更多的防暴警察,追求所谓"速成方案"。

法国思想家布莱斯·帕斯卡说,人不过是一根脆弱的会思想的芦苇,我们的全部尊严就在于思想(Toute notre dignité de l'homme consiste en la pensée)。一个好社会,应该学会倾听,学会尊重每一根芦苇的思考与生息,让每一根芦苇获得并拥有持久的公正。在芦苇的思想国里,没有尊卑,也没有先来后到,人人都是思想家,人人都有自我表达的权利。惟其如此,才可能让人类真正告别"群氓时代"。所有点燃风暴与野火、危及芦苇安全的"暴力芦苇"和所有藐视并破坏芦苇思想尊严的"权力芦苇"一样,都将为自己的行为付出代价。

2005年11月

一场丰衣足食的反叛

1968年5月,一场波澜壮阔的社会运动冲击法国。它不仅在极短时间内席卷了法国的各所大学,而且迅速扩大到工人阶级,引发了全国性大罢工,并最终导致国会改选、总理下台。而这一切,事先似乎毫无征兆。政治观察家们认为不可能在西方国家出现的"古典意义上的革命",在不可能的情况下爆发了,而且这一次又是在巴黎。

一群在战后成长起来的年轻人,起来反抗一个欣欣向荣的社会。这是人们关于"五月革命"的粗略印象。至于这场"革命"有何意义,那个五月到底发生了什么,四十年来,即使是当年亲历其中的"六八分子",也是众说纷纭、莫衷一是。针对这场"革命"的批评与记忆,都在一定程度上出现了断裂。

"要么现在死,要么永远不死"

上世纪六十年代中期的法国,正处于战后重建的"光辉三十年(Les Trente Glorieuses,1945—1975)"的中途。五十年代"欧洲经济共同体"削减关税,扩大市场,法国成为世界第四大出口国,进入了空前的繁荣。货币坚挺,经济年增长率保持在5%上下。国家结束了殖民战争,并且扭转了工业化和城市化落后的局面,农村人口向城市外流已接近完成。

然而,在"经济繁荣、政治安定"的表象之下,法国同样面临着一场"物质上升、信仰下降"的危机,仿佛社会在懵懵懂懂的富裕中丢失了理想。与此同时,马尔罗、加缪、萨特、福柯等人的思想,戈达尔的电影叙事等等焕发张力,一切有关人的意义的询问也为这场社会运动打下了"造反"的底色。简而言之，1945年戛然而止的灾难与现在的丰衣足食形成了一个鲜明对比，当有关人类命运的宏大叙事渐渐让位于日常生活的柴米油盐时，这一代法国人对目前的庸碌生活表现出了一种非同寻常的不安。关于这一点，在"五月革命"即将发生前的一个月，戴高乐甚至也在不同场合这样吐露心声："如今再没有什么事要对付了，也再没有什么英雄业绩可创造了，我反倒觉得没劲。"

不可否认，法兰西有着举世无双的创造力。在很多方面，如科学发明，人道主义、自由、平等人权观念，法国当之无愧是人类的进步之源。不过，尽管法国历史上发生了许多革命，但是"不自由，毋宁死"并不足以概括法国人的特性。在我看来，更准确的概括当是"不创造，毋宁死"。正因为此，法国在任何时候都会表现出一种特立独行的行事风格，安于锦衣玉食、随大流显然不是法国人的性格。乌托邦在这片六角形的土地上永远不会褪去油彩，当有关生命与生活的意义探寻开始发酵时，一个响亮的口号立即开始流行——"要么现在死，要么永远不死。"

历史将这一任务交给了大学生。这是一群出生于1944年到1950年之间，从未经历过饥饿与贫困，未体验过"战斗到一无所有"的人。然而，充沛的精力、不可一世的理想主义，以及不断穿梭于家庭、社会与学校种种束缚之中的他们，却有着超乎寻常的敏锐。

一片安定繁荣之中的六十年代，来自各阶层的孩子越来越被中学会考和上大学所吸引，加上战后法国人口快速增长，大学生人数从1958年的20万增加到1968年的50万。然而，大学教育却对生源膨胀装聋作哑，不思改革，以至于在学生眼里，大学变成了一种"只谈存在，不谈意义"的社会结构，一个"无用知识的自动发送机"和"毕业文凭制造厂"，这种填鸭式教育使他们患上了"知识不育症"。

如此危情，早在1964年，哲学家保罗·里克尔在《精神》杂志上就发出警告："如果国家不采取适当办法解决大学的发展问题，将会招来酿成全国性灾难的学校大爆炸。"而事实上学生们的确正在做这方面的准备——不能说眼下这个世界十足糟糕，有时它甚至是美好的，但是，为了一个更好的世界，一个有面包更有玫瑰的世界，法国需要一场运动。

社会运动与街头戏剧

1968年5月，学潮从南泰尔蔓延到索邦，愤怒的学生占领巴黎大学，导致警察干预，继而形成一种"反抗—镇压—反抗"式的循环升级。应该承认，对于这一事件，起初政府表现得有些过于自信，以至于人们讥讽它在风暴来临时更像是一个"聋哑政权"。它墨守成规，支支吾吾，既想平息事态又不想向"街头压力"让步，甚至异想天开通过抓捕几个捣乱分子实现对学生的分而治之。直到5月中旬，运动演变为一场全国性的危机，总罢工扩大到所有部门，到5月24日，法国已经陷入瘫痪状态。戴高乐的讲话变成了国民的耳旁风，这下轮到反抗者装聋作哑了，一切理性的声音都被淹没在运动的节庆声中。

的确，似乎没有比这更美好的时刻。年轻人沉浸在"同仇敌忾"织起的团结、友爱中，在幻象之网里一起冲锋陷阵。面对牛气冲天的街头运动，许多起先彷徨的人也加入其中。就像那些经不起同伴热情忽悠的中国人，会在沪指六千多点时慨而且慷地杀进股市。1968年5月，许多法国年轻人相信，如果不去大街上走走，不去拉丁区的巷道里撬起几块铺路石，人生可能会因此黯淡无光——法国人不怕错过赚钱的机会，怕的是错过一个改天换地的时代。

"同学们，向前跑吧，旧世界就会被抛在脑后。"至于跑到哪儿去呢，人们并不清楚。四通八达的大街，被街垒分割成一个个舞台，也像是一架架巨大的跑步机。显然，在这里真正上演的更像是一场场革命的戏剧，它让每个人有机会相信自己会走上时代的风口浪尖。如果说过去是平庸的一群，现在每个人都可以堪称"伟大""顶天立地"。雅克·本尼特在《红与黑的春天》里这样描摹:"从今以后,我们有节日可过,有创造奇迹的时间,有自由讲话的权利……人从新石器时代过渡到雅典式的民主,奴隶少了,但多了成千上万的广场!驱走了黑夜,战胜了权力,生活将会改变,终于可以活得自由、平等、博爱、幸福了……"而且,相较于法国大革命时期罗伯斯庇尔的"你不想自由,强迫你自由","五月风暴"似乎甚至有些清高与孤芳自赏,"如果一个人不想通过奋斗取得一样东西,那么你给他东西也没有任何意义。""不要来解放我,我负责自己解放自己。"法国著名思想家雷蒙·阿隆在《费加罗报》上提出了自己的批评:"大学生和工人们将又一次对这些日子的罢工、节庆、游行、无休止的讨论和暴动留下美好的回忆,仿佛日常生活的烦恼、技术和官僚主义所造成的窒息感需要时不时地突然宣泄一下;似乎法国人只有在革命(或者假革命)的心理剧中才能使孤独感得到解脱。"

当然,事实也并非全然这么糟糕。不管怎样,这只是一群共和国的孩子。他们有热情,有责任心,希望通过自己的努力创造一个能协调法律和自由、劳动和平等的美好社会,一个真正享受博爱和无等级制度的美好社会,一个无僵化体制,既无监狱,也无精神病人的美好社会。

"六八底线"

在法国过往的历史中,革命总是会让人想起那些滚动在巴黎街头的湿漉漉的人头。然而,今天人们知道,革命者的勇敢在于赴死而不在于杀戮,因剑得到的,必将因剑而失去。

尽管人们习惯于将发生于这一年的这场社会运动称为"五月风暴"或者"五月革命",然而,今日法国,人们更倾向于用"Mai 68"(1968年5月)这一中性的时间刻度来标刻这段历史。的确,和以往的"风暴"或者"革命"相比,它已经脱胎换骨。其中一个最重要的表现，即是从政府到社会，无论是参与运动、反对运动者还是维护秩序者，都保持着一种心照不宣的默契——拒绝暴力和流血是"五月革命"的共同底线。在此意义上，我们可以说，如果法兰西要继承其"革命"传统，那么1968年5月可被视为法国革命的新起点。或者说，"六八底线"才是1968年5月这场运动留给世界的最珍贵的遗产。换一个角度说，这种表面激烈，实际平和的社会运动，也是一种"告别革命"的方式。

学生方面，作为学生运动领袖之一的科恩·本迪特对暴力并无偏爱，人们在他身上看到的是对雅典式民主的追求。对于零星出现的暴力事件，本迪特认为"搞暴力并不是运动负责人决定的，而是大学生自发地选择了抵抗……我们没有任何责任"，"尽管一切有些过分，但毕竟还是恪守在民主的范畴内"。

"足够的行动，足够的词语。"这是"五月风暴"中的一道风景。"拥有你的爱，但不要放下枪杆子"，"最美的雕塑是铺路石的砂岩石，最具批判力的石块就是打在警察脸上的石块"。"铺路石下是海滩"等等，一切更像是一种浪漫抒情，一种随心所欲的创作。当一切云开日出、风平浪静，不难发现，那些标语口号中尽管充斥了对暴力的怂恿，但更多只是一种美学意义上的暴力宣泄。对于许多人来说，口号被发明出来，有关暴力的审美便已经完成。我曾说，没有嘴上起议，将有街上起义。发生在法国的这场运动，显然不是暴力革命或者带有暴力性质的街头起义，而是一场不折不扣的"街上起议"。

尽管政府一度严重错估形势，甚至认为法国已经走到了"内战的边缘"；尽管学生夸大其词，将警察描绘成挥舞棍棒的德国党卫军，但从整体上看，事情并没有那么糟糕。一方面，学生们没有异想天开地去攻打政府；另一方面，政府同样心知肚明的是：巴黎大学被占领以及割据四方的街垒只是一种反抗的象征，而不是一种军事手段。有数据表明，五六月间，巴黎有两千多人受伤，其中200人受重伤，此外，还有5人死亡，但并不是警察开枪所致。革共青联的领袖感到奇怪的是，那些被创作者们画上"SS"（党卫军）标记的警察并不狰狞，他们乐于同学生们讨论，愿意理解。当然，背后的英雄是警察总署署长莫里斯·格里莫，一位有教养的人道主义者。从运动开始到结束，他尽其所能地避免流血悲剧的发生。所以，人们不仅看到他经常在拉丁区和示威者讨论，而且在警察开始变得粗暴、即将失控时，格里莫还亲自致函给每一位警察："打击一个倒地的示威者就是打击自己、打击警察的职业形象。"

如让·戈夫在《1968年5月，无奈的遗产》中所说："六十年代末的历史形势是不同寻常的。昔日的血腥暴动，二次大战的恐怖，阿尔及利亚战争时期的镇压、残忍和屠杀都还停留在人们的脑海里，但国家毕竟进入了新时代。它结束了殖民战争；阶级斗争虽然尚未消失，但已不再是'你死我活'的殊死斗争。"

事实上，在这场运动中，法国社会一直保持着自己的理性。当有人不仅撬走了铺路石，而且连根拔起了拉丁区本来就为数不多的树木，并开始焚毁居民的汽车时，市民终于忍无可忍。风暴正在酝酿灾害，很快，媒体对学生的同情声浪明显减弱。《世界报》社长伯夫·梅里批评说："学生们虽然得到了慷慨的声援，但也会因盲目而自毁。不管正确与否，有哪届政府会容忍巴黎的街道布满街垒？"《图片报》则开始动员："我们没有权利让警察和他们的水枪独自承担这种大事。"很快，"反对者的反对者"也开始走上街头，要求"把索邦打扫干净"，"法国要工作"，"共产主义行不通"。这些不甘心永远生活在"混乱诗歌"回声中的巴黎人，开始对法国的无政府状态说不。

"索尔仁尼琴效应"

观点平衡世界，真相消退激烈。"五月风暴"退潮后的"后戏"，同样是我们回忆或者梳理这场社会运动不可或缺的一部分。

和世界许多地方一样,"五月风暴"发生时,巴黎沉浸在格瓦拉式的革命情调里。对于刚刚发生在遥远中国的"文化大革命",巴黎极左派们更能感受到一种心气相通的朦胧之美。

尽管和中国实为"政治大革命"的"文化大革命"相比,"五月风暴"更具有文化革新的内涵,但是二者之间有所呼应是显而易见的。至少,中国的"文化大革命"吸引了许多法国知识分子和年轻学生——对他们来说,"文化大革命"像是一场否定现政权并反对个人主义和资产阶级世界观的斗争,是"在实践中超越斯大林主义",是避免苏联发生的情况重演的唯一办法。遗憾的是,由于历史的局限,这些人对这场运动的"工具性"及其他"黑暗面"一无所知。当然,这种一无所知,还包括这一代法国人对世界其他地方的乌托邦试验的错误理解。

二十世纪七十年代中后期,极左派的革命理想在法国正式退潮,有赖于一个真实世界的呈现。这一时期,苏联作家亚历山大·索尔仁尼琴的著作《古拉格群岛》法文版面世,种种有关斯大林独裁统治的真实细节震惊了整个巴黎;两年后的1976年,中国结束了巴黎左派们怀揣春兔的"文化大革命";1978年,红色高棉惨绝人寰的种族大屠杀也渐渐为世人所知。这一切,足以让活跃于当年的"六八分子"从希望陷入失望,并且"走到绝望的尽头"。

"索尔仁尼琴效应"说到底就是"真相的效应",历史以其特有的残忍让那些原本诚心诚意想着推动社会进步的人背负起一种"逻辑上的负罪感"。就像早在十年前的1958年,曾在信仰上改弦更张的埃德加·莫兰在《自我检讨》一书中所感慨,对"昔日信心的源泉",今朝已经"形同陌路"。呼应中国的文革,巴黎的极左派曾经相信"红宝书"可以解决"人类遇到的所有问题",然而,事实告诉他们,天堂不可能通过这种方式堂而皇之地被搬到地上来。克劳迪和布鲁瓦耶勒在《幸福的石头》一书里的诘问是意味深长的:那些极端的"六八分子"虽然没有时间,没有力量,没有愿望用鲜血去彰显活力——

"这很好！但共犯暴行的条约，我们不是一样签了吗？"

要面包，更要玫瑰

岁月无情，当年意气风发的年轻人如今已经步入生命的暮年。反思这场运动，主流态度不外乎两种：一部分人持否定态度，有人甚至将这场运动简化为一场"打砸抢"、一场"意识形态病"的急性发作；另一部分人则得了怀乡病，1968年的5月，只是他们人生中一个远逝的梦想。至于在这一运动中受到冲击的官方，尽管他们当中许多精英都是"'六八'下的蛋"，但没有人会给当年那群"越革命越想做爱，越做爱越想革命"的才子佳人们颁发奖章。

毫无疑问的是，1968年5月改变了法国。如上所述，这与其说是一次"失败的革命"，不如说是一次"成功的改良"。度过七十年代的广泛的自责与失落后，当历史进入八十年代，"五月革命"的成果才依稀显现。过去僵硬的社会关系消逝了，象征性的等级制度不明显了，取而代之的是工资的迅速提高而带来的收入等级。"五月革命"以其特有的反抗方式改变了当代法国的历史风尚。用一个法国学者的话来说，"五月革命"以后的法国的生活变得性感。

从此以后，"对话"与"商讨"成了法国政治中的一个常态。法定的程序、绝对的命令、神圣的指示不再那么高高在上。"五月风暴"以其特有的方式客观上完成了社会力量对政治力量的一种抗衡或者分权，表明这场文化革命所具有的政治内涵。

几百年前，托克维尔曾经指出，法国大革命的一个根源在于法国农民受到的束缚大幅度减少，生活水准显著提高，而随着手铐的去除，剩下的脚镣往往会变得百倍的不能容忍。这说明，革命或者群体性混乱并非都是在一个国家政治、经济走向崩溃时才会发生。发生在1968年的"五月风暴"，同样具有这一内涵。不同的是，这次"革命"已经不像往常，而是褪去了尖牙利爪。

进一步说，每个时代都有自己的疑难，革命并非只是发生在贫穷、落后或有冲突的地区，解决了"温饱问题"不等于解决了"革命问题"。法国"五月风暴"便是在一片莺歌燕舞的社会转型中发生的，而且，这场"革命"也是人类历史上第一次不是为了面包，而是为了玫瑰而发起的。1968年的法国，正处于法国由古老的农业社会向工业社会强力转型的混合时期，上世纪八九十年代即将流行的新潮思想，与二三十年代的家长制社会并存。这种新旧混合同样表现在那些要求革新的年轻人身上——他们喊着二十世纪之初的革命词语，引领法国走向一个新的时代。

　　可以肯定的是，无论是1968年"不创造，毋宁死"的改革诉求，还是今日法国遭遇的"谁改革，谁下台"的政治困境，其背后的逻辑都是法国的社会力量对政治运行有着深刻的影响。或许可以说，从1968年开始的"五月革命"并没有真正结束，政治力量与社会力量的对话或者对垒从来没有停歇。正是对话的存在，避免了社会与国家之间的冲突与动荡。

　　世界永不完美，冲突还在继续。回顾发生在四十年前的这场近乎风花雪月的"革命"，不难发现，对于任何国家来说，当危机来临时，最重要的是社会力量与政治力量必须恪守自己的边界，一起守住底线，一起守望未来。

2008年5月

如何驯服主权？

人类历史上从未有过如此惊心动魄的鸿篇巨制——欧洲联合。为避免战争、促进繁荣，若干国家以民主而非战争、以平等而非奴役的方式走向经济与政治的联合。

两百多年来，西学以民主自由为旗帜，将旧世界改天换地。如今，为了建设一个和平、稳定、民主与繁荣的欧洲，"欧洲联盟"关于主权改造的一系列试验，已作为新西学的重要组成，先行一步。在此基础上，有理由相信，主导未来世界的，将是从欧洲深厚人文传统底里焕发出来的刮骨疗伤的世界主义与法制精神，而非美国大兵手中以射程丈量文明的枪炮，更不是近年来全球回潮的极端民族主义。

物竞枪择西方分裂

2003年，西方世界陷入了精神分裂。

就在"9·11"恐怖袭击事件爆发后，欧美同仇敌忾，欧洲民众毫无保留地拥护政府支持美国反恐战争。然而，随着布什主义出台、对伊战争的展开，欧洲人渐渐相信，拉登的恐怖魔法让美国政府丧失了理智。

法国《世界报》总编科罗巴尼在"9·11"事件发生后说："今天我们都是美国人。"这句话道出了当时许多欧洲人的心声，但是一年以后，欧洲人大呼上当：说"我们是美国人"，不过是一厢情愿——在美国人眼里，欧洲人是没有政治权利的二等公民。他们无权对美国政府的所作所为说三道四，更不能坚持自己的立场，否则就要被骂作流氓、忘恩负义，或者被报复。

和欧洲大部分国家一样，美国源于基督文明。不同的是，当欧洲大陆竭尽全力去宗教化，让社会走向世俗与法律时，在美国，宗教却从私域冲向了公域，甚至指导国家的外交，因此有了布什著名的"口误"——十字军东征。

在注重公平与理性的欧洲人看来，冷战结束后，美国屡屡错失良机，没有负起大国之责，及时将世界向法制轨道推进，而是过多地诉诸暴力，以眼还眼以牙还牙——物竞枪择、"挟民主以令天下"。美国人忘了西奥多·罗斯福1917年在纽约"建设性爱国大会"上的忠告："那些将毁灭美国的东西，是不惜一切代价的繁荣，不惜一切代价的和平，安全第一而非责任第一，对舒适生活的迷恋以及迅速致富的生活哲学。"

值得注意的是，欧洲反美，并非源于极端民族主义、意识形态好恶或某种宗教伦理上的失控情绪，其反美主要是反对美国的专制，其实质恰恰是捍卫美国的民主价值。从这个层面上看，这种分裂并非根本上的。欧洲人并不否认，美国有着坚定不移的民主制度以及人权、自由等普世价值观，其分歧的主因是这个没有制衡的世界格局，纵容了美国"大棒+压舌板"的外交屡屡上演。

文明样板与政治围城

唯有宽容，才会强大。

2003年7月10日，欧盟制宪会议主席、法国前总统德斯坦在布鲁塞尔宣布欧盟宪法草案的撰写工作已全部完成，由105位来自15个成员国及新加盟的十国代表正式签字定案，宣布完成欧洲划时代的壮举。这是继1957年罗马条约之后，欧盟历史上另一部重要文献。从此，蓝天十二星为欧盟盟旗，欧元为共同货币，"在多元中维持团结"定为欧盟座右铭，每年5月9日为欧洲日。《欢乐颂》作为盟歌的象征意义是巨大的，它揭开了一个新时代，从此代替了那些嗜血的国歌——

"用敌人的污血肥沃我们的田野"。大家欢聚一堂，但拒绝"老调重弹"，要"消除一切分歧"，在欢乐的光辉照耀下，"同生共死好朋友，四海之内皆兄弟。"

德国外长菲舍尔这样表达他的欧盟理想：欧洲是我们的未来，德国是我们的家乡。关于这一点，欧元硬币作了很好的解释——它由欧元区各国铸造，所有硬币正面都铸有欧洲经货联盟的标志，反面则是各国的图案。它表明，欧盟各国，在政治经济统一的基础上，都应该保持文化独立，使文明与传统不因此受到伤害与剥夺。

虽然欧盟向人们展示了远大前程，但它常被看作围城。对于时刻怀念高老庄幸福生活的"八戒国家"，欧盟的盟规是"来去自由"。

英国前首相撒切尔夫人在《治国方略》一书中将成立欧盟称作"愚蠢至极"，英国应尽快退出欧盟大多数关键协议，避免与纳粹源头的欧洲大陆同流合污。撒切尔夫人在书中说，保守党有朝一日收拾旧江山，应当从根本上重新讨论与欧盟的关系问题，退出欧盟在防务、外交政策、农业和渔业等方面的共同政策，并重新掌握自己的贸易活动。英国的财富、军事力量、与美国的特殊关系以及大量的鱼类资源说明欧洲"需要我们远远超过我们需要欧洲"。这位雄心勃勃的英国娘子相信，只有退出欧盟，日不落帝国才能重见天日。在欧盟制宪大会上，许多代表要求欧盟的外交政策应具有更多的一致性，"欧洲不应继续做一个侏儒，有关伊拉克战争的痛苦经历不应再次发生。"然而，恰恰是出于这个原因，英国人担心，一旦加入欧盟，便意味着英国人从此要做政治侏儒。

诚如有学者所说：二十世纪英国赢了二战，却在过去五十年间输掉了欧洲；法国输了二战，却赢得了整合欧洲的主导权。在欧盟问题上，英国一直是进退两难。一方面，英国绅士不想屈尊于法德，另一方面又害怕在法德的核心化运动之下，从此远嫁大西洋，成为欧洲的异乡人。为了避免失去自己在欧盟的地位，为了不让美国抛弃自己，英国成了国际政治中的"双料特洛伊木马"，一直把美国当同盟，把欧盟当保护伞。英国既是海洋国家，脚踩两只船倒也顺理成章。

虽说"来去自由"，一直被视作美国过河卒子的土耳其，却只能在欧盟城门外安营扎寨。从整体上看，尽管在制宪上欧盟已充分强调政教分离的特征，欧洲人对土耳其穆斯林文化（已实现政教分离）的认同却大打折扣。反对者认为，土耳其具备入盟条件至少还要15年，而土耳其则指责欧盟毫无诚意，搞拖延战术，吾人因此虚掷了四十年光阴——更令其气愤的是，"黑发人熬成了白发人"，连个相亲的机会都没给。

去年初，法国《鸭鸣报》以漫画形式对土耳其进行了抵制——在土耳其加入欧盟后，欧盟盟旗十二颗星星中出现了一个月亮。欧盟担心，土耳其人口出生率远高于欧洲诸国，一旦入盟，只需一代人的时间，以穆斯林文化为主要特征的土耳其将成为欧盟人口最多的国家。由于害怕有朝一日在欧盟中出现"月亮走我也走"的局面，德斯坦曾毫不隐讳地表示："土耳其加入欧盟之日，就是欧盟死亡之时。"

如果把欧洲联合比作西天取经，在前仆后继的众多唐僧中，德斯坦算是深谋远虑的一位。而唐僧的愿望就是有朝一日取得真经——回到梦里唐朝。

欧盟深处的隐忧

宗教战争、王位继承战争、争夺领地战争、民族独立战争无所不在。十九世纪的中国人，若想重温战国史，只需去欧洲走一趟。彼时欧洲群雄逐鹿，群寇逐鸡，邦国林立，苏秦满地。事实上，两百年前拿破仑皇帝横扫千军的作业，在两千年前的东方，卫国民营企业家吕不韦就教他孩子做完了，并且发行了当时的"亚元"——秦半两钱。以天下分合论，从黎塞留、拿破仑到希特勒，直至和平年代欧洲一体化的政治诉求，便是要让欧洲上升到秦朝的某种境界。

两次世界大战、两个超级大国催生了欧洲联盟。如果说其初衷是为了避免战争，现在更多的是男儿自强。欧盟的目标是，在世界各地，能有自己的声音，包括在美国总统面前享有持不同政见而不被秋后算账的自由。民主国家的总统比独裁国家的皇帝更在乎国际影响力是显而易见的，原因是总统在家什么也不是，饱受选民讥苦，因此要在国际社会争面子；而皇帝在家朕即国家，可以不太在乎出国可能什么也不是。

欧盟得到壮大是毋庸置疑的。目前的欧盟有15个国家、3.5亿人口，如果再加上南欧和中东欧的10个国家，就将发展成拥有25个主权国家、共4.5亿人口的庞大联合体，所有这些国家目前的国民生产总值之和为9万多亿美元，接近美国的国民生产总值。无论是政治还是经济上，都让美国不可小觑。按照拟议中的"东扩"和"南下"计划，未来十五年内，欧盟成员国将可能扩大到30个。包括法德在内的一些欧盟国家担心，现在15个国家干不了的事，将来30个国家更不好办了，所以要有一个"核心欧洲"。

美国并不在乎欧洲人"梦里回到秦朝"，但如果想"梦里回到唐朝"则万万不可。中国近年来嚷着要建设成一个"民主富强"的国家，引来了美国的"中国威胁论"，问题就出在这个"强"字上。所以美国想尽办法遏制中国。你可以富，但绝不能强，这是主导美国国际政治的圣经。美国对欧盟的政策，亦不过如此。最完美的欧盟是市场化的北约，若要搞独立防务，华盛顿就想亲自任命个总司令。美国要竭尽全力维持"一核独大"的政治地位。对欧盟去核化，可以当作美国"核不扩散精神"的另一种解读。在伊拉克问题上，美国在欧洲牵绳子，策动了英、西、意、荷、葡及波兰等东欧各国与法德唱反调，视欧盟1992年签订的共同外交与安全政策如废纸一张，说到底就是要去除法德等国的"核威慑"与"核捣蛋"。

冷战结束后，中东欧国家纷纷提出了"回归欧洲"的口号，美国也对此积极鼓励。由于这一口号符合欧盟的战略利益和根本目标，欧盟便向这些国家敞开了大门。不过现在，不少欧洲人怀疑美国别有用心——想派"特洛伊驴子"使欧盟瘫痪。

波兰是中东欧国家领土面积最大者。至2003年为止,波兰的人口总数近4000万人,比其余新加入欧盟的9个会员国人口总数还多。后冷战时期,急于融入国际社会的波兰,在美国主导下成功加入北约,并将于今年5月加入欧盟。"9·11"之后,波兰成了美国"坚定的伙伴"。让法德等国不安的是,波兰不但不和欧盟一个声音说话,还要用欧洲黄油换美国大炮,成为拉姆斯菲尔德所说的"新欧洲"的中坚力量。"新欧洲"论揭示了今日西方已罹患双重精神分裂症——不但大西洋越来越宽,欧洲内陆也发生了地裂。

国际政治,不外乎合纵连横。目前法德两国空前团结,令世人侧目。这是欧盟得以发展的力量之源。除了在伊拉克问题上"同生共死好朋友",不久前,希拉克甚至代表德国政府在欧盟峰会上阐述立场,因为当天施罗德国内有事忙不开。同样是团结,希(拉克)施(罗德)较两布(布莱尔、布什)国际名声要好,原因是前者出入像兄弟,平起平坐,后者似夫妻,却都是先生。普京虽然在国内人气鼎沸,被忠实的女性选民唤作"新好男人",但在国际舞台上,仍像个孤独的散步者——其中庸的名声下面,同样藏着借"大欧洲"复兴俄罗斯的伟大抱负。

应该说,欧洲联盟带有某种道德倾向,它甚至在某种程度上代表了国家与主权的最高价值,因此,它也可能是乌托邦的,因为它的价值实现不得不依靠可能与其理想背道而驰的功利主义。联合使欧洲国家团结一致减少内耗,但功利主义使它"受复兴所累"从此走向外耗。

驯服主权与未来大政治

布鲁塞尔的年轻学者保尔·马涅特在《欧洲、国家与民主》一书中发问:主权国家起源于欧洲,但欧洲是否驯服了主权(apprivoiser le souverain）这头猛兽？在马涅特看来，驯服主权不是消灭国家，以欧盟而言，就是欧洲各国通过分享一部分主权来达到更好地维护自身利益的目的。

国家民主，并没有让欧洲免于战争内耗。康德曾用"51%的人统治"指出民主的局限。近现代历史上的无数次战争亦表明，他国的民主对于受侵害国家而言，常常毫无道德价值可言；在国际政治中，所谓的民主决策更多来自选民的餐桌而非书桌。因此，欧洲寻求统一，其实质是驯服各国主权、剔除其"与生俱来的进攻性的爪牙"。当主权得不到驯服，一有机会，便会扩大为霸权，其结果是国家沦落为兵工厂，醉心于生产各自的"拳头产品"，导致我们的世界"人为枪炮所消费"。

2003年12月，欧盟制宪会议最后不欢而散，《欧盟宪章》中相对科学和高效的"双重多数表决制"遭到了一些小国的抵制。以西班牙和波兰为首的国家认为，这一机制赋予了大国更大的发言权，而削弱了小国在未来欧盟中的地位，它威胁到了欧洲各国共奉的"公平"和"民主"原则。小国抱怨，大国高喊主权让渡，无非是把小国主权让到大国的肚子里去。

主权问题，伴随着科索沃战争与欧盟东扩成为焦点，有关如何维护人权与改造主权的争论将会继续下去，它是当代国际政治的要害，也是新西学的核心内容之一。观点的分歧表明主权正在被赋予更多的内涵。

哈维尔的著名论断是：国家是人的造物，人是上帝的造物，因此人权高于主权。我们同样发现，主权的另一个特征是，当它向外扩张时，与人权似乎毫无干系，一旦受到侵害，人们发现主权其实以生命尊严的名义成了人权的一部分，二者并无高低之分。这也是美国出兵能得到国内支持，而在伊拉克受到抵抗的根本原因。主权必须得到驯服，否则，人们对未来欧盟的担心和对今日美国的不安是相似的。即当它有朝一日集各国主权于一身，是否能驯服这个"巨大的是"，使他者不受其爪牙的非礼？否则，如同乔治·奥威尔在《1984》中描述的情形，即使世界只有三个国家，也不能免于"交战频繁，敌友时常易位"。

　　如何驯服主权？再神圣的主权也该为人所用。如果欧盟以世界和平为道德诉求，人们也以宽广的心灵去容纳这些高贵的理想，那么它注定的命运是走向更大的联合，即国家—联盟—世界政府，只有在此基础上，欧洲联盟作为先行者才有意义。架构于欧盟蓝图之上的国际社会，将从此超越民族国家与地域联合。从那一刻起，诗人笔下"从明天起，做一个幸福的人"，即是"从今天起，做一个世界公民"。

2004年1月

纳粹秀

*RIVAROL*是几个贝当分子在五十年代的法国创办的一份极右翼小报。虽然标价高达3.05欧元，但是无论页码还是印刷质量，都像是流行于中国大街上见人就送的壮阳药广告。如果有人把*RIVAROL*拿到大路上去免费散发，敢伸手接它的人一定不会很多。道理很简单，没病谁要那玩意儿？然而，在2005年乍暖还寒的1月，这张不入流的小报几乎撬动了法国所有的媒体，大家不得不放下手头的活计来谈论它，因为法国国民阵线党主席让-玛丽·勒庞（Jean Marie Le Pen）又在上面大放厥词，上演"纳粹秀"了。

1月7日，勒庞在回答RIVAROL关于二战结束60周年纪念活动的看法时回忆说，"在法国北部，曾经有个德国中尉，他的部队遭到袭击，火车全翻了，死了不少士兵。恼羞成怒的中尉决定血洗附近村庄。在杀了些人之后，驻扎在里尔的盖世太保开来两车人制止了这场大屠杀……如果德国人在各地制造大量屠杀的话，他们就没有必要去建集中营了。"在强调盖世太保"保卫人民"之后，勒庞表示这种事例还有很多，应该广泛搜集，还二战历史一个真实。勒庞同时表示对发生在法国西部奥拉都尔（Oradour-sur-Glane）的大屠杀"有很多话要说"。

奥拉都尔大屠杀是法国二战史上最为惨烈的记忆之一。1944年6月10日，也就是诺曼底登陆后的第四天，据说是怀疑奥拉都尔村村民伙同游击队偷了几百公斤黄金，党卫军第二师包围了该村庄，将村中男女老少分别赶到谷仓与教堂里进行大屠杀，共造成664人死亡，其中包括246名妇女和207名小孩。只有6位村民从机枪与手榴弹的火力之下侥幸逃生，他们成为这场惨案的见证者。战后法国政府没有对该村进行重建，只在村口立了一块碑，上面分别用法语和英文写着"Souviens-toi"和"Remember"（记住）。

不出所料，勒庞为纳粹翻案的言论立即引起公愤，他不但忘了自己的渔民父亲被德军的地雷炸死，而且"侮辱所有受害者的记忆"。几个月前他还在电台里抱怨记者们不愿谈论他邀请他，现在他如愿以偿，成为社会关注的焦点。随后几天内，巴黎的媒体到处是《全体抗议》的醒目标题。《世界报》一如既往，对极右翼势力进行严厉批评；《解放报》称勒庞对德国占领法国的合作时期有怀乡病。文章作者开篇便问了自己一个有意思的问题——"说还是不说？"因为勒庞是个出镜狂，大家骂他反而是帮助他。

勒庞的讲话在法国政界也掀起不小波澜。司法部长多米尼克·佩尔本（Dominique Perben）表示要把勒庞送上法庭；精明过人的人民运动联盟主席尼古拉·萨科奇"识破勒庞的把戏"，称既然都知道勒庞只会制造丑闻，就不要浪费时间去讨论丑闻到底有多丑，当务之急是把勒庞绳之以法。社会党的新闻发言人同样直截了当，各家媒体不必为勒庞的胡言乱语作广告了。有律师分析，勒庞的言论显然违反了1990年的盖梭法（Gayssot），其主要惩罚对象包括否定纳粹罪行的修正主义者、反犹及仇外分子。如果罪名成立，勒庞将被取消议员豁免权，处以五年徒刑及45000欧元的罚金，同时剥夺被选举资格。勒庞的律师则针锋相对，辩称他的代理人没有任何违法行为，他不过是运用了自己言论自由的权利。

对各界要求"绳之以法"的呼声，勒庞在接受《费加罗报》与RTL等媒体采访时重申立场，并否认自己"别有用心"。勒庞说他不过是在一家发行量很小的报纸上发表观点，有争议的内容不过十行，如果要追究这件事的责任，就应该找那些将这几句话搬到大报上并拼命炒作的人。勒庞抱怨《世界报》率先将他的言论寻章摘句拿出来发表，而那时RIVAROL小报还没送到巴黎的售报亭呢。不过这次勒庞态度相对谨慎，拒绝评论奥拉都尔村庄的大屠杀事件，只是不停地语重心长地唠叨:"从比例上讲,在德军占领时期,法国人受的苦最少。"与此同时,勒庞将自己打扮成一位甘为言论自由献身的战士——二战都结束60年了,像他这样有条理且冷静的人不能对二战发表言论,是这个时代的耻辱。他的思想受到了政治力量的控制,这是主流媒体在操纵舆论,目的是让反对欧洲宪法的人找不着"说不"的地方。

对于勒庞的自我开脱,有作者指出勒庞又在演拿手好戏:先"挑衅",然后坐在家里等各路媒体"妖魔化",最后对大家说自己不过是个可怜巴巴的"受害者",一个在法国无法享受言论自由的下等人。这种方法很拙劣,然而,它事半功倍。在法国人准备为欧洲宪法全民公决的时候,被媒体冷冻几个月的勒庞再次利用这种"下三滥"的手腕回到了政治的聚光灯下。由于1月27日是解放奥斯维辛集中营60周年纪念日,"为了法国运动"的主席菲利浦·维叶表示,勒庞是在最不合时宜的时候选择了对自己最有利的机会出击,他要的就是轰动效应。如有分析人士指出,勒庞的言论触及极右派意识形态的核心内容。国民阵线实际上是一个复仇主义政党,它纠集了一些在印度支那战争、阿尔及利亚战争及贝当政府时期的落败分子。从1972年建党以来,他们的目标就是为纳粹翻案并重构维希政府的合法性。

在法国的主流民意里,勒庞可谓臭名昭著。自从他搞政治以后,法国政治生活里便出现"勒庞一思考,法院就罚钱"的奇特景观。1987年9月,勒庞在RTL电视台说纳粹的毒气室不过是二战历史中的细枝末节,因此被法院判罚120万法郎;1988年勒庞在一个公开场合骂某位政府部长该送到火葬场烧掉,被罚1万法郎;几天前刚接到巴黎上诉法庭确认的1万欧元罚款,因为2003年4月他在《世界报》上发表煽动针对伊斯兰的种族仇恨的谈话,"当法国有2500万穆斯林而不是现在的500万时,法国就由他们做主了。"2004年10月,勒庞告《世界报》的案子败诉。世界报在2002年法国总统大选时发表证言,指责勒庞在阿尔及利亚战争时期搞虐待。这天勒庞夫妇带着党内二号人物布鲁诺·哥尔尼奇（Bruno Gollnisch）和一群保镖来到法院示威。在法庭上，老勒庞称自己"一生下来就爱国"，在法国这是"和奥贝力克斯（法国传说中的民族英雄）掉进药缸里一样众所周知"的事情。

也有媒体指出，勒庞此次为了自己出风头是给女儿找麻烦，让马里娜（Marine Le Pen）为国民阵线"去妖魔化"的形象工程全部泡汤。三年前，国民阵线在总统大选中一炮走红后，一向小本经营、靠政治花边争夺选民眼球的勒庞开始以主流政党自居。马里娜也雄心勃勃，为有机会参加2007年的总统竞选做准备，于是利用一切场合为国民阵线"去妖魔化"，以期争取到主流媒体的认可。勒庞似乎也是该策略的支持者。但是马里娜的主张受到了党内顽固派哥尔尼奇的强烈抵制。顽固派"反对一切平淡无味的妥协"。去年10月，哥尔尼奇有关"纳粹没有毒气室"的谈话引起党内一些人士的不满，马里娜随后也在《费加罗报》称国民阵线某些领导人关于二战的评论"不受欢迎"，坦陈被疑主张反犹主义是国民阵线的死穴。但是国民阵线政治局的头头脑脑几乎都对哥尔尼奇表示了支持。有分析人士因此指出，勒庞在党内根基可能已经动摇。

哥尔尼奇是里昂三大的日语课教授，他在自己的官方网站上打的口号是"把法国还给法国人"，主张"禁止移民、重建主权、恢复自由"、"只有国民阵线才能救法国"。在笔者看来，法国极右势力的诸种政治主张不但经不起纵深推敲，而且不同纲领之间也自相矛盾。比如他们反对外来移民，却对德国人占领法国高唱赞歌；对维希政府的"德法合作"时期念念不忘，同时对欧盟的建设大事攻伐。至于勒庞所说"和其他国家相比，法国所受痛苦最少"并因此赞美盖世太保，更是典型的逻辑混乱。这个推理很简单，别人得了大痔疮，你得了小痔疮，但是你不能因此感谢痔疮。勒庞留给人们的就是这样一些笑料，他说外来移民是法国治安变差的根源，然而身为议员，他同时也是法国宪政生活里肢体冲突的明星。解释这种自相矛盾最好的案例是勒庞的眼罩。1984年勒庞在《法国人优先》一书中称自己在1957年为救阿尔及利亚朋友左眼被石头砸伤，后并发外伤性白内障失明，以显示自己不是种族主义者。但是1992年《巴黎人报》在头版刊登了两张勒庞的照片，一张摄于1958年，勒庞右眼戴眼罩，另一张摄于1973年，左眼戴眼罩。后据勒庞前妻证实勒庞所谓的拔刀相助伤的是右眼，左眼球是因为患了眼疾才被摘除的，这与"救人"毫无关系。

从某种意义上说，现在法国主流政治与极右派势力的对垒还发生在巴黎与里昂两座城市之间。如《人道报》在1999年指出，里昂已经成了为纳粹翻案的"修正主义大本营"：1973年，里昂三大建校伊始网罗了一批法律与人文学科的极端保守主义者；1978年，一位叫罗伯特·弗里森（Robert Faurisson）的里昂二大老师称纳粹是犹太人和联军为了战争需要编造出来的弥天大谎，"纳粹的毒气室只毒死过虱子"；1981年里昂三大成立"印欧研究中心"，其目标之一就是论证有高级人种存在，该中心直到1998年才被关闭；1985年极右分子亨利·罗格（Henri Roques）在南特答辩一篇为纳粹翻案的论文，答辩委员会里有两位里昂教授，罗格在答辩致词中将这两位教授称为在法国支持真正学术研究的独立教授（该论文涉嫌舞弊次年被取消）；1989年，里昂三大有教师在《经济与社会》杂志上发表文章否认纳粹毒气室的存在；1993年，里昂三大历史系教授伯纳德·卢干（Bernard Lugan）为殖民主义高唱赞歌……他们被当作"知识分子中的败类"为多数法国人不齿。有人指出，如果法国有高贵人种的话，就是那些批评勒庞等极右分子危险言论的人。

时光荏苒六十年。回顾法国主流社会对勒庞等极右分子的围追堵截，笔者相信，只要人们能坚守对奥斯维辛那份惨痛记忆，欧洲的政治纳粹不会形成大的气候。2002年总统大选时"法兰西民主与尊严的保卫战"充分印证了这一点，希拉克获得连任不是因为他的支持率高，而是勒庞的反对率高。它也说明只有人民觉醒，民主才会有意义。但是对这份记忆的坚守同时维持了一个悖论——主流记忆之外的"标新立异"会让"纳粹秀"一直流行下去,我是说它会以无知、戏谑或无耻的方式一直流行下去。这也是为什么在法国人讨伐勒庞时,隔洋相望的英国哈里王子会穿着纳粹装参加朋友聚会,上演一场名副其实的"纳粹秀"。

2005年1月

良心没有替罪羊

几天前,由奥利弗·西斯贝格导演的德国影片《帝国的毁灭》(Der Untergang)开始在法国公映。电影院场场爆满,巴黎媒体更是持续"高烧",每天都有人议论这部富有争议的影片。趁热看完之后,笔者相信这是迄今为止反思纳粹犯罪的最好影片之一。理由是该片将希特勒还原成一个普通人,而不再让所谓的"魔鬼"充当人类的良心替罪羊。

该片去年9月份在德国公映之时便立即引发争论,因为它打破了一个禁区,"打开了重评纳粹的潘多拉魔盒"——西斯贝格将希特勒从魔鬼还原成了人、还原成一个"可能引起人们同情的末路英雄"。在媒体的争相报道之下,短短一个月内有300万人被劝进了电影院。当月,《汉堡周刊》为这部影片做了17页的专题报道;德国历史学家在第45届大会上甚至同意专为该片举行一天辩论;德国前总理科尔也斩钉截铁地说,这部电影拍得很值,希望有更多的人能看到。

《帝国的毁灭》的创作来自历史学家约阿希姆·费斯特的《希特勒的末日》(2002)和希特勒最后的女秘书特劳德尔·琼格的回忆录《直到最后时刻》(2002)。琼格生于1920年的慕尼黑,22岁时被希特勒选做私人秘书。她一直供职到希特勒自杀并记录了希特勒的遗嘱,最后和一支小分队一起逃出地堡。令许多人不安的是,在这个打字员的记忆里,希特勒竟然是个有教养、受人尊敬、做事斯斯文文的领袖。当她打错了字或做了其他什么错事,希特勒总能宽大为怀。所以,直到希特勒自杀,琼格对他始终心存敬意。该书还透露,希特勒是一个素食主义者,是一个对狗有着深情厚谊的人。与情人爱娃·布劳恩结婚前,他还当众吻了她。希特勒多少有些多愁善感,他不让别人在他的办公室里放花,因为花会凋谢,他不喜欢看到死去的东西。影片从琼格的书里提取大量素材,赋予了希特勒极其人性化的一面。

  对此,德国历史学家戈洛·曼批评说,写一个杀人狂的传记,不应该去叙述他如何参加晚会、爱听什么音乐、喜欢波尔多酒还是香槟。因为这些情调都不是历史关键,和纳粹与大屠杀没有任何联系。诺贝尔文学奖得主君特·格拉斯也批评说,再现历史时如果省略历史情境是难以让人接受的,它意味着具有某种倾向性与不真实。还有学者分析,《帝国的毁灭》的出现,意味着德国民族主义和新纳粹势力的抬头。《帝国的毁灭》的制片人伯恩·艾钦格则以自我辩护的方式为该片做宣传,"如果说这部电影有价值的话,那就是它不带有任何价值判断"。这个"客观"立场立即遭到了许多媒体与历史学家们的抨击。曾经执导过有关希特勒题材电影的汉斯-于根·西贝尔伯格反唇相讥:希特勒现在的价值只是货币意义上的"价值",他正像性一样被到处兜售。柏林人民剧院为西贝尔伯格的这番言论下了注脚:该剧院为推销希特勒喊出的口号是,"南非有钻石,科威特石油立国,德国呢?德国有自己的过去。当然,它有点臭。但除此之外,它有个不错的生意,那就是希特勒好卖!"

  来自法国的批评不像德国的自我批评那样激烈,一位电视嘉宾笑着说,这片好就好在不是好莱坞拍的,希特勒终于从头到尾讲德语。法国"集中营子女协会"主席赛吉·克拉斯费尔德认为有关争论毫无意义,因为人们混淆了人的私有性与公共性,在现实生活中一个民主人士可能粗野地对待他的秘书,而一个独裁者会温文尔雅地侍奉自己的家人,因此该片没有美化希特勒的意思。法国《世界报》记者丹尼尔·维内则多了一份警惕之心,自从德国统一以后,德国人开始关心自己国家在世界的地位,担心他们的将来,于是朝历史看,希望得到一些充实或借鉴;爱国主义正在德国政治中抬头,明显的例子是德国总理施罗德和他的反对派领导人现在都在公开场合打"我们爱我们的国家"这张牌。与此截然不同的是,早在30年前,当时的西德总统古斯塔夫·海那曼被问及是否热爱德国时,他的回答是:"我爱我的夫人。"

笔者以为,种种关于《帝国的毁灭》的指责以及对"希特勒不是人"的坚持,是对人性之恶及其不确定性没有足够的反思——对任何历史人物犯下的错误的思考,都不能归结于上帝和魔鬼,让魔鬼为人性之恶背黑锅。谁也不能说奥斯维辛集中营里的悲剧,是上帝或撒旦制造的——将希特勒比喻成魔鬼并彻底地去人性化,实际上是人类社会一次集体性的默契合谋,既是"完美人性",也是在人类之外寻找"良心替罪羊"。仿佛只要把希特勒赶出人类队伍,历史上的滔天大错,便可以撇得一干二净,便可以洗去深藏于人性深处的卑污。事实上,希特勒的罪行,不过是德国人甚至也包括其他国家人民所有选择的结果。归根结底,纳粹的恶是希特勒的恶与德国人民选择或信仰的恶的合流与放大。在这场政治恶剧里,没有一个无辜者,即使是那些不曾做出任何选择的选民,因为放弃就是行动,不选择也是选择。其实质内涵如同二战后马丁·尼莫勒牧师撰写的一段碑文:"当初他们杀共产党,我没有作声,因为我不是共产党;后来他们杀犹太人,我没有作声,因为我不是犹太人;再接下来他们杀天主教徒,我仍然保持沉默,因为我不是天主教徒;最后,当他们开始对付我时,已经没有人为我讲话了……"历史风云际会,将一切过错推给某个人是不客观也不真实的。

古希腊传记作家普卢塔克在他的《希腊名人比较列传》中说,曾经残酷镇压斯巴达起义的苏拉年轻时天真活泼,脸上挂着笑容,常常会因为同情而潸然泪下。然而到了后来,因为角逐政治权力,苏拉与他的竞争者们都变得残酷无情。所以,路易斯·博洛尔说,"政治使人变得罪恶。"然而,政治不足以使罪恶变成毁灭性的大灾难。它的另一个前提是"意识形态使人变得愚蠢"。在《帝国的毁灭》结尾，戈培尔夫人之所以将自己的六个孩子全部毒死，是因为她深信没有"国家社会主义"，人类就没有希望和未来，她不能让自己的孩子生活在那样的国家。由此可知，生而为人的纳粹分子，不仅屠杀了犹太人、波兰人，同时也是为意识形态预设的疯狂逻辑的受害者。应当说，这是启蒙运动以来人类预言唯一未来的最大恶果，也是科学昌明的二十世纪费尽千辛万苦走出大劫难的人类的最大教训。

法国著名精神科医生鲍里斯·西鲁尔尼克（Boris Cyrulnik）在最新一期《新观察家》上撰文，回忆小时候全家在波尔多被捕的情景，他的父母后来都死在奥斯维辛集中营里。西鲁尔尼克说，那些杀人无数的警察一定相信自己是"带来毁灭的天使"。所有的恶行似乎都是对"时代道德"的服从。当"服从"被文化神圣化之后，刽子手不会因为杀人再有任何罪恶感。对于他们来说，服从就是"去责任化"，他们的所作所为只是在社会体制里尽职尽责，就像小说《悲惨世界》里的警察局长一样兢兢业业。当军队、"人神"或哲学家们设计出奇妙的清洗计划时，服从者便会以人类之名去参与反人类的罪行。支持他们的道义与理由是"杀死个耗子当然不算犯罪"。从本质上说，这种服从已经掏空了人成其为人的一切真实意义。

然而，关于"服从"我们还有一个常识：如果两个人对抗，一方被迫"服从"于另一方，此时"服从"只是表示前者失败了。不幸的是，在意识形态与辩证法高于一切的年代，生活就像《一九八四》里的口号"自由即奴役、战争即和平、无知即力量"一样荒诞不经——给刽子手磕头，能磕出美德，若被赏了把屠刀去杀人，同样是为了崇高的理想。至时过境迁，肉食者都会拿制度与"不得不服从"作为他们的良心替罪羊，赎买自己卑劣的人性。

如弗洛姆所说，一切人都是社会化的产物。只有制造魔鬼的文化，没有人天生就是头上长角的魔鬼。所以，与其责骂希特勒骗术高超，不如改进政治，并加倍反省群众为何愚蠢。既然魔鬼都是从人性中提取出来并且百炼成钢，那么对纳粹文化的彻底清算，就应该完成把魔鬼还原到人再将人置于整个社会中的追溯过程，只有这样的反思才是完整的。

换句话说，希特勒有罪，但不能与魔鬼一起作为人类的良心替罪羊。琼格老人在关于她的纪录片《盲点，希特勒的秘书》中说："我活得越长，变得越老，就越感到自己有罪。"二战结束之后，她才渐渐知道希特勒、她的这位前老板所犯下的滔天罪行。琼格说，虽然她和其他秘书经常与希特勒共同进餐，但是对外面发生的事情几乎一无所知，"我以为我是所有情报之源，但实际上我处在一个盲点上。"据她回忆，希特勒和其他纳粹头子从不当着她的面提到"犹太"这个词。甚至在纳粹分子迫害600万犹太人的大屠杀期间，也没有听到希特勒说过这个词。该纪录片在柏林上映后，以色列纳粹监察组织西蒙·威森塔尔表示，"琼格的故事表明，很多德国人对希特勒及纳粹党盲目效忠，大屠杀才会发生。"二战结束后，当琼格通过各种渠道知道"大屠杀"时，她的精神濒临崩溃，开始意识到自己是"活着的最十恶不赦的罪犯"。相信琼格老人的忏悔是真实的。当社会走出被政治手腕与狂热的意识形态绑架的深渊与年代，每个身处其中的人都应该有这种大梦初醒的罪恶之感。让恶魔人性化、还原为人可以让我们对那些处处笑脸相迎、迎风流泪的人性化政客保留一份警惕，因为没有哪位饕餮天下的独裁者会长成厉鬼的样子一走到台上演讲便会被人们指认出来。

烟云散尽。或许，这个世界上原本没有绝对的善，也没有绝对的恶；没有神，也没有鬼。左右人类历史的，是婴儿步履一样摇摇晃晃的人性，是无数善的哺育与恶的饲养，是为善为恶的人，善报与恶果注定只能由人类自己担当承受。

2005年1月

下编　中国与世界

待文王而后兴者，凡民也。若夫豪杰之士，虽无文王犹兴。

——《孟子》

人的意义不在于他获得了什么，而在于他想获得什么。

——纪伯伦《沙与沫》

第三辑

一个人的宪政

每次看法国电视台直播议员们在法国国民议会里就国家的大事小情彬彬有礼地争论时，心里便有一种难以克制的乡愁、一种悲伤，对宪政生活的怀念、对文明政治的无限期许。一个游子，告别了热爱的亲人，远走他乡，有了一种把异乡当作故乡的错觉，是因为他在那里找到了他认为自己或自己的国家同样可以拥有的一些美好的东西，比如自由、民主等具有普世性的价值。这种普世性，无远弗届，是乡愁可以发生的前提。

前两天，法国电视三台播了段新闻录像：台湾一双男女立委为了军购的事在立法院打起了盒饭大战，一时蔬菜与肉块齐飞，汤水共长衣一色。由于台湾立委拳打脚踢骂LP已是全球出了名的，所以我并不惊讶，毕竟宪政是宪政最好的训练，我只当这是台湾民主自由路上的一个小插曲，甚至连丑闻都谈不上。只是那些终于抖落在地上的饭菜，让我想起了发生在中华民国初期的另一段历史。比起今天台湾岛远播海外的这些政治八卦，当说有趣、有聊得多。

1913年的10月10日，巴拿马运河开通的那天，袁世凯就任中华民国总舵主。为当上这个比鸟大得多得多的官，趁早一统江湖，袁世凯胁迫国会在没有制宪的情况下先进行总统选举。10月6日一大早，各路议员纷纷来到选举大厅，准备投上他们的神圣一票。根据此前拼凑的《总统选举法》：候选人必须获得四分之三的绝对多数票才能当选。第一轮投票，袁世凯得471票，差了99票，于是又进行第二轮投票，结果袁世凯得497票，离当选仍差63票。时已过午，议员们要求回家吃饭，然而由数千便衣军警与地痞组成的"公民团"早已将国会围得水泄不通。"公民团"守住了前后门，齐声高喊口号："今天不选出我们中意的大总统，就休想出院去！"就这样，议员第三轮就袁世凯和黎元洪二人决选时，使袁世凯以507票当选。这时已接近晚上10点，央视的新闻联播与紧随其后帝王剧都演完了。议员们一个个饥肠辘辘（比不了现在的台湾，立法院里还可以互相抛掷盒饭），终于夺路而逃。翻翻萧杀的中国历史书，这算是最浪漫的一幕政治了。说它浪漫，有两个原因：其一是军警们虽然带了枪，但是没有发生流血冲突，甚至免了流汗冲突；其二是只要认真交完作业，袁某人并不亏待，议员们可以自由活动，直接回家吃饭或半路去麦当劳不会有人干涉，不必担心像宋教仁一样被杀，也少了立委间汤汤水水的冲突。

袁世凯当选后，津、沪等地报纸对选举过程表示不满，国务院即通电各省："此次选举并无军警干涉情事，倘敢捏造蜚言，严惩不贷。"事实上，根据民国初年的《临时约法》，只能产生临时总统和临时政府，然后由临时总统根据临时参议院所制定的国会选举法与组织法，在10个月内完成正式国会的选举与召集，再由国会制定宪法，借此产生正式总统和政府。然而袁世凯心里一个猴急，嘴里一个借口，便扬着皮鞭吃了顿总统自助餐，夺了《临时约法》的贞操。堂堂议员，谈何颜面？不过集体做了一回国家级的皮条客。之后没多久，袁世凯觉着当总统仍不过是个鸟官，当得不过瘾，便想当皇上。在中国当皇上的好处是有目共睹的，他不仅可以当首席执政官，还可以当首席性交官。三宫六院，七十二嫔妃，威风凛凛。试想，当你穿行于荷兰阿姆斯特丹这个世界最大的红灯区，警察们为你前恭后倨，因为你明月万里，是世间至高无上的君王；橱窗女郎向你沉腰撩舌风情万种，因为你是这座城里唯一吊着阳货，风流倜傥的男人，你这天下唯一而第一的绝代嫖客，是何等荣华富贵！相较而言，你的欧洲其他同行只能自叹命贱，历史上虽然不乏沉湎于寻欢作乐的君王，不过大部分心思都浪费在求爱和向大臣借钱上，所以一辈子玩不了几打女人。至于唐璜和卡萨诺瓦，云雨一生风流无数，因其寄身寻常巷陌，终不过是两个醉春楼行走，怎比得了中国皇上的随意与高贵？

为了当好皇帝，袁世凯不断鼓吹中国国情特殊论。1914年1月，袁下令停止议员职务，解散了国会。1915年10月下旬至11月中旬，又召开所谓国民代表大会，一致投票赞成帝制。就这样，袁把碍手碍脚的宪政设计踢到了一边。

宪政要义，无非限制政权、保障民权；坚持以小民之心度君子（国家）之腹，处处小心，时时提防；反对有权有势者把宪法当作阿姆斯特丹橱窗玻璃后的床单，本王爷到此一游，签名留念……事实上，实施宪政并不需要什么高深的理论，说白了就是几个人打一桌麻将，守个规矩。如果有人偷牌，还举着菜刀不许其他人提个意见，那还玩个屁啊！这样的麻将，精于算计的中国人断然是不会打的。然而，同样一桌不公平的政治麻将，在中国已堂而皇之地玩了一百年。胡适说历史是位姑娘，人们想怎么打扮就怎么打扮，有时漂亮有时也丑。相较之下，被认为有普世价值的宪政，永远沉鱼落雁、闭月羞花，让政治的寻芳客们抬望眼，性欲勃勃。法国六八学潮时流行一句口号，"越革命，越想做爱"（Plus je fais la révolution plus j'ai envie de faire l'amour）。现在反战的经典口号也是"要做爱，不要战争"（Faites l'amour, pas la guerre）。回首近百年宪政之路，同样有个要求做爱的时髦，"越宪政，越想和宪政上床"。（台湾人搞宪政今年也玩得新奇，竟然剖腹产下个一米六七的大总统。）

逆来顺受是人伦，弱肉强食是天理。林语堂先生曾经深剖吾国吾民，"忍辱含垢，唾面自干已变成君子之德。"二十岁多热心国事，三十岁渐渐不谈政治，从此八面玲珑，"国事管他娘"。林语堂感慨新闻记者的避世：没有自己看法的记者就是成功的记者；二十五岁到三十岁的这几年便是一个有公众精神的人"学乖"的过程。几年前，我曾在国内某家报社开专栏写评论，上级接到上上级的口谕："评论可以继续写，但不能有观点。"且不探讨没有观点的评论如何写得出，上上级能持如此谦逊之主张也是乖得可以。

其实中国人明哲保身莫谈国事绝非天性，东汉末年，曾有太学生三万人议政，但是因为没有法律的保障，清议之权威抵不过宦官的势力，终于有党锢之祸。如林语堂所写，"清议之士，大遭屠杀，或流或刑，或夷其家族，杀了一次又一次。于是清议之风断，而清谈之风成，聪明的人或故为放逸浮夸，或沉湎酒色。"中国人之所以消极避世，是因为在一个人权得不到保障的社会，吃一次亏就够戗了，而"消极避世是个人自由的最好宪法保证"。在笔者看来，任何摧折贤良、人才凋零的时代，这种实现"活命价值"的自我"宪法保证"都不愧为"一个百姓的宪政"。在中国，与之相对应的1909年清廷以降的宪法政治，亦不过是你方唱罢我登场式的"一位领袖的宪政"（所谓多数专政，无非两千年来少数专政之流变）。由于缺乏心胸与眼光，目光所及，远不过屁股。其所谓的"军政、训政、宪政"与其说是层次递进，弗如说是语义重复。袁世凯终于复辟帝制，虽然附庸宪政的风雅，注册了个"洪宪"的ID，不过是"隔壁王二不曾偷"。一个领袖的宪政与一个百姓的宪政，苟且相安，于是就形成了上有政策下有对策，几近分崩离析的局面。

消极避世、隐忍苟安是中国人的祖传宪法，在文明宪政没有实行之前，"一个人的宪政"必然大行其道。上至议员下至百姓，怕在投票时被饿着的或怕像李尚平那样半路被射杀的，都会热衷于实践"一个人的宪政"，无原则的隐忍退让是其首要特征。这种隐忍到自杀式的个体户宪政方式就像醉鬼刘伶，有一天没一天，平素里举着二锅头出门，再叫上个在关天茶舍顶帖的，带把铁锹跟着，"死便埋我"。一个人的宪政，大而言之人亡政息，小而言之死了就埋。论及文化特征，就是一代代既不事忏悔过失，也不知继承文明。凡事头痛医头，脚痛医脚；居庙堂之高，看不到将来；处江湖之远，疲于奔命，苦不堪言。诸如今日因为拆迁上访而自焚、因为讨不着工钱而集体吃安眠药的底层民众，更是将中国的隐忍文化发挥到了极致。对于他们来说，性命与反抗已经无关紧要，憎恨同样变成了毫无意义的繁文缛节。难言之苦，一死了之。我们这个号称需要两百年（1840—2040）才能完成转型的国家无处不充满悲情。这个两百年的预期让我们心甘情愿地宽容了孟轲在偷鸡寓言中所隐喻的政治尴尬与荒诞现实。对于上述的自杀事件，我的一位法国朋友百思不得其解，"你们中国人常讲小不忍则乱大谋，难道这个大谋就是甘心去死吗？"

我们时常责怪一个人或一个群体的懦弱，然而懦弱又有什么过错呢？无论是在极权还是暴民政治时期，与其说它是人们的处世抉择，弗如说是一项权利。它为生活于乱世之中的人们提供安身立命之所。当一个国家的大宪法失灵时，老百姓心里的小宪法就会立即生效，它们不会构成中国宪政共同体，却可以解释中国人为何一盘散沙，一塌糊涂，一地鸡毛。当国家宪法失之空洞、没有足够的力量加以护卫，当人们不能借着宪法上的白纸黑字保卫自己，便只好各顾各，充当犬儒或猪仙，热衷于自己"一个人的宪政"。对于大多数中国人来说，只有等到自己的这部小宪法几乎运转不了时才会拿着扁担寻找其他的出路，马铃薯从此铺天盖地，结队成精。十分不幸的是，他们寻找到的出路常常与现代意义上的宪政毫无关系。国家悲剧就像无穷无尽的俄罗斯套娃，揭开一个，里面还藏着一个。然而，最大的悲剧并不在于这些奇形怪状、已经存在的套娃，而在于有一种营养让它们无时无刻不在生长。一个悲剧套着另一个悲剧——此恨绵绵，竟无语凝噎。

2004年11月

吾民吾国，上下求索

谈到什么是"和谐社会"，著名经济学家、中国经济体制改革研究会会长高尚全先生有自己独到的见解。"和"字，一"口"一"禾"，表示"人人有饭吃"；"谐"字，人"皆""言"之，表示人人有话说。由此而论，建设和谐社会，不是一种道德诉求，更是制度诉求。"和"要解决的是中国的民生问题，"谐"要解决的则是中国的民主问题。

应该说，上述相关"和谐"的解构与阐述，不只是一种构词法上的巧合，更准确地道出了转型期中国的时代特征。如何妥善解决民生与民主问题，对于有志于共此征程之当代中国人来说，不啻是个伟大的机遇。今日中国，风云际会，前现代、现代与后现代参差为营，是可谓"三代同堂"。譬如说在某些制度设计上表现出"人言代法"的前现代特征，经济上有现代特征，而文化上也初露后现代特征，但总体而论，中国朝着一个更开放而多元的社会行进，当无可置疑。

然而，为什么中国社会里到处弥散着一种悲观的情绪呢？

2005年10月，我在广东参加中欧文化论坛，与会欧洲学者对中国多希冀，而中国学者则多悲观。必须承认，我们容身之时代仍有许多不尽人意之处。设若我们能走出意识形态的旧视野，尝试从传播的角度体悟这个国家正在从封闭社会走向开放社会，看到中国人已经而且正在获得越来越多的自我实现的机会，那么我们便会变得乐观开朗。同样，保持一种乐观向上的态度也可被视为一种社会责任，因为任何人都是他人（甚至也是自己）的社会环境的一部分——你多一分悲观，社会便多一分悲观；你默许自己一分自由，中国便前进一步。

几日前，我参加俞可平先生主持发起的"中国地方政府改革与创新"颁奖大会，欣喜地见证了这种乐观与活力。25组参评代表来自全国各地。当主张"公推直选"的四川平昌县县委书记站在人民大会堂里讲党管干部不是党委书记管干部，而是党员管干部，锐意党内民主带动社会民主；当徐州贾旺区"公共全程监督政务"的倡导者称雁阵中"变化的是头雁，不变的是群体力量"；当厦门"爱心超市"建设者主张"让受赠者皆有尊严"时，我们看到了中国渐进改良的希望所在。这个时代之动人心魄处，在于各个阶层与领域，积极做事者大有人在。

这是一个渐次开放的时代，传统的"同心同德"式的社会改造模式因为高估人性受到挑战。从某种意义上说，开放社会就是"同心不同德"的社会。所谓"同心"，即凡精神健康者，人人皆有对自由幸福生活之向往；所谓"不同德"，即人人皆有自己内生的道德与欲念，它不因后天强制获得或通过意识形态先验内化，一切都源于自己生活经验与知识思想的累积。由于人人都希望社会往一个好的方向走，同时避免最坏的结果，在此基础上，我们相信，"不同德"使民主契约成为必要，而"同心"则使民主契约成为可能。

有人类，便有民主。人类文明史，其实就是一部关乎民主进化的历史，一部从"动手斗争"（朴刀棍棒）的"暴力民主"发展为"动口斗争"（选票）的"和平民主"的历史。自古至今，任何政权的建立，无一不是民主实践的结果，一个国家的内战因此也可以视为通过暴力民主对决。参战者即是投票者，未参战者即是弃权者。如果我们细品"天下兴亡，匹夫有责"里的"兴"字，便不难理解，任何政权的建立其实都是全民公决（战）的结果。不同的是，自宪政国家诞生以来，你方唱罢我登场式的"暴力民主"渐渐让位于"和平民主"，刀枪让位于选票，袁世凯让位于华盛顿。两种民主的区别在于，前者为消灭，后者为轮替；前者盛极一时，后者源远流长。

"政治动口不动手"的"和平民主"标志着一个国家政治文明的真正进步与可持续发展。历史证明，为了避免新"暴力民主"出现，即使是那些通过"暴力民主"方式上台的政权，也必须通过积极实践和平民主的形式（如选举、保障民权等）来救赎"暴力民主"通过暴力自我实现的原罪。正因为如此，我们乐见中国各级有为政府与民间共同努力，积极推动中国"和平民主"的建设，实现从全能型政府向服务型政府的转变。如高尚全先生所说，"人民创造财富，政府创造环境"，借此努力消弭如黄炎培当年告诫毛泽东"其兴也勃焉，其亡也忽焉"的动荡轮回。

同样，我们相信，今日中国之改造与建设，并无一揽子解决方案，任何单一的主义与学派都不可能开出医治中国社会千百年来积郁的沉疴的偏方。无论是中央政府的宏观把握，还是地方政府与广大民众的草根实践，都需要先行者的毅力与勇气，但开风气不为师。而改革一旦启动，注定就是一场全民的决战，它既包括自上而下的改革，同样包括自下而上的改革。所谓"和谐社会"之民生民主，既是要官智开启民智，又要民智开启官智，这是一种智力上的对流，是一种"行动上有分工，思想上无等级"的上下求索与共同成长，而中国国家理性与社会理性的提高，亦有赖于这种面向未来的自由与合作。

2005年11月

国家是个珠宝盒

革命家丹东在临死前说了句大实话："谁能把祖国放在鞋底上带走？"近年来，随着中国的发展，越来越多的海外华人，因为对祖国与生俱来的乡愁，呼吁中国政府重新审视1980年制定的单一国籍法。就在部分学者建言改革时，北京一家媒体近日唱反调，认为双重国籍不可取，最冠冕堂皇的理由竟是："一个人能忠于两个国家吗？"对这个"要钱不要人"的立场，有华文媒体悲从中来，称该文将侨民对中国文化认同的诉求变成了充满敌意的道德审判，"给一腔热忱的海外华人浇了一盆初冬的冷水"。限于篇幅，本文不探讨双重国籍可行性的技术细节，只接这家北京媒体的话茬，谈一个人是否可以忠于两个国家？什么时候可能？

先说国家的成立。从法理上讲，国家是"政治人"之间的一份契约。如霍布斯所言，人们忍受不了"人对人是狼"的战争，于是纷纷收起利爪，同意让渡部分权利，建立一个可以保卫自己的主权国家。国家权利是人民权利的集合，国家作为主权的载体，必须以维护让渡权利者的权利为主要目标。否则，它就是霸王合同，没有合法性基础。应然，国家以自愿为基础，是人与人之间的契约；实然，它既可能是讨价还价的产物（如美国制宪建国），也可能是出于强买强卖（如红色高棉时的柬埔寨）。米奇尼克面对波兰人的崇高理想被贱价变卖时曾发出感慨，从此"相信上帝，但不相信教会"。从中可以看到，忠诚与不忠诚，不过是"政治人"个体或群体的履约或毁约。王冠落地，火山爆发，参照系不一样，忠诚的内容也会发生变化。国家价值的可塑性，决定了国民忠诚的不可靠性与可变更性。它可能从忠诚向不忠诚变化，也可能从不忠诚向忠诚变化。

再具体到人，忠诚的内涵也是相对的。冀望未来时，我们说群众的眼睛是雪亮的。不幸的是，当我们回顾历史，群众的眼睛多是漆黑的。当年希特勒对德国的"忠诚"无人怀疑，然而今天，没有人否认他是德国历史上举世无双的"败国子"。六十年前，一位叫施陶芬贝格的德国军官组织一群德国军官实施了刺杀希特勒的计划。因为出了差错，希特勒大难不死。之后，这个"叛国者"被处决。当历史翻过这幽暗的一页，人们发现这位军官对德国的忠诚比元首的忠诚有意义。对希特勒的忠诚，不但一文不值，还让德国人赔了血本。

回到中国的现实，我看不出国籍与忠诚有什么必然联系。否则，你无法解释那些言必称"忠诚"的公仆怎么会提着整箱子现金"逃离满天下"。与之相反的是，许多华人华侨，励志苦心、十年磨剑，纷纷归国创业。数学家陈省身先生去国几十年，数学成就全人类受益，当然也包括中国人。回南开后，这个"外国人"把全部心思都放在"把中国建设成二十一世纪数学大国"的事业上。如果上面这些都是真的，以国籍对号入座说忠奸，就无异于躲在意识形态的黑屋子里喊口号，即使心怀好意，也会黑得一塌糊涂。

或者，我们不那么骄傲，放下"民族英雄"、"国家荣誉"等高不可攀的字眼，就像讨论土耳其与德国争夺双重国籍的足球队员一样置身事外、心平气和。我们将"忠诚"视作在各个"国家市场"之间流通的特殊商品。无可争议的事实是，近年来中国政治的进步受益于承认了人的欲望的合法性，并逐渐尊重人们选择生活的自主性。如果我们正视国家在政治、文化符号之外的市场属性，就不难看出"非此即彼、扫地出门"式的中国单一国籍政策增加了"忠诚"的流通成本，甚至在某种程度上阻碍了忠诚的世俗养成。

什么是国家？国家何为？在古代，除了繁体"國"字外，人们也将"國"字写为"圀"和"囗"，意即把四面八方的土地都圈进来。国字的这两个造型大概算是世界圈地运动最早的logo了。看着"國"、"圀"和"囗"字的几个大方框，我们就不难理解秦始皇修长城不过是在实践"国"学。

有意思的是，洪秀全当年曾弃"國"用"国"。据载，明末张自烈著《正字通》中已收入"国"这个俗字。"有什么样的人民就有什么样的政府，有什么样的政府就有什么样的人民"，相信在王权至上的时代，普天下的百姓和谋求王位者"同气连枝"，有着相同的想法。"口"内有"王"意味着在旧中国统治者及被统治者眼里，国家就是王权所能抵达的范围。

中国人并非永远活在教条之中。凡有独立思考能力的人都应获得自己对事物的解释权。当然，构字法并不宣示真理，只是偶尔在我们辛勤思想时带来或这或那的启示。比如说，我对汉字里若干"国（國、囯）字招牌"的理解便有别于他人。当有人主张"國"字为"执干戈以卫社稷"时，我则更进一步——"國"乃国民以"口"（言论）和"戈"（行动）来捍卫属于自己的领土。显然，现代国民向往之"國"既不是以"囗"囚"或"（寓意关押民众）、或张开大口将民众吞到肚子里的专制之国，也不是以"戈"（刀剑共和国）止"口"（思想共和国）的一统江湖。我们相信，国家现代化就是要把那个寄寓洪秀全们理想的帝王之"国"还原为"把统治者或疑似统治者关进或劝进笼子里"的公民之国。所以，二十一世纪的今天，当"国"中之"玉"继续被一些人理解为玉玺时，我则将此"玉"视为民众，并在此基础上将国家譬喻为"一个护卫珠宝的宝盒"。

国家就像一只精巧的珠宝盒，每位公民都是摆放在里面的珠宝。珠宝盒的功能是保护里面的珠宝，既不让它们互相挤压而磕损，也不因风沙雨水而侵蚀。盒子因为保护这些珠宝才被赋予了"珠宝盒"的意义，否则它毫无意义。国家功能一旦本末倒置，就会闹买椟还珠的笑话。倘使"中国宝盒"盛气凌人，"东方之珠"就会磨灭光芒。因此，如果我们持有"国家以服务国民为天职"这个信念，双重国籍是否可行，就应该从大多数民众的权利诉求与具体操作上来考虑，而不是政治（国家）道德的某种构陷。如果我们承认人类有追求幸福与自由的权利并尊重绝大多数人生活得好些再更好些的朴素愿望,那么一个人同时忠诚于两个国家甚至N个国家是完全可能也是可以的。更多的时候,对一个国家的忠诚、对法律的服从会上升为对全人类共有的忠诚。

2004年11月

好女色还是好国色

世上男人终有一死,男人的死法有两种:一种是死于好色,另一种死于不好色。如此二分在逻辑上大概可以说通。不久前写关于希特勒的一些文章时,我隐约觉得"好色"而死亦可分为两种:一则好"女色",二则好"国色"。

死于"女色",中文世界里有诸多境界,最著名者莫如寻芳客们的口头禅"牡丹花下死,做鬼也风流"。小学历史入门课的第一个人生忠告就是男人不能像商纣王那样好色,为了那个叫妲己的妖姬,最后被"双丢"(丢了天下、丢了脑袋)。但是本文所说的"国色",并非代指妲己、杨贵妃等倾城倾国、沉鱼落雁的丽质佳人,而是说一个国家被赋予的虚妄前途。所谓好"国色"者,就是那些把自己国家当作绝世美女去爱戴,爱到如痴如醉,爱到死去活来,爱到不知什么时候丢掉自己的人格终于走火入魔的人。如果他因此丢失了自己的性命,我们就谓之为"死于国色"。

走火入魔最大的危险就是使人失去常识。去年在德国引起广泛争议的电影《帝国的毁灭》极好地复述了希特勒当年如何迷恋"国色"。曾记否,这位落魄画家一旦大权在握,就要以一人之意志强力推行自己的理想主义。国家是画布,人民是画笔,而在战场上,士兵就是被颜料包裹的笔尖。所谓生灵涂炭,其时不过是生灵涂上极权主义的五颜六色。自古以来让人景仰的政治韬略从此不得不让位于这位拙劣画家的行为艺术。俗话说,各行其是,各司其职。诚然,搞政治的人去搞艺术,是对艺术的亵渎;然而搞艺术的人去搞政治,又何尝不会将政治推向险境?艺术的诗性思维,因为对完美的崇拜和追求,可能会将政治推向另一种极端。在政治与意识形态的强力推动下,理性终于让路于荒诞。所以，当苏军将柏林炸得地动山摇时，躲在地下室里的阿道夫甚至露出一丝微笑。他对站在新柏林沙盘旁的建设师说，柏林炸得越平越好，到时我们重建柏林就省力了。

在我看来，历史上一些因为恶政孽生出来的大灾大难，大多都是因为诗性思维压倒理性思维所致。因为前者重意境、重审美（当知在人的潜意识里悲剧是美的极致）、重概念而轻逻辑。改天换地、推倒重来、"旧的不去新的不来"等"坏事变好事"式的辩证法就是典型的诗性思维。在启蒙运动和诗性思维这两股巨浪的推动下，终于酿成了绵延于上一世纪的灾难。它包括那些以为只要花上短短一二十年便可以建立人间天堂的极端乌托邦运动以及持续六年席卷亚、欧、非三大洲的世界大战。这种好"国色"的理想主义可以简述为"凤凰涅槃"式的孤注一掷。其不幸在于探寻至真至美时，却无视另外一些尴尬，比如凤凰一旦自焚而死永远不会复活或即使复活它有可能变成一只鸡或一只鹌鹑。

一个不尊重自己历史的国家，断然是不会尊重自己的邻国。在好"国色"时代，它的掌舵者和追随者所能想到的，只是这个国家美艳如花、美轮美奂的未来。以虚妄的未来透支现在。他们不是自私的，却会因为"国色"而几近疯癫。恰恰是这种大公无私的疯癫最为可怕，因为能量无穷。在利他外衣的掩饰与自我暗示之下，一切恶都是"必要的恶"，都有了道德合法性。

第二次世界大战中犯下滔天罪行的德、日两国的法西斯分子，并非人人生来就有恶狼的习性，他们背井离乡、风餐露宿，扛着机枪去杀戮邻邦异族，有的是被政治胁迫的，然而更多的人却是为了国家或民族的远大前程甘当炮灰与剖腹者。他们心甘情愿地听从了超越于人性之上的伟大"道德"的感召。深受纳粹之苦的法国著名精神科医生鲍里斯·西鲁尔尼克曾经撰文感慨：那些杀人无数的军警一定相信自己是"带来毁灭的天使"。所有的恶行似乎都是对"时代道德"的服从。当"服从"被文化神圣化之后，刽子手不会因为杀人再有任何罪恶感。对于他们来说，服从就是"去责任化"，他们的所作所为只是在社会体制里尽职尽责，就像小说《悲惨世界》里的警察局长一样兢兢业业。当军队、"人神"或哲学家们设计出奇妙的清洗计划时，服从者便会以人类之名去参与反人类的罪行。支持他们的道义与理由是"杀死个耗子当然不算犯罪"。从本质上说，这种服从已经掏空了人成其为人的一切真实意义（见拙文《良心没有替罪羊》）。

由此可见，在历史上，同样是好色，贪恋"国色"者要比爱好"女色"的市井之徒、平民百姓更有道德优越感。因为他们好的不是人人喊捉（奸）的潘金莲，而是可以光宗耀祖的"国色"，掷地有声的崇高概念。他们"因好色而纵欲"是以感天动地，不但可以将别人劝进自己的战车，甚至将自己的一辈子也骗个精光。路易·斯博洛尔曾说："政治使人变得罪恶。"然而，政治并不足以使罪恶转变成毁灭性的大灾大难，它的另一个前提是"意识形态使人变得愚蠢"。同样是在电影《帝国的毁灭》结尾，在苏军攻陷柏林之际，戈培尔夫人之所以毅然将自己的六个孩子一一毒死，只是因为她心存信念——没有"国家社会主义"，人类就没有希望和未来，而她不能让自己的孩子生活在那样的国家。

在一定意义上，我们可以说，西方后现代思潮本质上是一次关于"好色"的转向，即从好"国色"转向好"女色"，从"国家万岁"转向"国民万岁"，从"领袖万岁"转向"生活万岁"。这是在经过二十世纪诸多大灾大难之后，人类获得的一个宝贵经验。近年来，在法、美至少有两件事可以佐证这一点。一是不久前法国评选本国历史上最伟大的人物，纵横沙场谋求大国霸业的拿破仑皇帝跌出前十名，领先于他的是众多慈善家和那些给他们生活增添乐趣的人。另一件事涉及美国的两位总统，一位是好"女色"的比尔·克林顿，另一位是好"国色"的乔治·布什。如今地球上大多数居民之所以认为小布什时代较克林顿时代危险，是因为人们发现这位牛仔总统试图将这个旧伤未愈的世界重新拉回到好"国色"不好"女色"、要政治不要生活的旧时代。

当然，好"国色"不必完全贬抑，好"女色"亦不必无条件称颂。毕竟，死于好"女色"也不是一件好事情。今日世界的现实是如何彻底从死于"国色"的困境中走出来，却又不致跌进死于"女色"的深渊。

如王尔德所说，人生因为有美，所以注定是悲剧。从启蒙时代正午灼眼的阳光到后现代温香软玉的沉沉暮气，男人能否逃出死于"好色"的宿命？如果诚如开篇所言，什么样的男人不死于好色？在他未死亦未好色之际，究竟为何而生？

2005年6月

必须保卫公民的自救权利

鲁迅先生在他的小说《祝福》里描写了一位在封建礼教压迫下死去的妇女——祥林嫂。祥林嫂是个唠唠叨叨几近疯癫的女人,因为她的孩子被狼给叼走了。祥林嫂觉得自己很不幸,但是那时媒体并不发达,所以有苦也只能找邻里街坊说。"我真傻,真的,"祥林嫂自责道,"我单知道雪天时野兽在深山里没有食吃,会到村里来,我不知道春天也会有。"

鲁迅文学世界里的祥林嫂只是诉苦者,而不是上访者。理由可以粗列如下:一、孩子是被狼叼走了,而不是被人叼走了;二、在狼群中不存在庞大的权力体系,因此她无法通过狼的上级主管部门严惩叼走孩子的责任狼;三、从其日常唠叨中可以看出她只有自责而非责他,换言之只有寻求简单的自我消解而没有要求获得正义的诉求,比如打狼;四、从生物学来说,狼吃人符合自然法则,就像人吃水果一样具有某种合法性,祥林嫂因此只好安于现状、逆来顺受。

春天来了,狼来了,或者狼还没有走。

本文要谈的"祥林娘"是另一位母亲、一个新词,更是一种社会现象,它总结于近日来国内的若干新闻。据《中国青年报》报道,11年前被丈夫佘祥林"杀害"的湖北省京山县雁门口镇居民张在玉3月底突然归来,终于揭出惊天冤案。湖北省高院因此认定已经服刑11年有余的佘祥林没有杀人,是一起错案的受害者。令笔者深感震惊的是,近十年来,佘家人为了洗清此不白之冤付出了极为惨痛的代价:"祥林娘",也就是杨五香女士,因四处张贴寻人启事和上访,1995年5月份被抓,在京山县公安局看守所被关了9个半月,出来时耳聋眼瞎,不能行走,三个月后去世,时年仅54岁。与祥林嫂不同的是,"祥林娘"的悲剧不是在文学世界里,而是在我们有血有肉的现实生活中,在这个高楼林立的大时代里。她所做的一切不过是积极地寻找自己失踪的儿媳妇,给蒙冤的儿子增加一切可能解救的机会。

　　细节决定成败,在一定条件下,细节同样成就罪恶。本案中,先入为主、重口供轻证据即为一例。与此同时,笔者以为,在各路媒体对中国刑事诉讼程序中仍然广泛存在的"有罪推定"诸种实践进行笔伐之时,本案所涉"祥林娘"之死更应引起人们广泛的关注,更应追究相关肇事者与渎职者的责任,因为他们的所作所为同样是促成佘祥林蒙冤十一载的关键。

　　可以肯定,如果没有"祥林娘"等人的跋山涉水,佘祥林早已成枪下冤魂。然而,为什么没有任何犯罪嫌疑的申冤者会频频遭遇围追堵截?在该案中,佘祥林的母亲被关9个月,佘祥林的哥哥被关押41天。此外,因为出具了一份证明,几位远村的农民及其亲属同样厄运连连,纷纷被"请"进派出所或逃亡在外。我们不禁要问,是谁动用国家机器拘禁了为儿申冤的善良母亲?是什么力量与怎样的借口要斩断草根阶层的救人与自救?当"祥林娘"以耳聋眼瞎的代价从拘留所走出来时,为什么她没有得到任何国家赔偿,反被要求向"政府"支付3000元赎金?

　　在佘祥林的冤案昭雪之际,我们的社会更应将支援的目光投向那些无依无靠的上访者。如福柯所说,权力是压迫的象征,当危机来临,社会必须得到保卫。我们因此有理由正大光明地说,当政府失灵时,公民自救之路必须得到保卫。保卫"祥林娘",就是保卫每位公民自救的权利,就是保卫社会,就是保卫我们自己。

2005年4月

争自己的传统，就是争国家的自由

2005年9月28日是孔子2556岁诞辰日，世界各地举行祭孔仪式，中央电视台也首次直播"2005全球联合祭孔"。在日渐多元化的中国，我宁愿把它看成是一场古装戏。然而，近几年来，有些人却很认真，甚至打着"文化保守主义"的旗号主张把儒教立为国教。对于这些主张，我虽然波澜不惊，毕竟不乐见，就像当日在网上看到分祭点之一的长春文庙里上演"三拜九叩"的祭祀大典一样。对于我曾经抨击的"数字化统治"，所谓"三拜九叩"、"三从四德"，"三纲五常"等汉语数字真理，我素来神经敏感。

九十年代以降，随着民族主义的抬头，中国"尊孔运动"热闹非凡。及至去年更是如火如荼，出了"读经运动"、"汉服秀"、"文化保守主义"，从文化生态上来说，这一切本无可厚非。让我忧虑的是，那些锦衣玉食的才子佳人，何苦非要在中国选出个"文化黄帝"来。

"天下苦秦久矣"，此苦自在专制主义。众所周知，自始皇帝以后，中国大一统思想盛行。在此背景下，中国历史上的所谓传统，都在不同程度上践行着"成王败寇"的宿命。秦始皇和若干年后活跃于柏林的希特勒一样，焚烧书本搞"篝火晚会"，或将人种到庄稼地里去，无非是想形成一种新的独一无二的传统。

汉武帝之后，董仲舒搞"罢黜百家、独尊儒术"，儒家文化虽然从此得到尊重，但也未必迎来了好光景。从此前被始皇帝视作魔鬼，到后来又被汉武帝奉作神明，归根到底，儒家文化所受的都是"非人的待遇"。当中原儒文化大行其道，在春秋战国时代生龙活虎的吴楚文化开始气息奄奄，君君臣臣父父子子成了中国的传统。五四运动时期，孔老二本以为从此可投生凡胎，谁想到黑云电火之下，又被激进的知识分子当成鬼魅推进了臭水沟。

显然，关于孔子及其学说的是是非非，直到今日，似乎仍未脱离思想大一统的枷锁。即使几位曾经与我论战的"文化保守主义者"，挟孔子以令诸学，又何尝不是想有朝一日在学术上一统江湖。

我真正关心的是接下来的问题：我们能否建立一种不关乎神鬼，而是关乎芸芸众生的"人的传统"？中国洋洋洒洒几千年历史，难道只有孔子这个千疮百孔的传统？难道孔子生前死后的中国人都枉度了他们的一生，以至于中国传统"白茫茫一片真干净"？

我想，即使是出于对祖祖辈辈人文创造的某种尊重，我们也不会给出一个虚无的答案，而不需要经过任何逻辑推理。倘使他们湮没无闻，我想可能有两种结局：一是在专制年代，他们被朝廷的文化官吏水漫金山，终于淹没在沼泽之中；二是漂洋过海、远走他乡，在异地他国生根发芽，融入到他国的传统之中合成新的传统，直至有朝一日"出口转内销"——就像烟花变枪炮，这远嫁的儿女回到遥远的东方收拾娘亲。

当后现代主义者鼓吹一切宏大叙事都已经寿终正寝时，我坚信有个东西却是与人类同在的，这就是人类追求幸福与自由的最大传统。如果我们心怀高远，学着打开视界，就不难发现，中国的传统不过是人类大传统中的一个小传统而已。而且，我相信，从某种意义上说，一个人争自己的传统，就是争国家的传统，争国家的自由。

传统如文化，无远弗届。今日中国人谈宪政、谈人权，往往要先跑到欧洲的图书馆里去复印资料，找哈维尔帮忙，然而，早在一千多年前，中国的孟子就说过"民为贵，社稷次之，君为轻"这样的伟大篇章。短短十个字，道出"人权高于主权，主权高于政权"，把一个立宪国家的价值取向讲得清清楚楚。

现在说什么是一个国家的传统？在我看来，人人皆有自己的传统，一个国家的传统应该具体到每个人身上。当然，民间传统与官方钦定的传统并不时常同步。最好的例子就是汉人的头发。清军入关时，为了保住所谓"头可断，发决不可剃也"的传统，因此有了"江阴十日"，清军屠城，死17万人；至清廷势去，民国初立，"留头不留发，留发不留头"的剃头令又变成了"留辫不留头，留头不留辫"。时至今日，男男女女，辫子在中国几乎绝迹了。

中国人说自己是"炎黄子孙"，其实这里讲的炎黄并非炎帝与黄帝本人，至于炎黄子孙，也不限于炎帝和黄帝的子孙后代，而是炎黄那一代人的子孙后代（当然也包括其他许多外域融入的血统）。也就是说，"炎黄"是指一个时代的生息，而不是具体一两个人及其后的孝子贤孙伺候着。

从血缘上来说，每个人都有自己的祖先；从传统继承上来说，每个人都有自己的文化血缘（或传统血缘）。比如笔者读胡适，胡适的思想便是作为中国文化的一种传统进入我的思想，我读英人卡尔·波普尔，波普尔同样会成为我在文化上可以吸收的一种传统。这些思想相互辉映，加上我自己习得的经验与日常的思考，久而久之，会在我身上形成一种既属于我自己同时又可能影响他人的传统。换言之，传统离不开具体的人，且人人各异，因此传统是有个性的，是可能变化的，而不是大一统、人人可以如法炮制的。

每时每刻都在成为历史，并且形成新的传统。没有哪个时代是属于一个人的。历史也不会为了一个人，或一种思想书写。所以我说，人类有一个大的传统，中国有一个相对大的传统，每个人有自己的小传统。由于每个人成长的环境、经历的世故、接受的教育不同，这个小传统自然也不同。正是这些甚至可能大异其趣的传统，组成了中国的大传统。它们有些存在于中国历史中，被历史湮没；有些存在于我们的生活之中，甚至成为流行物。鉴于有许多比金子还珍贵的传统被王权吞噬或被历史遗忘，所以我坚持弘扬传统的最好方式，不是给皇帝老儿迎驾一样让某个曾经称王的传统或学说再次称王，而是逐步恢复历史的记忆，让所有的传统、智慧在知识的图景下复活。我相信凡此种种努力终有回报,就像我们下围棋,一颗貌似死去的棋子,在新局势下会恢复生机,甚至于无声处翻盘。

  我离开乡村已经十五年,却依稀记得老家的坟山上时常有人哭错坟头的情景。想来一个国家的传统就像是一大片坟地,理论上人人都能找到自己的祖先(属于自己的传统)。但是由于年代久远,或遇到风暴雷雨,或有人搬走了墓碑,拿去捣衣或做了猪圈,祖坟因此并不十分清晰可辨。于是来了几个貌似有思想的知识分子,他们站在高地之上,指称某个巍峨的土包就是你们所有人的所有祖先的坟,仿佛其他的那周遭的坟头都是兔子逃生时刨出来的。

  在这个渐次开放,崇尚知识而非真理的时代,谁还会去相信那些鬼话?!谁愿出那哭错坟头的洋相?

2005年10月

谁是新青年

1915年9月,陈独秀在《青年杂志》(即后来的《新青年》)上发表《敬告青年》一文,感叹中国人的衰老:在中国,人多以"少年老成"相谓,而在英美等国家,却以"年长而勿衰(Keep young while growing old)"相勖。在他看来,青年之于社会,当如"新鲜活泼细胞之在人身。新陈代谢,陈腐朽败者无时不在天然淘汰之途"。

九十年后的今天,当我们重新回味这段话时,不难发现,在早年陈独秀身上所具有的某种改良倾向——新陈代谢必然是有序的、渐进的,是"天然淘汰之途",而非"美丽新世界"里所描述的那种急风骤雨般制造"新人"或"新青年"。

谈到实证主义时,陈独秀表示,"举凡政治之所营,教育之所期,文学技术之所风尚,万马奔驰,无不齐集于厚生利用之一途。一切虚文空想之无裨于现实生活者,吐弃殆尽。……若事之无利于个人或社会现实生活者,皆虚文也,诳人之事也。诳人之事,虽祖宗之所遗留,圣贤之所垂教,政府之所提倡,社会之所崇尚,皆一文不值也!"由此可见,在陈独秀眼里,政治的终极目的是生活,是厚生利用,而非其他虚无的宏大理想与道德说教。

无可否认的是,在经过二十世纪诸多波折之后,时至今日,生活文明已被视作政治文明的重要标杆。关于这一点,即使是在若干年以前,我们亦可从米兰·昆德拉的小说中找到证据。在《生命不可承受之轻》中,昆德拉说,那些行进在大街上的捷克人民手里高举某个主义万岁的标语,而喊在他们心里的没有写出来的口号却是"生活万岁"。从某种意义上说,承认"生活万岁",就是从集体自负回到人的内心与本性;让极端的革命狂热回到脚踏实地的改良,让削足适履的政治从此服务于人的生活。所谓政治当为人所利用，而非人为政治所奴役。

同样，在谈到科学时，陈独秀抨击了那些不切实际的臆想。他认为，"欲脱蒙昧时代，羞为浅化之民"的中国人当以科学与人权并重，急起直追。"凡此无常识之思惟，无理由之信仰，欲根治之，厥维科学……夫以科学说明真理，事事求诸证实，较之想象武断之所为，其步度诚缓，然其步步皆踏实地，不若幻想突飞者之终无寸进也。"

上世纪初，中国正面临一场文化与政治上的危机，在选择急风骤雨的革命与润物无声的改良之间，陈独秀最终选择了前者。显然，陈独秀的家长式作风与激进的态度使他在参与社会改良时同样保持着一种"舍我其谁"、"唯我独尊"的立场。应该看到的是，在几十年后的新启蒙运动中，当中国知识分子群起要求"告别革命"时，其所告别的，并非带来社会进步的革命本身，而是在革命无序中滋生的"真理病"与强制。因为"真理"及其排他性的存在，在一定条件下，原来的进步力量会迅速转向保守甚至反动。关于这一点，在二十世纪初期自由辩论的黄金时期，陈独秀已经表露无遗。

1917年1月1日，胡适的《文学改良刍议》在《新青年》上发表，由此引发了一场意义深远的"白话文学运动"。在这场争论中，主持《新青年》的陈独秀的立场是"（白话文学运动）是非甚明，必不容反对者有讨论之余地，必以吾辈之主张者为绝对之是，而不容他人之匡正也"。而胡适所持的自由立场是："此事之是非，非一朝一夕所能定，亦非一二人所能定。甚愿国中人士能平心静气与吾辈同力研究此问题。讨论既熟，是非自明。吾辈已张革命之旗，虽不容退缩，然亦绝不敢以吾辈主张为必是，而不容他人之匡正也。"（《新青年》第3卷第3号）在胡适看来，陈独秀之"不容"，恰恰是中国政治与社会败落的症结所在，是迫切需要改进的地方。

1925年12月，北京发生《晨报》报馆被焚事件。时已成为"新青年领袖"的陈独秀对此回答竟是一个"该"字。这个态度让自由的胡适一时寝食难安。在给陈独秀的信中胡适表示,争自由的唯一原理是:"异乎我者未必即非,而同乎我者未必即是;今日众人之所是未必即是,而众人之所非未必真非。争自由的唯一理由,换句话说,就是要大家容忍异己的意见和信仰。凡不承认异己者的自由的人,就不配争自由,就不配谈自由。"(《胡适遗稿及秘藏书信》,第20册)

在胡适看来,没有宽容精神的新青年就不是真正的新青年,他们注定会重拾旧势力的道路。诚如是,有同乡同人之谊的陈独秀不但无法做朋友,"简直要做仇敌了"。

无疑,胡适之于近现代中国的贡献,在于倡言精神独立与思想宽容。胡适提倡"做学问要于不疑处有疑,做人要于有疑处不疑"、"容忍比自由还更重要"。1926年5月,当鲁迅、周作人和陈源之间的论争转向彼此对骂时,胡适"怀着无限的友谊的好意,无限的希望",致信给鲁迅、周作人和陈源:"……三位这八九个月的深仇也似的笔战是朋友中最可惋惜的事……我最怕的是一个猜疑、冷酷、不容忍的社会。我深深感觉你们的笔战里双方都含有一点不容忍的态度,所以不知不觉地影响了不少的少年朋友,暗示他们朝着冷酷、不容忍的方向走。"(《胡适书信集》,上册)

如胡适所说,二十年代,"不容忍的空气充满了国中"。这一切与"五四运动总司令"陈独秀等人启蒙下成长起来的"新青年"不无关系——"并不是旧势力的不容忍,他们早已没有摧残异己的能力了,而是来自一批自命为最新人物的人"。胡适所担心的是,"如果一个社会不容忍的风气造成之后,这个社会要变成一个更残忍更惨酷的社会,我们爱自由争自由的人怕没有立足容身之地了。"(《胡适遗稿及秘藏书信》,第二十册)

然而,早在1915年,陈独秀在《敬告青年》一文中如此诠释个体解放与精神自由:"解放云者,脱离夫奴隶之羁绊,以完其自主自由之人格之谓也。我有手足,自谋温饱;我有口舌,自陈好恶;我有心思,自崇所信;绝不认他人之越俎,亦不应主我而奴他人;盖自认为独立自主之人格以上,一切操行,一切权利,一切信仰,唯有听命各自固有之智能,断无盲从隶属他人之理。"

陈独秀早先的这一主张与胡适奔走呼号的自由思想不谋而合:"现在有人对你们说:'牺牲你们个人的自由,去求国家的自由!'我对你们说:'争你们个人的自由,便是为国家争自由!争你们自己的人格,便是为国家争人格!自由平等的国家不是一群奴才建造得起来的!'"(胡适,《介绍我自己的思想》,1930年)

孰料,当陈独秀成为新青年们景仰的导师之时,他已自封为真理的绝对拥有者,以致当日有志同道合者拂袖而去。二三十年代,胡适偎心挂怀的是:只有每个人争自由,中国才会有自由;与此相反,陈独秀认为只有跟着陈独秀本人争自由,中国才会有真正的自由。

自由迟早是要到来的,然而不容辩说。在写给陈独秀的信里,胡适坚持即使是一个常识,每个人都应有机会自己判断,而非通过强力灌输。如其所言,"我的根本信仰是别人有尝试的自由。"

英人卡尔·波普尔有言,多见一只白天鹅不能证明所有天鹅是白的,因为只要有一只其他颜色的天鹅出现,"天鹅皆白色"这个命题就会被推翻。既然谁也无法保证此"真理的白天鹅"可以永远不被证伪,那么"非真理"、"非主流"的价值就有自我尝试的权利。换言之,人类没有一劳永逸的真理,只有基于经验与创造而生的源源不断的知识,人类只能"通过知识寻求解放"。

1920年9月,陈独秀发表《论政治》,公开与年轻十二岁的胡适决裂。九十年前的这场风云际会不欢而散,新文化运动从此绑上了政治的马车冲出了原有的跑道,其本质上是中国知识精英关于真理标准的一次分道扬镳。如果说陈独秀曾经代表着与帝王中国决裂的新青年的勇气,胡适则在某种意义上代表着新青年的灵魂。陈独秀一生颠沛流离,思想多有流变,至晚年重新回归五四时期民主、科学的立场,而胡适一以贯之地坚持自己最初的关于自由与容忍的理想。

亲历了二十世纪的风雨洗礼与返璞归真的中国人渐渐知道，真正政治文明必定奠基于生活文明之上。没有生活文明，政治文明就会失之空洞与轻佻。应该说，今日中国人多以生活诉求（而非政治诉求）为旗，为自己的权利奔走，它非吊诡而是真实地表明了中国的进步。正是这种对生活文明的琐碎而真实、循序渐进的追求与争取，在一点点锻炼中国的政治文明，推动中国积百年之沉郁的转型。

2005年9月15日，时值《新青年》创刊九十周年。笔者相信，探讨"二十一世纪，中国需要怎样的新青年"，是我们纪念《新青年》最好的方式之一。应该说，在经历百年来的挫折困苦之后，对于中国人而言，心怀希望本身即是历史的酬劳。当"新新中国"劳力于还世界一个经济奇迹时，我们同样有理由对中国的"新新青年"劳心以待——立于历史之维，新新青年概是那样一些人，他们以朴素知识为信仰，以幸福生活为目的，视自己的前程为国家的前程，视自己的人格为国家的国格，既努力谋求自己的进取，又承认异己的自由；他们将秉承人类普世的关于自由与幸福的想象，在多元化与宽容精神的感召下，从今天起，做一个至"年老而勿衰"的世界公民。

2005年9月

为什么学外语?

随着中国经济的发展,中国人谈论自己的文化与传统时脸上渐渐有了血色。不再视中华文明为无物,这当然是件好事。然而,膨胀的自信心也使一部分人开始丧失理智,他们以正义的姿态纷纷扛出民族自尊或保护本国文化的大旗,为自己的不事进取与闭目塞听找借口。

举例说,近两年来抵制英语学习的争鸣,一个较为突出的观点是"中文都学不好,何苦要学外语",或"难道要让中文去死",字里行间仿佛透散着爱国爱传统的热泪与热血。然而,它经不起推敲。

首先,教育部要求学生学英语并没有因此取消中文课或禁止说中文。至于许多人中文没学好,显然是因为中文读得太少,而不是因为英语学得太多。韩复榘当年作演讲多有名言,其中一句大意是:在座的各位高材生都会七八国英文,而我这个大老粗连中国的英文都不懂。大家之所以觉得这句话可笑,是因为中国并没有自己的英文。同样的道理,二十一世纪的今天也不存在要保护"中国英文"这个逻辑。事实上,我们将中文与英文都重视起来不但不矛盾,相反因为语言是相通的,可以互相提升。举例说,由于汉语多诗意,少逻辑,学外语对中国人的思维训练也不无好处。

人们使用语言,最重要的是用它来表达思想、传播知识。笔者以为,真正的"中文好",并不在于文章写得通顺华美,而在于其所承载的思想与知识。也就是说,语言之精华在于文字内涵,而不是形式。否则,所谓的"好中文",就会沦落为遣词造句的文字游戏、短暂时尚的庸俗载体。

为了提升汉语文化承载的文化与思想,一方面,国家有义务保障民众尽可能多的自由思想;另一方面,民众要重视培养自己知识获得的途径。一个人多掌握一门外语，无异于给自己增加一双眼睛，增加与外界交流的机会。你多一份感悟与体会，就会多增进一份言说的内涵。因为有思想的语言都是可译的。

有些来欧洲的朋友，由于英文与法语一窍不通，访欧十几天，只能与名胜古迹合影。骄傲的人会说，欧洲不过如此。当然，现在欧洲许多地方的现代化程度已经比不过北京上海；谦虚的人会体会到自己的不足，"下次来，一定找个懂外语的人陪着"，上次去南欧旅行，有位从福建来出公差的朋友曾向我如此感慨。虽然他腰缠万贯，对国内时政如数家珍，然而走在欧陆大街上连基本的路牌都看不明白。如果你去一个地方旅游，不能和当地人聊天，询问其所思所想，了解当地的文化生活、风土人情，你的见闻显然是不完整的。

我曾在《汉字与国运》一文中感慨这个时代的无奈："空前的文明兼并，阳光下可见的弱肉强食的水印，在整合世界文化的同时也让世界失去许多色彩斑斓的东西，直至人类文明的丛林里只剩下一种讲英文的动物。自十九世纪以来，英语就是这样，在推进世界文明进程的同时，它也扮演了'语言断头台'的角色。"借此呼吁保护本国的母语。但是，同样需要指出的是，全球化发展到今天，英语已不属于英美国家，英语在世界各地大行其道并非"英语殖民"可以简单概括。当全球3/4的邮件用英语书写，80%的电子信息用英文储存，2/3的科学家能读懂英文资料（数据来自英国文化委员会所作名为"English 2000"的大调查）的时候，英语更像是一个数据库或图书馆，其价值将渐趋中立。有人就英语教学工业每年给英国带去七十多亿英镑的有形和无形收入而大谈文化或经济殖民，以此否定英语教育或者外语教育，显然这也是逻辑混乱——你不能因为大学收取学费就否定大学教育。

最后我们再分析一下爱国青年们（当然其中不乏想在大学混文凭的"三流学生"，他们虚张了网上所谓的民意）的追问，"为什么西方人不学习汉语却要我们学习外语？"首先要回答的是，在西方学汉语的人已经越来越多，当然远不如中国人对西文这般重视；其次，我以为，这种外语学习上的反差正是中国未来可期强大的理由。我们不妨做一些推理：

假如有两个房间，房与房之间没有任何可以来往的门，在隔离墙的正中间装有一块玻璃。记住，这是一块落地的单向透明的玻璃。也就是说，从一个房间可以看到另一个房间里发生的一切，而对于另一房间情况完全相反。为了叙述更加清楚，我们不妨将可以看见对方的房子设为A房，只能被人看见的称为B房。当然，为了更好地进行我们的假设，我们还可以将听筒加进来。住在A房的人可以听到B房里发出的声音，而住在B房的人对两房之间的这种微妙关系一无所知。单向玻璃对他来说，只意味着自家墙上有面镜子。他可以在镜子面前完成一种类似自我陶醉的审美，比如用它来梳妆打扮，或者穿上风衣后在镜子前优雅地打一个转，说一些"嗯，今天挺精神"之类的话，诸此等等。

接下来我们还得预设三个条件，与你一起挑选房间的人可能是一位智者，你生意场上的敌人或者一条恶棍。如果你必须挑其中的一个房间居住，你会选择哪一间？

我们一起来分析选择A房的理由：

如果B房住着智者，你可以通过观察与倾听，从他身上学到你需要的东西。比如他的举止，他阅读了哪些书，接待了哪些客人，表达了什么样的观点……

如果B房住着你生意场上的敌人，你同样可以通过观察与倾听（我们可以换上另一组词：监视与窃听）获得对你极其有用的情报。比如他进行了哪些秘密交易，你值得信赖的朋友是不是经常和他一起开香槟庆贺你新赔了一笔买卖……

如果B房住着恶棍，你将见证丑陋与下流，并引以为戒。当他杀人或有其他危及整个社区安全的行为时，你可以及时介入或报警。

以下是选择B房的理由：

如果你愿意住进B房，可能是因为你自以为很漂亮，你喜欢被观赏。你的观众包括智者、流氓以及随时想将你银行的钱财据为己有的人。显然，你对自己的钱财并不关心，智慧对于你来说也毫无用处。总而言之，你的乐趣就是照镜子、发表演讲、被人观赏或窃听。当然，维持这种生活你需要有充足的耐心，你日复一日活在监视之中，就像福柯笔下全景监狱里的囚徒，也就是说你并不知道什么时候别人在注视着你。久而久之，你也许活得比较自然，也可能每天都像是行为艺术家。你甚至不如荷兰的橱窗女郎自由，因为她们接客的时候，是要拉上窗帘的。有一点是可以肯定的，你放弃可能增长智慧的机会，并且将自己置身于危险之中。

经过上面的分析，如果你有着和我一样平常的智力，我相信你会选择住在A房而不是B房。当我们观照历史，不难发现，中国社会沦落为近代之积贫积弱，就是因为此前若干皇帝老儿带着山呼万岁的臣民躲在上述B房里照镜子的功劳，终于照得一代不如一代，直至国破家亡。而今日中国希望之所在，得赐于对开放社会的认同，得赐于积极向西方学习的深谋远虑。当然，学习外语只是第一步，它使中国人面对世界时耳聪目明，知道孰是孰非，择善而从，知恶而改，从此可以逃脱被观赏与因自欺而终于被欺的命运。我们有理由相信，未来开放的世界，应该是每个国家都可以被观察、被学习与被介入，人们观念上的单向玻璃将被彻底打碎，代之以谁都可看见的透明。

当然，由于某种众所周知的原因，现在还有另外一句话也值得人们深思：过去学好外语是为了了解世界，现在学好外语是为了了解中国。

2005年2月

林子大了，什么鸟都该有

教授接受采访时该不该收费？近来讨论已趋热烈。据报道，外交学院的部分教授不久前搞了个"说还是不说？不给钱就不说！"的统一战线，要求记者支付一小时200元的采访费，否则拒绝接受采访。

本文首先要关注的，是教授们的"收费表达"会不会影响中国正在形成的"公共空间"。在得出结论之前，我们不妨先进行一些简单的推理。

我们假设有一个巨大的圆形广场，人们在此各抒己见，议论纷纷。广场的四周是各式各样的房屋。房屋的门窗有的朝着广场，有的背对广场。我们把背对广场的房间称为私有空间，把迎着广场而开的房间称为"可能的公共空间"，而广场则是"绝对的公共空间"，为全民所共有。它们都受到宪政的保护。

接下来，我们假设朝着广场的一部分房间里住着一些知识分子。因此，我们不妨将这些房间称为"书斋"。鉴于知识分子所拥有的话语优势，我们设定这些房间占有比较好的高度或者视角，以便他们能较好地看到广场上发生的事情。

如上所述，书斋只是一种"可能的公共空间"。如果一个知识分子打开他临街的门窗，以自己的知识与思考参与公共事务，对着广场大声说话，或者同意广场上的人们跨进他的书斋来倾听与交流，那么这个书斋便具有一定的公共性。相反，当他关上门窗，它便成了一个私人空间。比如，当广场上发生暴动，知识分子可以站在窗台上或走下广场，正义凛然地反对暴乱者；当暴乱者胁迫知识分子公开支持他们，理论上，知识分子可以关起门窗，保持自己的沉默权，享受消极自由，并且拒绝"收费表达"的引诱。

需要强调的是，今日世界的大进步，在于人们恢复了自己的直觉与常识，认识到了那些有知识与话语权的人不是真理的代言人。知识分子只以生产与传播知识为业，而不是生产和推行终极真理。这一点对于我们分析公共空间至关重要。如果是生产真理，真理拥有者就可以垄断一切，任意标价，并且成为全能主义者。相反，如果是生产知识，如卡尔·波普尔所说的尽可能地接近事实的真相，实现一点一滴的进步，这就意味着"没有最好，只有更好"。知识分子的言说因此便具有了商品的竞争属性。正是这种可竞争性使书斋变成了知识提炼与加工的作坊。换言之，那些"地位高尚"的知识分子，其实不过是临着大广场销售自己的知识产品的普通人。有的产品卖得好，有的卖得差，有的甚至发霉变质。有了些名气、站稳了脚跟的知识分子以逸待劳，求购者络绎不绝；没站稳脚跟的只好站到自家的窗台上，拿着喇叭吆喝，以吸引广场上的眼球与耳朵，以扩大自己的影响。

既然客观上都是一种关于收益的抉择，那些自以为条件优越或初步实现了"自由表达"的知识分子转而搞起了"收费表达"，以实现其利益最大化，也在情理之中。知识分子作为独立的个体，一个脑力劳动者，以自己的知识服务于社会，并不意味着他的知识或思想为国家或公众所有。或者说，既然世上有了知识产权这个概念，知识分子的写作通常也不会被列为职务作品，那么他就有理由决定如何自主经营自己的知识。直接收益或间接收益如何，是否"著书不立说"，都是自己的事，也会因此承担相应的责任。

也有人会因此担心，当佣金卷入到这种采访活动之后，会不会导致现有公共空间的质量下降。我想，这种担心应该是多余的。既然警察能够用钱收买线人说真话，我们也没有必要担心知识分子比线人更有撒谎的偏爱，线人说一次假话就会吃不了兜着走，同样那些收了银子的知识分子也会因为说假话得不偿失。

中国人说"林子大了，什么鸟都有"时常含鄙夷之情。然而，我以为，林子大了，本来就应该什么鸟都有，否则就有违物种多样性的自然法则。况且，中国作为世界最大的林子，多有一些选择，多一些不被理解的"怪现象"未尝不是一种进步。有的鸟唱歌收费，有的鸟唱歌不收费，等有一天收费的鸟没人听了，自然也会考虑降价，甚至赔本赚吆喝；哪只鸟唱得好了，涨成天价了，也颠覆不了日益扩大的公共空间。毕竟，网络时代已经来临，那些由经院和贵族垄断知识与真理的时代也早已一去不复返了。

2005年6月

数目字统治

若干年前,我曾在中国某个偏远的县城遇到一位爱好书法的朋友。他向我介绍了自己的成名计划:书写一幅千米长卷。我当时的迷惑是,为什么一个人要把精神领域的事当作体力活来做呢?

2005年初的一个中午,我路过巴黎新落成的《世界报》总部。新楼的正面幕墙让我心动不已——整个幕墙设计只有一幅"世界永久和平"的漫画和维克多·雨果关于新闻自由的政论。印象最深的一句话莫过于"Sans la presse,nuit profonde"(若无新闻出版,万古如长夜)。然而,就在同一天,国内某家报纸推出了一日500版的"新闻纸",目的是申报吉尼斯世界纪录。

世界上大概没有哪个国家的国民能像中国人那样热衷于"天下第一"。所谓"文无第一,武无第二",中国武林多热闹,自然是因为"争霸"与"打擂"的文化。中国学林似乎也不甘寂寞,若要打造个中国式的思想家,便有好事者发明"南有某某、北有某某"或"××第一才子",将学林变成可以一统思想的江湖。

中国文化传统中多"朴刀棍棒"、"谁与争锋",因此不难理解为什么自1992年上海成立了吉尼斯中国总部后,吉尼斯纪录在中国立即引起了无与伦比的狂热。近日,甚至有"广州第一人造美女"正式向吉尼斯上海分部申报吉尼斯世界纪录。申报理由是,在15个月内全身23处动刀,世上绝无仅有。

应该说,在日益走向开放社会的中国,与别人比试医生在自己身上动了多少刀子,本是个人自由。不过,有关中国人走调的"数字生活"传统着实应该梳理一番。

旅美历史学家黄仁宇先生的《万历十五年》曾经洛阳纸贵,至少因为指出了中国传统政治的两点死穴。一是作者把张居正、海瑞、戚继光、李贽等明代风云人物聚集于公元1587年前后，揭示中国盛极而衰的内因之一是以道德代替法律，二是缺少数目字管理：在中国历史上，从未建立过一种可以用数目字来进行管理的国家与社会。

黄仁宇此话不虚。以道德代替法律，同样是中国历史缺少数目字管理的重要原因。不过若是有人因此断定中国历史传统中没有"数目字管理"，实在是冤枉了皇上——于道德于法律，古代中国的"数目字管理"可谓简单有效。

从道德上说，从周礼开始，中国便渐渐流行"三从四德"，即"未嫁从父、即嫁从夫、夫死随子"和"妇德、妇言、妇容、妇功"。这套数目字管理是中国古代妇女管理的宪法，一直沿用了几千年。此外，还有"三跪九叩"，臣子拜皇帝，小官拜大官，奴才拜主子。黄仁宇先生立论批评的明朝就特别注重"连叩三头、重复三次"的三叩九拜。试问天下，哪个国家对国民之膝盖有如此精良的"数目字管理"？

法国发生大革命的时候，英国使臣马戛尔尼觐见乾隆，乾隆同样要求对这位外国使节实行"三跪九叩"式的"数目字管理"。据史料记载，当时负责接待的军机章京管世铭曾因中国下跪的"国粹"诗心荡漾："献琛海外有遐邦，生梗朝仪野鹿腔。一到殿廷齐膝地，天地能使万心降。"中国今日讲英文已成时髦，甚至无一例外地成为区分真假人才的标准。遥想当年，当马戛尔尼先生兴致勃勃地站在中央帝国的大殿之上，清廷所见所想，不过是只迷路的野鹿在叫。

在法律上，中国历史上同样有"数目字管理"。以刑罚为例，最杰出的当属族刑。春秋时中国便开始有了夷三族的酷刑，此后又有了九族（或是虚称）；唐朝开始有"十恶不赦"；到明朝时，明成祖曾在盛怒之下，不顾"杀孝儒，天下读书种子绝矣"的劝告，将其门生数人同其九族群杀，计八百余人，史称"株连十族"。

不难发现，皇帝老儿这种"数目字管理"很低级，虽然偶有

"百"、"千"、"万"等数目,但是数来数去,治国方略中通常只能从一数到十。统治者以"哥俩好"、"八匹马"般的经验与热情,像喝酒划拳一样"弹指治天下"。关于这一点,从传播学的角度也可以解释其成因。由于汉字是单音节字,只要不超过十,读起来朗朗上口,如"一统江山"、"三从四德"、"约法三章"、"三纲五常"、"四书五经"等,有利于记忆和推广。更微妙的是,这些"汉语数字"一经确立,在强力下重复一万遍后便具有了某种先验的"真理性"或"合法性",成为"汉语数字真理",使其后对它的解构成为艰难时事。

如上所述,尽管中国历史上不少"数目字",但是,更准确地说,它并没有形成黄仁宇所说的"数目字管理",大行其道者不过是"数目字统治"。当然,皇帝老儿治国,未必都是粗枝大叶,必要时亦有精细。以凌迟为例,明时《大明律》据称已细致到要割3357刀。现代解剖学没有从中央帝国横刀出世,委实是老天爷不理朝政,忽略了人间的公平。

笔者之所以认为这种"八九不离十"式的计数方式,远非真正意义上的数目字管理,是因为它们远离真正的生活,更剥离了世界的复杂性。在政治上考察一位官员或一届政府的政绩,数字是一个客观参照。但是,如果数字不是从真实的生活与经验出发,而是来自省略或胡思乱想,来自从上到下的政治摊派与"完成任务",同样可能是灾难性的。中国上世纪五十年代"放卫星",整个社会不啻是服用了"数字春药",高潮迭起,甚至具有国际声誉的科学家如钱学森先生在浮夸风中撰文"论证"亩产十万斤的"科学性"。然而,此时所谓"十万"、"百万"不过是争夺"天下第一",它和数字本应表达的客观与科学并无关系。当荒诞的历史成为过去,我们今日所能忆起的,不过是举国搞了次"数字马戏",甚至是一种具有面包功能的马戏。正因为如此,今日中国的"GDP崇拜"引起了许多人的警惕与批评。可以说,只有告别这种崇拜,GDP才真正具有"数目字管理"的意义。

吉尼斯纪录里的"天下第一",求量不求质,多是通向极端的模仿,而非创造。我以为,中国需要这样一种进步,即让数字还原为科学,还原为人们实现幸福自由的生活的工具,而非吉尼斯式的标榜。今日中国人基于数字之上的"吉尼斯崇拜",不仅代表着我们这个时代的精神贫困,同样是对中国人缺乏创造力的一种嘲讽。

2005年2月

我们的声音从来没有沉没

《人民日报》最近接连发文，希望当权者能够倾听"沉没的声音"。文章称这个表达的"黄金时代"仍有许多声音未被倾听；并且站在权利的高度特别强调，维权就是维稳，维权才能维稳。

尽管我对"黄金时代"的说法有些存疑，但从媒介史的角度来说，尤其是随着互联网的广泛运用，我们这个时代所获得的进步的确是前所未有的。而且，当社会为此呼吁欢呼雀跃的时候，我也毫不怀疑，作为中国最高一级党报的《人民日报》，其所释放的信息具有进步意义。

然而另一方面，我又觉得实在没什么好激动的。因为这些年，包括我在内的很多朋友都在重申这个简单的道理，每个人的声音都十分重要，都应该被倾听，因为这些声音所表达的，不仅仅是社会理性，也是权利诉求，是我们所有幸福的源泉。而当我们回望历史，辛亥革命忽忽百年，至今我们仍然在努力说服某些当权者需要倾听"沉没的声音"，仍在努力争取"舆论权"，这样的进步，又实在难以让人恭维。

对于什么是需要被打捞起来的无效表达、"沉没的声音"，《人民日报》作了简单概括：一方面，有些声音被淹没在强大的声场之中，难以浮出水面；另一方面，也有些声音是"说也白说"。

前者是现代传播意义上的困境，伴随着媒介的日益发达，每个人都在说，每个人什么也听不见，尤其在自媒体之后，人人都急于表达，而不是倾听。当然，这一点本也无可厚非，在平等主体之间，在一个倡导自由的社会里，人们不仅有说与不说的自由，而且也有听与不听的自由。至于后者，"说了白说"则有另一层追问，言下之意，有些意见表达，绝不能"说了白说"。

而且历史与现实也无数次证明，当一个社会的理性声音、权利表达被隔离，被贬斥，这个社会将会因此走许多弯路，甚至造成大量无谓的牺牲，而这一切，都是大家所不愿看到的。

举例说吧，上世纪五十年代初，中国高调学习"苏联经验"的时候，著名农学家董时进曾经提出激烈的批评，此声音世所罕见。他说，"苏联的集体农场是否能算是成功，是否真比单体或家庭式的农场好（就有关农业生产及农民生活的各项条件而言），是另一个问题。但我确知道，世界上最好的农业和最富的农民，都不是在苏联，而是在所谓资本主义国家。我也知道，苏联的农民一般都愿意成立独立的家庭农场，只是在政府的强迫下做了集体农场的场员。退一步说，即使承认苏联的集体农场有一部分的成功，然而也要知道，苏联是苏联，中国是中国，两者土地人口的情形，和历史的背境均判若天渊。"

与此同时，董时进更尖锐地指出，这种以国家为唯一雇主的人民公社制度，从本质上说也不是什么农民合作，扩大经营，提高效率的意思。董时进从而预言，这种集体制度一旦实施，将来一定会惹出许多乱子，并在饿死许多人之后，"终究还是要作罢的"。

我是多么希望董时进是错的，然而历史无情的证明了他的先见之明。如你所知，其后中国发生了所谓的三年自然灾害，而且在其后的八十年代中期彻底废除了人民公社制度。

而董时进的声音，在当年无疑是一种"沉没的声音"，因为在那个时代，革命的激情压倒一切，客观上只允许一种声音存在。在只有一种权力、一个目的的条件下，任何其他声音都有可能成为"沉没的声音"，准确说，更多是"被沉没的声音"。

任何崇尚理性与文明的社会同样都会坚持这样一种价值判断，即民众有权利表达自己的声音，而当权者有义务倾听民众的声音。然而，必须看到的是，仅仅是有义务倾听是远远不够的。所以，就在人们争论或者倡言当权者需要倾听"沉没的声音"的时候，我更想强调的是，作为民意执行机关的政府，不仅要倾听反映民意的声音，在关键时候更需要服从。

为什么有此感慨？想想你已体会了多少次"说了白说"就心知肚明了。

从物理上说，任何声音都是有可能沉没的。但就那些体现了民生、民权等诉求的声音，真的沉没了么？没有。那些直指今日中国种种需要迫切解决的问题的声音，真的沉没了的呢？没有。是的，我敢说今日中国任何关键的声音都没有沉没。

当房价一年年高涨政府却在每一次调控中白得好处的时候，我们的声音没有沉没；

当推土机肆无忌惮推倒民宅逼人自焚的时候，我们的声音没有沉没；

当城管残暴地驱赶自雇谋生的小摊小贩的时候，我们的声音没有沉没；

当网管一次次删除你辛辛苦苦写好的帖子的时候，我们的声音没有沉没；

当有毒食品一次次考验我们对卫生监管部门的信心的时候，我们的声音没有沉没；

当冷血的人举着屠刀冲进幼儿园屠戮小孩的时候，我们的声音没有沉没；

当失去底线的警察跨省追捕一位无罪公民的时候，我们的声音没有沉没；

当"我爸是李刚"里的李刚涉嫌刑讯逼供致王朝蹲冤狱的时候，我们的声音没有沉没；

当钱明奇终于失去维权信心而点燃炸药的时候，我们的声音没有沉没；

当有青年才俊、社会栋梁愿意挺身而出,"让选票与炸弹赛跑"的时候,我们的声音没有沉没……

社会每天都在预警,都在说话,都在言明自己应得的权利,都在助推进步的方向。东南西北,从早到晚,相同的牵肠挂肚,相同的主张坚持,潮落潮涨,此伏彼起。

我敢说,在这个国家没有一个关键的声音是真正沉没的。

几年前,我便一直反复强调,今日中国缺的不是民意,即这里的声音,而是缺民意的执行力;中国少的不是民声不被倾听,而是民声不被服从。有人说,当国民的声音被沉没,我们将会面临灾祸,而我要说的,国民的声音被沉没,本身就是灾祸。而我对这个国家之所以抱有热忱的希望,就在于即使民声不被倾听,不被服从,民声也没有沉没。我们的声音从来没有沉没。

2011年6月

一个开放的社会必将前途无量

超女既出,万人空巷。2005年,没有什么比"超级女声"更能吸引中国来自各个阶层的亿万观众。"我的快乐我做主"成为这一时刻的伟大坐标。昨夜,这一场漫长的"快乐总动员"终于落下帷幕。李宇春获得了年度三强总决选冠军,周笔畅、张靓颖分获亚军和季军。应该说,胜出的不只是其中某位超级女声,还有一个开放的社会。

数月来,超级女声成了人们茶前饭后热烈讨论的话题,所谓有井水处,皆有超级女声。赞许者甚至从中看到中国未来民主宪政的群众基础,超级女声同样被视作草根民主政治的发端;批评者则对此嗤之以鼻,认为这不过是一场恶俗的炒作,更容易误导青少年。

显然,超级女声的魅力并不在于"政治正确",而在于它为人们带来快乐与希望。超级女声不仅让人们看到了快乐的舞台精灵何洁、有薰衣草般笑容的李宇春以及天使在唱歌的张靓颖,还让人看到了"一跪惊人"的"红衣主教"甚至半老徐娘,在个性饱满的张扬背后,其更多的内涵是每个人都有选择自己生活的权利。即使是那些被所谓"公论"视为"丑陋者",只要不干涉他者的自由,她们都有在阳光下自由行走与跳舞的权利。历史证明:一个伟大的民族,只有每个人能真实地代表自己的利益,才能真正代表人民的利益、国家的利益,因为每个个体都是人民与国家中的一员。一个人少了一份笑容,这个民族与国家就少了一份笑容。只有每个人以己之喉舌,唱出心底的歌声,才能真正唱出国民之声。

应该看到,所谓"恶俗"在很多时候同样是新风之开端。任何日深月久的社会,都有可被抛弃的积习。那些不被新时代认可的价值,会随着一代一代的年轻人的到来而发生改变。正是这种聚沙成塔、滴水穿石、润物细无声的努力与成长，在不经意中将我们的社会变得更加合理，更加有声有色。

"想唱就唱，要唱得漂亮"。这不仅说出了超级女声们的心声，在一定程度上说，它也是中国人的生活宣言。"我的快乐我做主"就是"我的生活我做主"。换言之，今日中国人的生活，理所应当地由每一个中国人自己做主。中国人的幸福之声，就是要从每个中国人的喉咙里发出，它是原汁原味的生活之声，是追求自由幸福的声音。

瓦尔特·本雅明，被称为"欧洲真正的知识分子"、流亡思想者。在1925年的那不勒斯旅行中，本雅明由城市多孔性结构看到了社会生活对于一个人的行为和态度的渗透，指出"多孔性是这个城市永不衰竭的生活法则，是无处不在的"。归根结底，开放的社会是多孔性的可以互相流动的社会。

总结一个开放的社会的特征，法国电视台经济记者弗朗索瓦·德克洛赛在1982年写道："一个好的社会，关键要看流动，人们'能上能下'。老总的儿子，当上了工人；律师或技术员的女儿，回到祖辈的农场；医生的孙子谋份警察的差事……理论上，一切应该从零开始。"

抛弃偏见与俗制，一切从零开始。事实上，超级女声之所以能带来万人空巷的盛况，正是因为它为观众提供了这样一个平台，虽然它并不至真至美，但是借此人们可以在一个相对透明与公平的环境下，见证一个平常人家的女孩，从名不见经传到一夜间造就无数自称"玉米"、"盒饭"、"凉粉"的歌迷。一方面，超级女声们凭着自己的天赋与不懈的努力，通过海选与一轮轮晋级与PK，赢得鲜花与掌声；另一方面，同样有许多优秀歌手可以自信地笑在鲜花与掌声之外。前者证明中国正在赢得一个开放的社会，后者证明中国人正在赢得自我，学会自信地坚守自己的价值。

早在一个月前，有评委在谈到超级女声时指出，内心纯洁的人前途无量。诚然，中国未来之伟大，在于我们有了今日中国经济的起飞，它同样有赖于一个开放的社会正在形成。未来中国的强大，就在于在那里充满了富有个性的、强大的女声与男声。他们在透明而开放的社会中寻找属于自己的机会，并因此获得更多的来自社会与人生的奖赏。有理由说，我们对于中国未来的无限期许，更多缘于我们心底的自信与坚持：超越五千年的困顿与磨难，一个开放的社会必将前途无量。

（2005年8月27日《新京报》、《南方都市报》同发社论）

中国应该向中国开放

大家好，今天这个题目是"打开——中国走向世界还是世界走向中国？"题目虽然好，可我觉得这个没有什么讨论的。作为价值判断来说，我相信台下的大家和台上的大家会有一个共识，即中国要走向世界，世界也要走向中国。而且历史也已经表明，中国如果不走向世界，世界也会走向中国。

对于今天这个场地，我也很有感触，因为以前在台上光特别亮的时候，我们在上面看下面是黑压压一片，但是今天的会场给我的感觉是一个多中心的会场。我看到在座的大家也都在有光的地方，这是我看到的让我非常高兴的事情，这也表示后面的交流也会是一种自由交流的状态。世界走向中国，中国走向世界，最有希望的还是寄希望于一种自由交流的状态，而非互相强迫或者征服。

作为价值判断，中国应该走向世界、世界也应该走向中国。但是作为事实判断来说，至少我们现在看到的中国还不是完全开放的中国，不光是有伟大的政府，还有"伟大的防火墙"。而且相对于世界来说，世界也不是完全向中国打开的。这有各方面的原因，同样是一个国家，比如美国在世界各地他们可以免签证，但是能向中国免签证的国家和地方就非常少，而且官方护照才好一点，对于普通民众来说这个世界也不是完全打开的。当然，中国早已经不是今天的朝鲜那样极端封闭的国家，不像电影《北逃》揭露一样，有那么多因饥饿而外逃而被射杀的悲剧。

一个国家如果要走向开放的世界或者要建设繁荣的社会，它必须是开放的。说到美国，以我的理解它的打开是两方面的，一方面它有条件地向世界打开，它有移民政策，会把世界各地比较优秀的人才吸引过去，这是向世界打开的一部分。但是我也注意到，美国的繁荣还有一个重要原因，它不光是向世界打开或者有条件地打开，而且还向本国国民打开。讲到这儿我可能有点跑题，但是既然是以开放性的话题来谈开放，我尽量跑题说，以符合开放的原则。

在今年5月份，江西抚州有一个钱明奇的案子，炸市政府、检察院，这一天我发了微博，我说这一天的中国发生三件事，一是朝鲜的金正日访问中国，中央政府以最高规格接待金正日；二是一些网络上的青年才俊，他们宣布以独立候选人资格竞选人大代表；三是钱明奇炸政府。我说这几个剖面似乎代表中国未来三条道路：第一条是政治国家（上层）拥抱朝鲜，第二条是公民社会（中间阶层）拥抱欧美，第三条是底层民众投向阿富汗。

昨天晚上我听梁文道兄说起最近独立候选人的情况，他用了一个词"全军覆没"，开始以独立竞选要参加选举的陆续退出，没退出的，据说投票的时候是警察帮到场的居民投的。这第二条道路被堵死。我们今天要讨论的问题不是说世界向中国开放还是中国向世界开放，而是中国要向中国开放。

前几天刘瑞琳女士给我看了一本书，讲民国时候开放社会的一本书，说一个国家从开放社会走向封闭社会的时候，有什么样的政府就有什么样的人民，因为政府不断地塑造人民，让他们跟着政府节奏走。今天的中国不一样，是从封闭社会走向开放社会，或者说现在我们已经进入到半开放半封闭的社会。在这样的时候，其实有什么样的人民就有什么样的政府，因为他们也在不断地塑造政府。我们今天的希望也是通过讲座、通过写书、通过日常的交流、通过写微博不断地促进政府的改造，来促进社会新的观念的形成，这种开放用"理想国沙龙"的口号来说，也是我们借助这个开放来"想象另一种可能"。谢谢大家！

（本文根据作者在2011年理想国沙龙上的演讲记录整理）

第四辑

寻找替罪羊

替罪羊（Scapegoat）是舶来品，然而寻找替罪羊的现象却贯穿了人类的历史与文本，不分古今国界。

《圣经》里上帝让亚伯拉罕以羊代子奉献的记载，古犹太人在"赎罪日"以羊转罪的习俗，中世纪席卷欧洲的猎巫运动，因黑死病流行而杀死犹太人及其后纳粹对犹太人的斩尽杀绝，古墨西哥阿兹特克的"弑神"仪式，恐怖分了对平民发动的袭击等等，都是见证。这一现象同样多见于中国历史。商亡于妲己的论调揭开"红颜祸水"的替罪羊原型。孔飞力在《叫魂：1768年中国妖术大恐慌》揭示的实为中国版"猎巫运动"。由于"妖术"流行，大批乞丐与和尚作为替罪羊惨死狱中。而二十世纪中国革命对"地富反坏右"的清算，亦具有寻找替罪羊之特征。时至今日，"临时工"常常被一些出事单位或部门用来撇清责任。几个月前，深圳还有遣返"治安高危人员"的新闻。如此荒诞的指令难免让人想起上世纪五十年代上海净化城市驱逐坏分子的运动。

就词源学而言，英文Scapegoat来得多少有些曲折。在古希伯莱文《圣经》中，那只因替罪而被放生的羊叫Azazel，而Azazel在后来被误译成goat that departs（分离之羊），后来就说成了escape goat（脱逃之羊），字面上毫无"替罪"之意。直到1530年威廉·廷代尔翻译的《圣经》版本中，英语中才有了Scapegoat这个词，并在十九世纪发展出非宗教用法，代指替人受过。

相较而言，中译"替罪羊"一词可谓直指要害——转祸与替罪。当然，相关现象在中国传统文化中并不少见。史书与文学作品中也有不少关于人祭的史料与原型。除了"受气包"、"背黑锅"等俗语，

"李代桃僵"、"借刀杀人"还被收入了著名的《三十六计》。之所以说借刀杀人与替罪羊有关系，是因为执刀者有替罪之累。越来越多的人反对死刑或限制死刑，除了人道主义原则，还因为他们在死刑犯身上或多或少看到了一些替罪的成分。一个人的十恶不赦可能掩盖这个社会经年累月的罪错。虽说人人都是社会人，但在死刑犯那里，社会通过死刑定格并撇清了一切。

吉拉尔与替罪羊机制

人类学家詹姆斯·乔治·弗雷泽在《金枝》里谈到古希腊时代的替罪者，在最热闹的殖民城市马赛，"一遇到瘟疫流行就有一个出身穷苦阶层的人自愿来做替罪羊。人们用公费整整养他一年，拿精美的食物给他吃。一年期满时就让他穿上圣衣，用神枝装饰起来，领着他走遍全城，同时高声祷告让人们的全部灾害都落在他一人头上。然后把他扔出城外，或在城墙外人们用石头将他砸死。雅典人经常豢养一批堕落无用的人，当城市遭到瘟疫、旱灾或饥荒这一类灾难时，就把这些堕落的替罪羊拿出两个来献祭：一个为男人献祭，另一个为妇女献祭。……色雷斯的阿卜德拉城每年大规模地清城一次，并专门选出一个市民用石头把他砸死，作为替罪羊，或代替所有其他人作出生命奉献。在砸死他的六天以前先除去他的市民资格，以便让他一人担负全市民众的罪孽。"

这里说的"自愿"有主动献祭的意味，却十分值得斟酌。以人趋利避害的本性，若非有某种显性或隐性的强迫，没有人甘愿受罪——即使是从前乡土中国械斗时为族人替罪的"杀人犯"，也是迫于某种交换（比如为生活所迫，族人答应代养其父母儿女等）而甘愿到官府那里抵命。否则，你就无法解释为什么弗雷泽笔下的"金枝国王"会寻找替身。

"金枝国王"指的是居住在内米湖畔的古意大利人如何进行王位交接的奇异习俗。在那里，部落的命运被认为与其半人半神的国王的健康密切相关。当国王的身体出现虚弱迹象时，他必须赴死，因为唯有在他还算健康的时候才能把他的神圣灵魂及时迁移到继任者的躯体中，以保证这颗神圣灵魂的平安及部落的福祉。当然，求生乃人之天性，所以有的国王便找来替身，让他风风光光做几天"临时国王"然后再"垂泪对宫娥"，从此呜呼哀哉。

献祭的背后，是古人知识的局限与对世界的不安，而替罪羊的作用就是抚平这种不安。不过，对于弗雷泽的见解或研究视角，法国著名哲学家、文学批评家勒内·吉拉尔很不以为然。在《替罪羊》一书中，吉拉尔指责弗雷泽所提出的替罪羊概念只是祭祀仪式上的替罪羊，是一种主题式的、片面而粗俗的迷信，"仅仅以祭祀仪式的意义使用替罪羊一词，并将之普及，从而大大损害了人类学"，而在现代意义上"替罪羊"一词应该指迫害行为与表征的无意识机制——替罪羊机制，即当人们处在危机中或者混沌状态时，迫害者为了恢复被损害的秩序或者他们所需要的秩序，煽动人群，使他们相信受害者有罪，是灾难之源，从而将现实中所有的使人际关系和现有秩序恶化、混乱的罪过都归咎到受害者身上。他们坚信只有团体把这些毒素清除，才能带来新的和平与秩序，以一个人的死亡换来大家的生存。当然，你也可以认为这是十足势利的行为，是"多数人的暴政"，如吉拉尔在《圣人与暴力》一书中所指出——他们坚信将不幸归咎于一个人的时候，这个人可以被他们轻而易举地干掉。

在吉拉尔看来，寻找替罪羊首先是一种迫害行为，而人群具有迫害的倾向，他们急于行动，急于寻找易接近的、能满足他们暴力欲望的原因，他们梦想在团体里清洗腐蚀团体的不纯分子，清洗破坏团体的变节分子，他们总是相信一小部分人，甚至一个弱不禁风的人都可有极大地危害整个社会。人群总是潜在着暴力，一个顺势而为的口号就会使大家行动起来，而且肆无忌惮。正如古斯塔夫·勒庞在《乌合之众》中如此解释群体何以犯下暴行："孤立的人很清楚，在孤身一人时，他不能焚烧宫殿或洗劫商店，即使受到这样做的诱惑，他也很容易抵制这种诱惑。但是在成为群体中的一员时，他就会意识到人数赋予他的力量，这足以让他生出杀人劫掠的念头，并且会立刻屈从于这种诱惑。出乎意料的障碍会被狂暴地摧毁。"更重要的是，掌握话语权的人群还能为正义命名。

夺命的标记差异

吉拉尔提出"迫害文本"的四种范式：一是一种社会和文化危机的描述，即一种普遍的混乱的表征；二是对造成混乱的"嫌疑者"的指控；三是这些被指控犯罪的嫌疑者身上是否有特殊的标记，作为选择受害者的普遍标准，这些标志往往与指控并存；四是暴力本身。

具体到替罪羊机制运行的特点，吉拉尔同样强调有四：其一暴行是真实的；其二危机是真实的；其三挑选牺牲品不是根据人们给他们的罪名，而是根据他们具有的受害者的标记，根据所有可使人联想到他们和危机有罪恶联系的标记；其四整个运作的方向是把危机的责任推到受害者身上，并通过消灭他们，或至少把他们驱逐出受污染的团体，来化解危机。

依照吉拉尔的说法，既然危机首先是社会危机，因此我们普遍趋向于用社会原因、特别是道德原因来解释危机。最终是人际关系在瓦解，这些关系的主体对现象不会完全陌生。但是人不是自我指责，而必定是责备整个社会。他们可以信口雌黄，或者指责其他人，这样容易揭露他们，觉得这些人似乎特别有害，嫌疑分子被指控犯下特殊的罪孽。

吉拉尔说，"一个人的受难标记带得越多，他就越可能大难临头。"以神话中受迫害的俄狄浦斯为例，他既是国王，又是替罪羊。"他残废的身体、弃儿、外国人、暴发户的身份以及国王的地位使他成为一个受难标记的大杂烩"。也就是说，替罪羊机制的发生遵循这样一个过程：危机开始 → 标记差异（寻找替罪羊）→ 实施暴力（完成替罪与转罪）→危机结束。在此过程中，标记起到至关重要的作用。

今人歌颂"差异"给世界带来丰富性，不忘像罗素一样感叹"万物参差多态乃是幸福的本源"，但替罪羊机制的作用却是标记并消灭差异，完成多数人对个体或者少数派的迫害。差异是一种客观存在，也可能是被命名后的创造性存在，正如比利时在卢旺达殖民时用尺子量出胡图族与图西族一样。

在这里，真正致命的敌意是，种种受难标记最后会缩略成一个单一的身份，如"奸细"、"卖国贼"、"奸商"、"恶魔"、"流氓"，从而被施加暴力，成为公共戏剧中的牺牲品。这种简化使受迫害者的其他身份消隐，其他权利不复存在。比如说，当一个地方治安出现问题，"外来人口"很快被标识出来。2011年7月22日挪威发生惊天血案，凶手布雷维克在被捕后声称不少欧洲国家领导人、记者和公众人物是"A级叛徒"，应该"执行死刑"，因为他们允许多元文化存在和移民进入。在全球化的今天，这种疯狂的敌意让人哭笑不得又不寒而栗。

回顾近年来中国互联网上的种种争论，同样是各种标记、帽子满天飞。官民之间、贫富之间、左右之间、草根与精英之间的对立使这些标记具有了动员社会的魔力。以"富二代"、"官二代"为例，一方面，这些标记可以被当作炫耀财富与权势的资本；另一方面，它也可能使这些人受到来自民意的狙击，成为不公平社会里的替罪羊。比如涉及命案时，当事人被汹涌的民意推上风口浪尖，当"不杀不足以平民愤"、"他存在我们不安全"成为群众毫不妥协的口实，当一个罪犯不得不额外为时代不公正、没有安全感等等担负责任时，替罪羊机制便开始启动了。

而一旦判决迎合民意，当权者与民众之间完成一个合谋。民众获得了心理上的满足，社会也恢复原有的平静，至于相关罪错因何发生，可能无人过问。在此意义上，无论消灭"清白的替罪羊"，还是"有罪的替罪羊"（我之所谓"替罪狼"），寻找替罪羊只在于化解一时的危机，在于回复过去的平静，而不在于开创一个可以期许的未来。进一步说，错误的归罪与替罪，只是对过去的蹩脚的清算，它并不消除将来甚至当下的罪恶之源。

双刃剑与双边缘

有关群体心理学的研究表明，群体不会统一思考，却急于寻求统一的行动。

为了说明标记所具有的隔离或抽取作用，吉拉尔提出社会"平均数"的概念。社会"平均数"被认定为社会的"正常"状态，当一个人或一个群体越偏离这一位置，或高或低，受迫害的危险越大。或高，这有点类似中国人常说的"枪打出头鸟"、"人怕出名猪怕壮"；或低，又有落井下石。个体或者少数派在生活和行为的任何异常都有可能成为歧视和迫害的理由。

基于社会"平均数"的假定，吉拉尔认为，在替罪羊机制中这种偏离同时具有"双边缘"效应——不仅贫穷人处于社会边缘，或称外边缘，而且还有第二种内边缘，即富人或者有权势者也处于社会的边缘。

回到历史场景，不仅和尚、乞丐、游民、性工作者等边缘群体会在危机中成为替罪羊，即使王公贵族同样不能幸免。的确，风和日丽的时候，有钱有势者享受着穷人望而兴叹的多重保护和特权，而一旦危机来临，这些养尊处优的人很快就成了被谋财害命的对象。"权势使暴力合法化，但在危机时期，他们却成为暴力的对象，引发被压迫者的神圣的起义"。不是么？改朝换代的中国，当臣民转为暴民，承担无限责任的皇族将面临被斩尽杀绝的噩运。革命的年代，英国绅士将查理一世送上了断头台，法国公民处死了国王路易十六及其王后。革命并不意味着血流成河，被杀的王公贵族并非都是罪不可赦。他们被杀不仅为旧制度赎罪，而且被当作革命年代的分水岭，革命者急于用杀头来表明他们与过去决裂的决心。

革命暴力遵循的逻辑是，"最好是这个人或者那个人死去，团体就不死了……"所以罗伯斯庇尔喊出了"路易必须死，因为祖国需要生！"而玛丽·安托瓦内特必须死，则是因为她有诸多优先特征或者标记——她不仅是王后，而且是外国人，甚至还是一个被怀疑参与乱伦的女人。

内边缘与外边缘像是飓风的内外两边，然而不得不承认的是，双边缘只是一种幻觉，因为风平浪静的"飓风眼"并不存在，所有人都在飓风之中。群体运动赋予人们以翻云覆雨的群体力量，同时使每个人都成为混乱世界里的孤儿。权利的逻辑遵循的普世原则是，只要这种寻找替罪羊的过程是势利的，任何人都有可能被贴上与众不同的标记；只要这种迫害机制存在，一个人的权利得不到保障，意味着所有人的权利得不到保障，所有人都有可能成为被寻找的替罪羊。

古老的敌意

2011年7月20日，北岛在香港书展上作题为"古老的敌意"的演讲。援引奥地利著名诗人里尔克《安魂曲》中的名句——"正因为生活和伟大的作品之间／总存在某种古老的敌意……"北岛认为一个好的写作者应该有意识地和他所处的时代、母语以及自身保持某种紧张的关系。

北岛所谓"古老的敌意"显然是文化而非权利意义上的，其所描述的不是针对具体他者的敌意，而是人与世界、人与自己的一种"紧张关系"。它表面上是一种敌意，实际上是一种批评与自省的精神，而这种精神上的自觉与坚持也是一个写作者安身立命的根本。

与此内省的"古老的敌意"相比，替罪羊机制的运行则有赖于另一种"古老的敌意"，一种势利的、外向的迫害与撇清。寻找替罪羊，将自己的罪错痛苦转嫁给他人，这种"古老的敌意"像"自私的基因"一样贯穿着人类的历史与文本。无论神话、宗教乃至政治、意识形态的起源，相关踪迹随处可见。

正如王尔德所说，"绝大多数人是他人。"在吉拉尔笔下，每个人对于他人有一种"模仿欲望"——人只希望他人所希望的东西。受此欲望驱使，人们相互模仿、竞争，这种不断增强的同质化趋势会不可避免地螺旋升级，从而引发冲突和暴力，导致相互间的斗争与迫害，人类社会就是在暴力和迫害的起落中交替发展。而替罪羊机制似乎是一种维系此一发展的"建设性暴力"。

能否站在权利的基础上拒斥这种暴力？事情并非那么令人绝望。因为人类不仅有竞争，还有合作；不仅有你死我活，还有共生共存；不仅有替罪，还有担当；不仅有暴力，还有权利；不仅有报复，还有和解；不仅有刑场上冷眼狂欢的看客，还有冷静思虑的旁观者。理性的人们也越来越意识到"菩萨畏因，凡夫畏果"的历史内涵，既然世间万物都逃不出一个因果律，简单与错误地归因不但于事无补，不能防患于未然，反而会积累新的错恶。

"我们相互宽宥的时候到来了。如果我们还在等待，我们就再也没有时间了。"虽然洞察群体世界里的黑暗，吉拉尔本人并没有因此放弃希望。在他眼里，人类世界的许多悲剧，不过是一场场"滑稽的误会"。不幸或让人不安的是，这种"滑稽的误会"每天都在发生。

2011年9月

社会戾气与权利观念

任何一个人，只要他不是过于闭目塞听，都不会否定这样一个事实，即今日中国社会暴力流行，戾气弥漫。大街小巷，人们憋着莫名的火气，细微的磕碰都可能引起一场骂战。回家打开电视，没几分钟你便会听到主人公痛断肝肠的哭喊——"我要报仇"。接通网络，各式有关暴力与怨憎的新闻扑面而来：有人开车冲撞行人，有人持刀杀幼儿园小孩，有人冲进讲堂朝老者扔鞋……即使是你量身订做的微博，也会因为某个不合时宜的观点"听取杀声一片"。早上一个与多数人相近的观点使你成为"社会栋梁"，晚上一个与多数人相悖的观点又让你化作"民族败类"，被人喊打喊杀了。

回望词语的江山，这优雅的汉语，形神兼备，凝练丰盈，曾是多少人的精神家园！在那里有"昔我往矣，杨柳依依"的青涩程旅，有"暮春三月，江南草长"的故国情怀，有"今宵酒醒何处，杨柳岸晓风残月"的温婉别离，有"大漠孤烟直，长河落日圆"的苍茫悠远，有"蓦然回首，那人却在灯火阑珊处"的寂寞安宁。即使一旦归为臣虏，也有"四十年来家国，三千里地山河"的人生壮阔。

传统儒家文化不忘熏陶中国人如何知书达理，风范儒雅，修齐治平。林语堂在《中国人》中强调中国人注重人格培养，诸如和平主义、知足常乐、稳重、耐力等等构成中国人"老成温厚"的性格。在他看来，中国人欢乐、幽默、大度、心平气和，具有那种在艰苦环境下也能找到幸福的无与伦比的天才，正是这些精神使他们得以享受这个平凡的生活。而这一切，恰恰是当年欧洲人所欠缺的。

然而环顾当下，人们不再就事论事，动辄暴戾相向。此情此景，你忍不住要去叹息要去寻问，这世界怎么了？这古老而优雅的汉语，何以戾气缠身,落魄至此?那谦谦君子、温润如玉的优雅中国,究竟跑到哪里去了?

转型期的社会戾气

戾气,或曰暴戾之气。这种遇事即爱使狠斗勇、取径极端的心理或风气,会以多种暴力形式体现出来,如话语暴力、行动暴力以及其他各种隐性的暴力与强迫。

当说,社会戾气首先反映的是诸多社会成员的情绪,其次才构成或者反映所谓的社会心理。而若要探讨社会心理之形成,就必须对此一时代特征有所把握。今日中国社会仍处于"两千年未有之大变局"的中途,即我们通常说的转型期。无论社会转型还是政治转型,变身于二十世纪中国革命的三十余年改革开放,至今已经积累大量社会矛盾与政治问题,并在近十年来得到充分发酵。

具体到当今社会戾气的形成与发展,除了以往尤其是革命年代的暴力思维、暴力崇拜影响犹存,一个最不容忽视的原因恐怕还在于权力的不受约束与社会公正的长久缺失。而社会戾气、弱者心态只不过是由政治失序与社会失序诱发的一种反抗形式。

官员倚权自重,民权意识觉醒。官民对立愈烈,社会戾气日增,二者成水涨船高之势。谈到官民之间的分野与对立,人们首先想到的往往是,贪官污吏"以权(力)谋私"不被有效禁止,底层社会"以权(利)谋生"却不得不时刻遭受城管的暴力驱逐,甚至被打得头破血流。而在城乡改造与建设中,一连串触目惊心的自焚事件也阻止不了种种恶性强拆的发生。

如此日积月累,不仅让民众对自己的生活失去了安全感,也对权力部门缺乏信任感。由于政府的种种越位与缺位,社会的失序,越来越多的人觉得自己是弱势群体,并且"不惮以最坏的恶意来揣测"权力部门与精英阶层,以及他们可能结成的同盟。社会随时可能分化、组合成"我们—他们"两大阵营。正气被戾气裹挟前行,这种紧张态势渐渐发展为"见官即仇"、"逢官必反"乃至"逢不同意见即反"的心理和事件。

社会成员之间,互害型社会成形,"阴谋论"泛滥,世界一分为二,没有中间地带。独立表达意见的中间阶层,也难免被贴上各种标签加以声讨。正如扎米亚京的《我们》所揭示的世界,那里只有直线,因为所有曲线都是不文明的。当强者继续肆无忌惮的时候,弱者隐蔽的暴力倾向也被激励。即使像马家爵那样锤杀数位同学者,也被有些人视为"底层英雄",事实上被杀的同样来自社会底层。社会溃败、社会暴戾化似乎变成了对吏治腐败、公权暴力化的一种回应与反制。

网络上的戾气螺旋

一个社会,面对经年累月的不公平与非正义,如果没有基本的愤怒与憎恨,自然不正常。但若是只剩下愤怒与憎恨,甚而发展为一个戾气弥漫的互害型社会,将正义的诉求扭曲为一种以血还血的报复、仇恨的宣泄,乃至殃及无辜,只能说这个社会不仅失去了爱的能力,也失去了就事论事的能力。

关于这个时代的"杀气重"、"戾气重",互联网是一个重要的取景器。人人都有一个麦克风,自媒体时代正在到来。每个人都有发言的机会,它见证了普通民众公共精神的成长,许多人忙里偷闲,开始关注公共事务,试图表达自己的声音。与此同时,网上喊打喊杀的话语暴力也让我们看到许多言说者缺失察纳雅言、包容异己的公民之德或君子之风。

每个人似乎都急于表达,而非倾听;急于征战,而非协商。在嘈杂的广场上,相遇的不是人,而是各式各样的噪音。网络的匿名性与便利性使许多人断章取义,借题发挥,最终汇流成一股股"人挡杀人，佛挡杀佛"的话语暴力。"汉奸"、"走狗"、"卖国贼"、"爱国贼"、"五毛党"、"美分党"、"倒贴党"、"装X犯"、"意淫犯"、"官二代"、"富二代"、"军二代"各种帽子满天飞舞。有好事者甚至成立网站，虚拟了沾着血色的绞刑台，声称要绞死他们所要反对的人。

为什么网上会有那么多人喊打喊杀，破口大骂？遇到自己不赞成的观点，一些无能力表达的人会借着简单粗暴的谩骂表达内心的不满以及对言说者的蔑视，而有能力表达的人也常常会在具体交流过程中因为"树敌太多"而心灰意冷。网民需要网络意见领袖表达他们需要的观点，另一方面又视自己为"意见领袖总司令"，希望被他们钦点的意见领袖能按他们的意思排兵布阵，只表达符合他们意愿的观点，否则便是对民众的背叛，甚至被怀疑身份。

传播学有个"沉默的螺旋"的理论，意思是指人们在表达自己想法和观点的时候，如果看到自己赞同的观点，并且受到广泛欢迎，就会积极参与进来，这类观点越发大胆地发表和扩散；而发觉某一观点无人或很少有人理会（或被群起攻之），即使自己赞同它，也会保持沉默。最后结果是意见一方的沉默造成另一方意见的增势，如此循环往复，便形成一方的声音越来越强大，另一方越来越沉默下去的螺旋发展过程。

由此可见，"沉默的螺旋"并非只有沉默一端，亦有鼓噪一端，会促成"戾气的螺旋"。当一个人因为某个观点触犯众怒而被讨伐，即使是同意其观点的人，也会退避三舍，而反对者会被互相激励，社会戾气由此螺旋上升——这也是网络上中间意见阶层严重缺位之根本原因。极端情况下，有些网民自成正义之师，甚至急于行动，将网上的暴力延伸至网下，不只是对异己的言论不宽容，甚至出现人身攻击。而这种攻击性及排他性群体的形成，正是基于"我者—他者"的模式。和历史上的许多悲剧一样，被攻击者被单方面赋予了单一身份，被排除在这个群体之外。

单一身份与暴力

　　阿马蒂亚·森试图通过《身份与暴力》一书为我们剥开许多难解之结。在他看来，人们因"我者—他者"征战，无异于"无知的军队在黑夜中混战"，无所谓进军与撤退，泥淖之中只有自相残杀。如此场景足够可怕，茫茫黑夜，就像行走于影片《大逃杀》里的荒岛之上，到处都是虎视眈眈的敌人，暴力无所不在。

　　回到社会生活，身份本是一个中性词，身份认同也并不必然带来灾难。甚至，它还是一个好东西，因为身份认同会给人一种共同体的感觉，是人类生活丰富性与友情的源泉。然而阿马蒂亚·森同样看到，"坚持人类身份毫无选择的单一性，哪怕只是一种下意识的观念，不仅会大大削减我们丰富的人性，而且也使这个世界处于一种一触即发的状态，因为单一的别无选择的身份认同同样会杀人。"回顾1994年的卢旺达大屠杀，当那些黑人被告知自己是胡图人，而且"我们憎恨图西人"的时候，"无知的民众实际上是被套上了单一而且好斗的身份，由熟练的刽子手带领着酿造了这场骇人听闻的大屠杀"。

　　人爱自我标榜，也爱给别人贴标签，喜欢以局部代替整体。值得反思的是，我们标识一件物品，通常是为了增加其辨识度。然而，当我们将某个人贴上一个负面的标签，并且将其简化为唯一身份的时候，暴力便已经在酝酿。因为别无选择的单一身份抹杀了人的多元群体特征与多重忠诚。它像海水一样，可以将每个族群、每个人围成一座座孤岛，从此孤立无援。

　　阿马蒂亚·森说，"诋毁他人做法的基础，一是对他人予以错误的描述，二是制造这些是这个可鄙弃的人的唯一身份的幻象。"回顾人类历史，路易十六被杀头，因为在革命者眼里他的唯一身份是暴君。犹太人被赶杀，因为在纳粹分子那里他们的唯一身份是犹太人。

同样，在中国盛行阶级斗争的年代里，当一个人因为"地主"、"黑五类"、"阶级敌人"等别无选择的单一身份而被批斗时，他身上所有其他关系或者身份属性便立刻消失了。此时，他不再是一位父亲、儿子或者丈夫，不再是乡亲邻里，甚至也不再是劳动者。他只是"寄生虫"、"剥削者"、"伟大事业的破坏者"等污名的集合体，其他归属关系的消失切断了他应得的一切救济渠道与同情心。

如前所述，今日中国帽子满天飞，这些帽子在公共讨论中也沦为单一身份，不仅导致话语暴力，而且衍生出基于单一身份的杀戮与残酷。2010年3月23日，郑民生在福建南平实验小学杀死8名小学生。任何心智正常的人都知道郑民生恨令智昏。然而，面对如此悲剧，有人仍坚持认为郑民生此举系"弱者"的无奈反抗，而这些官家和富家的孩子并非无辜，因为他们一出生即有"原罪"，既然享有父辈依靠特权占有的更多社会资源，就应该承受更大的社会风险。当郑民生冲进幼儿园的时候，"官二代"、"富二代"成了这些孩子单一的、别无选择的负性身份。正是这些标签，给他们带来杀身之祸。

从反抗到自由，另一种可能

中国自古并不缺正义的诉求，也不缺反抗，然而血流成河的反抗并没有换来美好社会，反而往往加重了社会的互害。为什么？

李慎之在给王学泰《游民文化与中国社会》一书作序时曾感慨中国的两个传统，大传统的代表是孔夫子，小传统的代表是关王爷。前者主忠，中国大体上是孔孟教化下的"以仁为体，以礼为用"的礼仪之邦，是"亚洲价值"的摇篮与基地；后者主义，"大秤分金银，大碗吃酒肉"，靠的是朴刀棍棒说话的江湖。

有个问题李慎之自己也迷惑不解——前后二者究竟哪个才是中国的大传统？是关公，还是孔夫子？"中国人今天得闻孔孟之教的真是凤毛麟角，但是崇拜关公的却不知凡几。倘到海外看，只要有华人处就不能没有关公。我到过澳大利亚的悉尼。华工开采过的金矿早已废弃无人了,唯一中国文化遗迹只有一座关帝庙。开放改革二十年来,中国人移居海外的越来越多,他们带向世界的,我怀疑也是关公多于孔子。"

如果以大小两个传统来看中国,治世编户齐民,孔子的大传统被歌颂,关公的小传统被压制。而到了改朝换代时,游民四起,小传统便会迅速膨胀。而民众,奔走于两极,要么归于臣民,要么归于暴民。

李慎之难分两者何为大传统,何为小传统,实在是分不清传统中国究竟是臣民多些,还是暴民多些。因为他们此消彼长,并无定局。中国历史上虽然起义无数,仍不过是从暴民到顺民的过程,所谓"若要官,杀人放火受招安"。即使"皇帝轮流坐",有幸完成了改朝换代,也没有完成中国的革命,因为并没有培育出现代意义上的公民与私民,没有使中国社会脱胎换骨。

从热爱反抗到热爱自由,这恰恰是一个社会由传统走向现代的关键。现代意义上的反抗,不是为了报复,而是为了自由;不是为了走完臣民与暴民的钟摆,而是为了建立现代国家与公民社会。如米奇尼克所说,"争取自由的斗争曾经聚焦在权力层面而不是创造公民社会。因此它最终导向集中营"。

自由需要反抗,但反抗并不必然带来自由。以自由为目的的反抗,指望建立的是人人可以享有自由秩序,而被戾气包裹的反抗,你死我活的反抗,不能包容异己的反抗,没有慈悲的反抗,不尊重他者权利的反抗,往往会因为抛弃了权利原则而走向自由的反面。

在此意义上,身处转型期的国家,若要减少社会暴力与戾气,除了在政治上确保社会公平正义外,更重要还在于培育公民。而培育公民的关键,就在于培养其权利观念,做到托克维尔当年所期许的,"能使人们用以确定什么是跋扈和暴政的,正是权利观念。权利观念明确的人,可以独立地表现自己的意志而不傲慢,正直地表示服从而

不奴颜婢膝。"(托克维尔,《论美国的民主》)

换句话说,能够拓展并捍卫自己的自由,同时不对他人喊打喊杀的,正是权利观念。无媚骨,无戾气,有的只是权利观念下的高贵与优雅。在那里,完成我者与他者的身份认同,即承认自己与他人都属于某个"命运共同体"或者"权利共同体",同时又拒绝单一身份认同,即承认个体身份丰富性的,也正是权利观念。

2011年7月

不文明的冲突

2008年12月28日,萨缪尔森·亨廷顿先生走了。一个在美国乃至世界响当当的学者,在他81岁的时候离开了人世。

在哈佛执教五十余载,人们会记住亨廷顿的许多美德。有文章说,亨廷顿大部分的学术灵感来源于课堂之上。而且与许多教授不同,亨廷顿更看重为本科生上课。在他看来,研究生的脑子里已经塞进了太多的术语和条条框框,不大敢于挑战教授的观点,而本科生则少有这些束缚,只要你不限制他们,他们完全可以信马由缰,信口开河。所以在课堂上,亨廷顿会留出许多时间倾听学生们的讨论与发言。这种鼓励思想碰撞的开放式教育有利于人才的培育是显而易见的。

至于他的学术著作或者政治评论,最具代表性者莫过于"文明冲突论"。只是,该学说与亨廷顿的开放性课堂相比,似乎完全走到了另一个极端。从1993年开始,亨廷顿发表系列文章,讲述后冷战时期的暴力冲突并非出于各国在意识形态上的分歧,而是不同文明之间的文化及宗教差异所造成。该观点立即引起了广泛关注。"9·11"事件之后,许多原本反对他的人也转而称赞他神机妙算。

与此同时,十几年来有关"文明冲突论"的批评文章也早已经汗牛充栋。人类既会毁于对过去的彻底遗忘,也会死于对未来的无端想象(或者恐惧)。著名的"俄狄浦斯悲剧"讲的就是一个关于未来的预言摧毁人的生活的故事。

卡尔·波普尔在《历史决定论的贫困》中写道:"传说中的俄狄浦斯杀了他以前从未见过面的父亲,这是一个预言的直接结果,这个预言曾使他父亲把他抛弃。所以我建议把预测对被预测事件的影响

（或者更一般地说，某条信息对该信息所涉及的境况的影响）称为俄狄浦斯效应。"在波普尔看来，历史命运之说纯属迷信，科学的或任何别的合理方法都不可能预测人类历史的进程。

预言如何自我实现？这种例子不胜枚举。比如一家银行，尽管它的资产流动相对畅通、经营状况良好，但是一旦有足够多的储户相信了它已无力偿还存款的谣言，就会导致越来越多的储户疯狂挤兑，并最终导致该银行破产。同样的道理，假如某个地方的报纸电台说当地明天要闹油荒，而且大家信以为真，今晚都去加油站排队加满油，那明天当地就真的要闹油荒了。这时候你不得不相信，恐惧不仅是人类的精神导师，而且为人类指导着具体入微的生活。

有个笑话同样解释了瓦兹拉维克说的因果倒置：一个推销员来到乡下，对当地人说，你们得买个防毒面具。当地人不明白，说空气这样清新，要它干什么！没多久，附近盖起了个工厂，许多有毒气体从大烟囱里冒了出来。于是大家找推销员买防毒面具，称赞他的预言准。当问到冒烟的工厂生产什么时，推销员说，就是生产防毒面具的。

亨廷顿的文明冲突论，相信本意是在提倡各种文明间应理解宽容，但在解释文明冲突时未免夸大其辞。当它成为学界与政界的摩登理论时，危险便现身了。一方面，下流政客会拿它来掩盖不三不四的政治，老百姓会不明就里地上街或远征，防毒面具从此热销，俄狄浦斯悲剧也从天而降。

宏大叙事之所以常常制造大灾难，在于它将各类矛盾装在一个筐里贴上标签发酵，忽视细节，制造了幻象。现实中的塞浦路斯绿线，不过是历史上的柏林墙的延伸，是相关国家利益抉择的路线图，而非文明冲突论可以概括；同理，两次海湾战争，如同发生在伊斯兰国家间的两伊交恶、建立于"异教徒国家"的土以军事联盟以及信奉东正教的希腊同情巴勒斯坦人一样，都是国家利益抉择的结果，不可以简化为文明或宗教冲突，从而在客观上挑起族群对抗。在我看来，世界上有的只是"不文明的冲突"。对于美伊、欧盟及整个国际社会来说，为避免悲剧以"自我实现预言"的方式实现，世界各国应淡化文明冲突论调，以更开放的心态实践国家理想。处理国际争端，不可囿于某种理论或主义，而应从小处着手，本着合作宽容的精神，一点一滴地改造重塑。

社会学家托马斯夫妇在《美国的儿童》一书谈到一句富有哲理且被广泛引用的话："如果人们将情境定义为真实的，它们在结果上就是真实的。"基于这句话，社会学家罗伯特·默顿将其概括为所谓的"托马斯定理"，并据此提出了"自我实现的预言（the self-fulfilling prophecy）"一说。关于这个理论，中国有不少老话更容易理解。比如算命先生说的"心诚则灵"——这个花招使算命者的责任完全转移到被算命者身上；又比如"怕鬼鬼上身"，如果一个人整天提心吊胆，怀疑周围有鬼，那么他迟早就会被存在于心里的鬼活活吓死。

Palo Alto学派的著名心理学家瓦兹拉维克博士在《制造的真实》一书中提出"自我实现预言"（Self-Fulfilling Prophecies）这个概念：一个微小的可能性浓缩成一个"似是而非"，这个"似是而非"想当然地变成"现实"，这个"现实"再转化成可以引发灾难性后果的"恐怖"，倒果为因。瓦兹拉维克举例说：某年加利福尼亚报章说汽油将短缺，于是当地人疯狂储油，一夜之间便造成了短缺——原本不会发生的恐惧变成了现实。按照瓦兹拉维克的理论，我们可以推断，当文明冲突论变成一种流行，当人们把对现实的描述当成现实本身，原本没有冲突的国家或文明也得造出冲突来。世界历史上不乏小事变成阴谋论，直至酿成大悲剧的事件。冤冤相报，恶性循环。很多时候，人类苦难与悲剧就是这样被一层层解释出来的。

事实上，那些具有概括性的理论，在"综述"世界的过程中通常都会犯简单化的错误。一个著名的说法是，如果你手里只有一把锤子，那么你看到所有的问题都是钉子。一旦"文明冲突论"成为人们分析世界、对号入座的工具，那么发生在所谓不同"文明体系"下的冲突，都可以用"文明的冲突"来解释了。更糟糕的是，当人们把对现实预言性的描述当成现实本身，原本没有冲突的国家或文明开始枕戈待旦，它不仅掩盖了弱肉强食的政治，并且帮助别有用心的恐怖分子招兵买马。当一起偶发事件变成蓄谋已久的阴谋，潘多拉盒将从此打开，冤冤相报、恶性循环。人类诸多苦难便是这样一层层"解释"与"预言"出来的。上世纪几度将人类推向灭绝边缘的军备竞赛不正是在不断地预言中完成武力升级？

亨廷顿先生提出文明冲突论，并非闭门造车，他部分解释了现实中的某些冲突与争端，他的问题在于过分强调不同文明之间的异质性。当文明冲突论成为具有进攻性的理论武器，必然激化似是而非的矛盾。

以土耳其为例，从1987年开始，土耳其申请加入欧共体，等到人老珠黄，至今也没有获得谈判的资格。从社会转型的角度看，土耳其是个可以让人尊敬的国家。在近二十年的时间里，为了融入欧洲大家庭，土耳其通过了包括废除死刑、保障言论自由等一揽子改革方案。然而，欧盟国家不断打击土耳其欧化的热忱。

欧盟为什么要拖？从法国主流媒体的争论上看，问题主要在土耳其的伊斯兰国家背景上。如我在《先行者欧盟》一文中指出，欧盟惧怕土耳其成为伊斯兰木马，导致未来欧洲出现"月亮走我也走"的被动局面。欧盟的这种担忧，暗合了塞缪尔·亨廷顿的"文明冲突论"。2004年4月29日，希拉克在庆祝欧盟扩大的记者会上再次大泼冷水，土耳其至少需要"10到15年"长期谈判。此前，德斯坦也曾表示：尽管欧洲很需要土耳其，但如果土耳其加入欧盟，将意味着"欧洲的终结"。德斯坦的理由是，土耳其大部分领土在亚洲，主要原因仍是土耳其是伊斯兰文明。我在巴黎的时候，这位哈佛大学的著名政治学家，时常跑到法国媒体上继续推销他的"文明冲突论"，同时不忘为他的新书《我们是谁：对美国民族认同的挑战》做广告，将文明冲突论引向美国国内，认为一场文明冲突正在美国本土上演。

现代土耳其由凯末尔按照西欧国家社会模式创建，实行政教分离，同时保留伊斯兰文化传统。近百年来，土耳其积极脱亚入欧，内政外交双双"西靠"，民意显示，现在80%的土耳其人要求加入欧盟。但是，在融入西方的同时，土耳其并未完全放弃其在亚洲尤其是中亚突厥语国家和中东地区发挥自己的影响。尽管立国之父凯末尔摒弃了泛突厥主义和泛奥斯曼主义，不谋求历史上的领土范围，但在上世纪九十年代苏东剧变后，泛突厥主义者认为这是建立"中亚突厥语国家共同体"的大好时机，土耳其不自觉地实践着一些大突厥民族主义思想。有分析人士指出：一旦土耳其西游未果，定会东上梁山，在中亚地区"聚义"当首领。中亚情势倘循此发展下去，对于整个亚欧大陆来说，将是个巨大的不安定因素，欧盟的"文明冲突论"在客观上制造了不同文明间的冲突。亨廷顿在接受法国记者采访时也表示，土耳其将成为未来伊斯兰世界的领袖。

不同的文明是否能够和平相处？在这里说一点我生活中的细节。记得有一年，我在广州出差，看着满大街拥堵的汽车，我脑子里突然有了一个奇怪的念头：中国的汽车车牌，也许是融合世界几大文明的最经典范例呢。

现在假设现在有这样一个广州车牌——"粤ABC123"。在这里，首先"粤"是一个汉字，属于中华文明，在某种程度上说也代表着东方文明。"ABC"是字母，它来自于欧美，属于西方文明；至于车牌后的数字"123"，众所周知，这是阿拉伯数字，源于印度与早期阿拉伯文化对世界的贡献，属于印度文明和伊斯兰文明。它们不是相处得很好么？如果你不去用"文明冲突论""诅咒"它们，不惹事生非地对字母、数字或汉字中的任何一方说坏话，找它们"潜在的敌人"，它们就会相安无事和睦相处。

在我看来，这个世界上能够诅咒人类命运者从来都是人类本身。而古往今来，人类只有一个文明，即人类文明，任何文明不过是其中一个分支，或者源流。如果在不同文明之间有冲突，也只是"不文明的冲突"。对于世界来说，最重要的是在不断的融合中消除"不文明"，而非将这个完整的世界像切西瓜一样分成两半，然后指着东边一半西瓜说，西边那半是你们的敌人。明眼人知道，如果这里真有"文明的冲突"，那也是发生在西瓜与握西瓜刀的那只手之间。

　　文章结尾，有必要补充一下我刚刚知道亨廷顿先生去世消息时的第一感受。不瞒您说，当时我首先想到的是——人世间最真实而最亘久的"冲突"，是在人的生与死之间，而绝不是文明之间。

2008年12月

中国与人类共命运

九十年代以降,伴随着官方意识形态的解构与重建,各种思潮陆续活跃于中国思想舞台,民族主义无疑是其中最暧昧又最具争议性的一个支流。与此同时,随着中国经济的迅猛发展,"和平崛起论"与"中国威胁论"从此激烈交锋。无论是甚嚣纸上主导某些报章杂志的"经济民族主义",出于某种策略考量的政治民族主义,重在续接传统的文化民族主义,还是网络之上唾面自干的"休闲民族主义",无不证明民族主义这一充分本地化的价值在中国攻城略地。

以下是笔者对法国思想界新秀、《民族社会学》一书作者吉尔·德兰诺瓦(Gil Delannoi)先生做的一次访谈,希望对民族主义等相关观念及行为进行一次有益的梳理。

民族之上仍有命运共同体

熊培云:上世纪初,奥地利社会学家鲍威尔(Otto Bauer)在《民族问题与社会民主党》一书中指出,民族与意识形态、政治等密不可分。在他看来,民族是一群有着共同命运(历史)及共同性格(文化、语言)的人的集合体,所谓民族即"命运共同体"(Schicksalsgemeinschaft)。您如何理解民族与命运共同体这组概念?

德兰诺瓦:当然,民族是人们生存的一个集合体,无论是幸与不幸,痛苦与欢乐,大家都生活在一起。奥托·鲍威尔是位马克思主义者,希望在同一阶级的劳动共同体之上建立文化共同体。谈到"命运共同体",有个历史细节不容忘记。在第一次世界大战爆发以前,德、法两国的工人将他们共同的命运紧紧地联系在一起。他们试图超越各自的历史，认为只要通过工人的罢工、拒绝参军便可以阻止战争。然而，事情没有那么简单，当时法国的社会主义领导人、反战领袖让·饶勒斯被民族主义者杀害，一战同样无可避免地爆发了。

当然，尽管所有民族都有着自己的命运共同体，但是并不是所有的命运共同体都可以用民族来概括。这一点很重要。换句话说，并不是所有的具有共同命运的共同体都要或只能通过民族来实现。在民族之外，人类还有其他的共同的命运，它是超越民族国家之上的集体命运。

吊诡的是，第一次世界大战带来的痛苦经历使法、德两国的民族意识不断膨胀。民族观念通过放大威胁或牺牲献身的意义赋予了战争某种神圣内涵。

在悖论中献身

熊培云：您刚刚提到"民族观念通过放大威胁或牺牲献身的意义赋予了战争某种神圣内涵"。我们常常听到一个人为自己的国家或民族的利益献身，却很少有人公开标榜"为自己献身"。它似乎意味着人之献身具有某种合群的脆弱倾向，或者说作为个体的人需要通过某种集体认同找到死后的安全感。您是如何理解献身这一行为或仪式的？

德兰诺瓦：从圣奥古斯丁到恩内斯特·荣格，人们一直在反思献身这个问题。因为人终有一死，若要死得其所，就得找个"伟大的事业"。康托罗维茨写在《为祖国而死》中的例子表明：在中世纪，通过民族获得拯救同样是对原罪的某种赎买，为民族献身成为一种可以代替信仰的救赎。

伏尔泰说："人人手持心中圣旗，满面红光走向罪恶。"遗憾的是，一些民族有了成绩，便会志得意满地夸耀自己的历史财富，以上帝的选民自居，搞十字军东征。人类历史充满了悖论。比如说《圣经》反对暴力，然而各式各样的暴力却像十字军东征一样充塞着基督国家的历史。在我看来，信徒的自我献身，同样是出于某种算计。就像今天的伊斯兰原教旨主义者，他们之所以自杀性地攻击纽约，是因为他们确信通过这种方式可以进入天堂。

在尼采宣布"上帝死了"之后，世界上又有了自选的选民——种族主义者。希特勒在《我的奋斗》中曾经多次谈到德国人和犹太人都是高级种族主义者，都想控制世界。按希特勒的这个逻辑，德国种族主义只是出于动物自卫的本能要清除犹太人，先下手为强。

从广义的历史角度来说，关于灵魂拯救，从前属于宗教的范畴，近现代以来它更多地出现在民族、阶级或种族等领域。从前关于个体灵魂的拯救因而为集体灵魂拯救所遮蔽与遗忘。

祭杀替罪羊的民族主义

熊培云：不知您是否看过埃米尔·库斯图里察的影片《地下》？故事发生在二战结束后的南斯拉夫，一群被变相囚禁于地下室里的民族主义者（或共产主义者？）在虚假的空袭警报中度过了漫长的二十年。他们一边骂着"狗日的纳粹"，一边生产杀敌的枪炮。然而，囚禁他们的老战友此时早已变成了军火贩子。同样，法国社会学家勒内·吉哈尔也多次谈到寻找替罪羊以度过社会的整体性危机几乎成了人类的第二天性。请问：民族主义是如何成功地寻找替罪羊的？

德兰诺瓦：《地下》这部影片我没有具体看过，不过时常听人谈起，对情节略知一二。我想民族主义有两种：一种是比较温和的，比如民族自豪感，要保卫自己的民族属性与利益、为民族的未来着想等等，它并不危险；危险的是另一种强烈的、极端的民族主义，如上升到种族主义的纳粹主义，对犹太人大搞种族屠杀。在我看来，这种把其他民族视为一切罪恶总负责人的做法不过是寻找替罪羊。仿佛所有过错都是他人犯下的，就像卢梭一样：我没有什么不对的。

窃据权位者出于意识形态或是政治上的险恶用心，随时会寻找替罪羊，并以此团结民众，撇清责任。通过替罪羊，一方面可以找到造成群体不幸的外在原因，找到敌人的"阴谋"；另一方面也就保住了集体的自满与虚荣心。当民族被神圣化，那些失去道德底线的行为会因为披上民族主义的羊皮显得道貌岸然。

在法语中，仇外（Xénophobe）可以解释为对外族心怀恐惧。如果这种恐惧不断地被强化，就有可能演变为仇恨。当仇外与民族主义合流，在一定条件下就会将一个公民国家转变为民族国家。

不开放的文明成就俄狄浦斯悲剧

熊培云：近年来，中国人关于传统的争论日益激烈。我个人认为每个人都有自己的传统，它不止于某些知识分子或意识形态分子规制的唯一传统。在此意义上说，每个人争自己的传统就是争国家的自由与开放。对于一个有着沉重历史包袱，又对往日荣光充满乡愁的古老民族而言，它应该如何进一步解放思想，坚持开放？

德兰诺瓦：我在《民族社会学》一书中谈到民族认同的两种倾向。一种是过于强调自己的起源与身份认同，过于强调自己所受到的威胁，正是这种寻根究底的致命欲望导致俄狄浦斯悲剧的发生。相反，尤利西斯有着开放的心胸，他在外面交遇了那么多的人与事，饱经沧桑艰难最终回到了自己的家里。我想说的是，这是一种积极的身份认同。此时，我们发现归来的尤利西斯不但没有抛弃自己从前的身份，反而因为交接四海、足迹踏遍大地山川变得丰富无比。

伊索克拉底有言：古希腊文明之精髓在于该文明只是建立于一种观念。换言之，希腊人之所以是希腊人并不是因为血缘上的承传，而是因为文化上的生息。同样，接受其他形式的文明并不意味着要弃舍自己的文明。

在妥协与民主中实现政治拯救

熊培云：乔治·贝特曼先生谈到与莫内先生等先行者在战后着手欧洲建设时用到"政治拯救"这个词，当时他们希望能够通过一系列具体的"政治拯救"彻底改变诸世纪以来欧洲各个敌对国家之间的关系。和平作为一项价值，同样是人类失而复得、得而复失的一种美德。我们该如何以和平的方式解决纷争与分歧？

德兰诺瓦：在回答这个问题之前，我们不妨回到2500多年以前，当时无论在欧洲还是在中国，都已经逐步建立起思想和哲学基础。此后各类帝国随之而来，你方唱罢我登场。不同的是，中华帝国的统一性或多或少地保存下来，欧洲各帝国随着改朝换代支离破碎或中断进化。当然，雅典的民主精神与希腊的哲学四处开花。但是，罗马帝国之后，欧洲历史上充满了战争与分崩离析。换句话说，从雅典文明发展而来的欧洲文明，一直没有解决好统一性的问题。

我们看到，在历史上，欧洲的文化、宗教以及语言上的差异被充分政治化，所有这些差异都成了引发战争与冲突的借口。人类历史由罪恶构成，美德犹如荒漠中孤零零的房屋那样少得可怜。上个世纪以来，欧洲成为两次世界大战的主战场，两次世界大战留给我们的遗产是我们必须学会以和平的方式处理社会矛盾与政治分歧。它包括三方面：加强人与人之间的沟通与交流；各国之间要学会做出妥协；每个国家都能实现民主政治，使人民有权集体参与，自己决定自己的命运。

熊培云：2005年中国部分地区出现了大规模的反日游行，这个现象同样引起了一些欧洲学者的关注与担忧。如您所知，法德和解之初对于法国人来说也是件十分痛苦的事情。可叹的是，今日中国主张中日和解的人会被某些人当成"民族公敌"。对此您怎么看？

德兰诺瓦：法德两国在历史上犯了很多错误，我不希望中日重复我们的错误，或需要再经历几场战争才肯走向和解。我能理解当下紧张的日中关系，尽管我们不能就中日关系提供明确的"最该做什么"的方案，但是面对历史上无数次两败俱伤的战争，至少我知道你们"最不该做什么"。

进步没有单行线

熊培云：我在法国注意到两件事：一是人们经常谈论"Où va la Chine？"（中国到哪里去），另一个是"Le progrès a-t-il un avenir？"（进步是否有未来）。您曾经比较英国模式与法国模式，并指出"法国文明的优越性，在于观念上对进步的信仰，法国在这条唯一可能的道路上超出了其他民族"。我同样注意到，在世界范围内，中国人顾准、法国人P.A.塔吉耶夫、英国人卡尔·波普尔都热衷于谈进步。在您看来，什么是进步？

德兰诺瓦：在历史的重要关头，英法两国会做伟大的联合，但是分歧是显而易见的。法国人着重推销自己相信的价值。相反，英国人要放任一些，既藐视又尊重当地的风俗。英国人搞出了种族隔离政策，也是这种逻辑的延续。又比如说，印度妇女自焚，英国人可能会认为这是当地的一种风俗，而法国人会相信这是一种野蛮的仪式，发誓要禁止它。

欧洲文明产生出两种迥异的文化，法国和英国无疑是最好的例证。两个古老国家都率先寻找自己的现代性。不同的是，英国选择了一条经济之路，民族的社团观加上具体的普世主义，法国选择了政治之路，在政治和经济中都将民主观念置于自由观念之上的抽象的普世主义；英国搞工业革命，法国搞政治革命；英国搞经济个人主义，法国搞政治个人主义。人类进步没有单行线，每个十字路口都要被迫做选择，或左或右，没有一往直前的捷径。

二十一世纪三大问题

熊培云：二十一世纪，您最关心的事情是什么？

德兰诺瓦：在我看来，除了生态问题外，二十一世纪，至少在近二十年仍有三大问题值得关注：其一，伊斯兰原教旨主义的未来走向；其二，欧盟建设能否成功？其三，中国会发生什么？如你上面提到的"中国何往"。由于三者在很大程度上关系到世界未来局势，且存在诸多不确定因素，所以我同时认为它们是本世纪最需要建设性意见的三大问题。

我们心中都有一个美好的或者说不那么坏的世界，希望在未来二十年间，中国的经济、文化以及政治转型以及欧盟的建设取得成功。同样，为了避免世界重新滑入中世纪的深渊，我们要认真着手解决伊斯兰原教旨主义这一问题。问题不在于世界上存在着一些意识形态方面的自杀狂，而是伊斯兰世界对于现代文明的某种憎恶。

因此，我在上面谈到的问题实际上是两个问题。对于建设中的欧盟和中国来说，不能过于追求速度；同样，对于伊斯兰文明而言，历史并没有在2000年前终结。我们必须面对全部的历史，而不只是闪光的片断，并面向未来。人类在发展、在进步、不可逆转，就像欧洲人不可能回到查理曼大帝统治下，中国人不可能重做秦始皇时代的臣民。

破碎的民主

二十一世纪,民主价值所向披靡,但是它同样遭遇了前所未有的悖论。2005年10月4日至7日举行的首届中欧文化论坛上,笔者对本届论坛的重要赞助者、法国梅耶人类进步基金会主席、《破碎的民主》一书的作者皮埃尔·卡莱姆(Pierre Calame)先生进行了访谈。

只有"破碎的民主",没有"过时的民主"

熊培云: 中国人眼下正津津乐道民主,您为何在最近出版的书中唱起了"破碎的民主"的高音,对现有的民主制度进行了一些建设性的批评?请问您的建设性从何而来?

卡莱姆: 我的一些想法、概念是和我四十年来的工作与思考分不开的。严格地说,我既不是大学教授、哲学家,也不是纯粹的科学家。我的知识源自两方面:一是作为政府官员我曾经接触并了解许多东西;另一是十七年来,作为法国人类进步基金会的主席,我尽可能进行的国际合作。我要强调的是,我的思考是从脚开始的,用脚思考意味着不断在实践中逐渐抛离固有的观念与思维习惯,获得更深刻的新思路、新方法。

熊培云: 我们看到,今日欧洲同样遇到了很大的危机。可以肯定的是,有关民主的所谓危机并不是民主价值本身出现了问题,而是逼迫我们走向更高形式的民主。您能否具体谈一下西方民主所遇到的问题以及良方何在?

卡莱姆: 二十一世纪民主遇到了深刻的悖论:一方面,从十八世纪开始,西方民主机制一直在对外扩展,直到伊拉克战争,仿佛只有西方为代表的民主制才是适合于全人类的政治体制；另一方面，一些非民主国家也穿上了民主的外衣欺骗民众。

当然，我在书中批评"破碎的民主"，并不是说民主像一只花瓶碎掉了，然后可以被扔到垃圾桶里。民主制度的价值是毋庸置疑的，它比任何时候都更关乎我们的命运。谁也不希望自己的命运被控制在别人手里。民主也不是没有根基的、随波逐流的稻草，漂泊无依，随遇而安。

换一句话说，正是对民主价值的信仰促使我提出了"全球治理"（gouvernance mondiale）这个理念，探讨如何把我们的社会当作一个集体的存在共同治理，当作"社会—世界"去治理。当然，《破碎的民主》最初是想写给一些西方民主国家的，但它并不妨碍一些非民主国家的人民探讨更好形式的民主，不能等到他们拥有了民主才来探讨民主的更好形式，任何地方的进步都是全人类的进步。

所以，我从来不会拿"没落"或"过时"这样的字眼形容民主，因为民主并没有随着时间的流逝失去它原有的高贵与纯洁。民主是一种同时关乎人、关乎社会的美德。我们批评有些欧洲人拒绝参与政治，但是并不能就此论证民主之美德被遗弃。如果我们有心走到青年人中去，倾听他们的所思所想，会发现他们对自己的命运与前程有着前所未有的关切与期许。

青年放弃选举权利是民主国家的损失

熊培云：您经常谈到"全球治理"，我所理解的"治理"重在"理"，而不是"治"，前者指管理，后者指统治，真正为全民信赖的政治也应该是管理能力，而不是统治能力。在您看来，什么是真正的政治？政治作为一种伟大的管理艺术为何常被妖魔化？

卡莱姆：在希腊语中，政治是Polis，这个词和城市或城邦国家相关。希腊语中的"政治"意指大家来管理自己的城市并掌握自己的命运，这和中国人日常谈到的令人生畏的政治是不同的。当然，古希腊时期的民主并不包括人口众多的奴隶，它同样有别于现代意义的民主。

我相信实现真正的民主并不止于政治机制方面，它还需要人民有一种公民觉悟与公民情感。这并不是说有了公民情感就没有了政治和权利之争，而是说当权者是从公民选出来的，是被尊重的，由当权者执行的法律是公民制定出来的，这个法律会受到尊重。关于这一点，比如说西方国家的税收，我们看到税收制度具有合法性，因为是公民赋予这种税收制度合法性；相反，在非洲等一些国家，税收一直是个大问题，尽管这些国家也搞起了所谓的民主。

民主在西方遇到的悖论还有：现在许多青年越来越不愿意参加选举。他们时常心灰意冷，认为选出谁都无济于事，根本不会改变世界的格局。他们对政客毫无信任可言，说他们是不称职的，是职业的野心家或买票者。更为严重的是，一些数字统计表明：人们对政治家、官员的信心指数远远低于军人与科学家，最不被信任的人就是从政者。但是，无论如何，在我看来放弃选举权利对于一个国家来说是十分严重的损失，因为我们的选举权利是通过几代人的斗争获得的。如果现在不一点一滴地争取解决问题，就会累积到将来，积重难返。

熊培云：在我看来，自由价值是优先于民主价值的。对于任何国家的公民来说，争自由比争民主更重要。我们可以说，自由是个体权利，而民主是集体权利，要争集体权利，就得先争个体权利。所以，当有西方学者批评中国犬儒主义流行时，相反，我对中国人的犬儒主义保持一种相对乐观的心态，尽管他们的境界并不那么高，因为从某种意义上说，我们也可以将之视为一种关乎个体自由的争取与保守。

卡莱姆：当然，我同意你所说的，自由是优先于民主的，如果一个人不能自由表达自己的意见，参与社会建设性的改造，当然不可能实行民主，实现广泛的群众参与。

世界已无"我们"与"他者"

熊培云：从价值谱系来说，自由、民主等价值基本解决了个体的"人的问题"，但是作为群体的"人类的问题"还没有解决。这也是我们为什么期待世界各国抛弃成见或歧见。进一步说，合作着眼于解决"人类的问题"。在《破碎的民主》一书中，您谈到我们需要一场关于治理的革命，主要指什么？

卡莱姆：治理是人类社会的永恒主题。但随着全球化大行其道，世界交往越来越密切，如何深化世界意义上的治理成了当务之急。因为不同的国家与社会之间，人类与生物圈之间的相互依赖性增强了，存在的问题扩大了，牵一发动全身，原有的公共管理模式行不通了。所以，我们要加强人类的集体性合作。

无论我们想解决什么问题，都要从根本上找到原因。比如说现在全世界都在反腐败，但是，我们不能天真地以为只要把贪官赶走，让他们受到法律的惩罚就可以大功告成。我们发现，许多危机是十分普遍的，所以实现治理的革命变成了世界层面上很急迫的任务。

当然，我们也要看到一些困难。西方人常说，"我们用昨天的方式思考明天的世界，用前天的方法治理今天的世界。"思维的变化速度慢于技术工具的变化速度，机制的变化速度也远远慢于社会变化的速度，所以很多老大难的机构很难有大变化。

今天，在我们的世界变得越来越小，相互依赖性越来越强的时候，网络就变得越来越重要。原有的分割开来的一个一个小块有待于被重新组合和连接，这就需要共同管理我们的共性和多元性，好像一张纸币的两面一样。

今日全球，相依为命，关于"我们"和"他者"原有的界定彻底崩溃了，所以要重新去界定谁是我们，我们是什么。现在，那种刻意去区分谁是中国人，谁是法国人以及他们有什么不同已经变得越来越荒唐。我们不能简单地从地缘等方面来区别人类，因为人类在交往，在共同成长，"你中有我，我中有你"。换句话说，在任何多元化的世界，都可以同时看到人的同一性。

从共产到共生

熊培云： 甘地说，善始终以蜗牛的速度前进。我想无论是民主国家，还是非民主国家，都希望建立一个货真价实的公民社会，即使它需要十分漫长的时间。我们该如何在全球化的背景下构建公民社会？

卡莱姆： 首先，公民性这个概念可以分为"被动公民性"和"积极公民性"两种。前者相对应的是由于历史或地理原因得其归所的公民性，后者则主要表现为积极参与社会建设，并与其他公民保持某种联系。当然，最重要的是每个人都有能力思想，并保有自己的独立性以及创造性。同时，构建公民社会，不能局限于一个国家。我们是人类中的一员，我们是一个命运共同体，我们要担起责任，应该积极地参与世界改造。当然，仅仅实行民主还不足以实现公民社会，但这是第一步，也是必要的一步。

熊培云： 戈尔巴乔夫在《二十世纪的精神教训》一书中提到全人类的共生主义。在我看来，共产更多着眼于对过去的分配，而共生则着眼于对未来的开创。

卡莱姆： 我记得戈尔巴乔夫曾在1998年谈到"我们的共同家园是这个世界本身，我们的命运是相同的，如果说某一个地区只想着自己繁荣昌盛，而身边的整个世界都是饥荒的话，它的繁荣是不可能的"。换句话说，如果中国想要成为强国，而周边的国家都变成穷困匮乏的地区，也是不可能的。无论你愿不愿意，我们的命运总是息息相关的。

所以，我们该放下以前那种二元对立、非此即彼的思维方式，多方面、多层次地把握多元和统一之间的关系。从欧盟的建设就可以看到，多元和统一并不是相互对立的。我想，政治最大的善就是达到多样性与同一性的统一，只有通过深化我们的治理才能抵达最大程度的多样性和最大程度的同一性。欧盟的伟大在于它不仅让欧洲告别了各国各自为政的"无政府状态"，也告别了以民族同化和征服为目的的铁蹄下的统一。

二元对立表现在很多方面，比如说在国家与市场之间，经济与社会之间等等。又比如：人们可能会很好地将责任与无责任对立起来加以厘清，然而我们还应该看到，有时候责任并非截然两分，因为我们有一个"共同责任"。

熊培云：中国历史上有个说法，"变则通，通则久"，我想今天世界治理同样遵循着这个理念。法国著名思想家埃德加·莫兰先生在《反思欧洲》一书的序言《一个反欧洲人士的回忆》中写道：欧洲在他眼里曾经是个可怕的字眼，认为实现统一的"欧洲"象征着有人要掠夺与征服，而后来，他成为一个坚定的欧盟建设者。在他看来，欧洲不仅是"利益共同体"，更是"命运共同体"。我想这样的逻辑适用于全人类。这也是为什么今年欧盟建设在法国和荷兰先后遭遇挫折后，素有天下主义传统的中国人对此表现出前所未有的关切甚至惋惜的原因。在您看来，欧盟建设前景如何？

卡莱姆：在我参加论坛之前，曾经访问了乔治·贝特曼先生。他是欧盟之父让莫内先生当年的助手。在他们看来，所谓危机不过是个中性的词汇，它由两部分组成：一是危险，一是机会。因此，我们可以说，当欧洲面临危机的时候，它不仅意味着危险已经存在，它同样意味着变革的开始。今天欧盟虽然遇到阻力，但并不是前所未有的。事实上，1953年的危机要比现在严重得多。

爱是朝着一个方向看

熊培云：秦晖先生在分组讨论会上提到一个问题，在科学论的进步论被否定后,是不是价值论的进步论也将被否定?我记起我的老师阿兰格拉先生也特意强调科学发展与人类进步并无必然联系。您作为法国人类进步基金会的主席,如何理解"进步"这一概念?

卡莱姆:在我看来,人类的进步应该体现在两方面:一是自由,当然包括人的创造能力;二是合作,主要体现为集体行动。今天,作为人类进步积极象征的经济和科学越来越受控于大的财团和跨国公司,远离了公民世界。这个现实是令人担心的。

我并不认为科学与物质的发展必然会导致人类进步。伊索曾经讲过一个寓言,世界上最好的和最坏的东西都是舌头。在我看来,科学同样是一把双刃剑。科学进步并不必然导致人类进步。我想强调的是,人类必须着眼未来,改变自己的生活方式。所以,我希望中国和欧洲在这方面能有一个很好的合作,开辟一种新的可持续发展的生活方式。美国前总统乔治·布什曾经说过一句话:"美国人的生活方式毫无商量。"在我看来,美国的这种一意孤行的高消耗的生活方式是在向全世界宣战。我们应该联合其他国家的力量,尽可能寻求改变。

熊培云:巴黎的朋友和我谈起法国前总理罗卡尔先生时表示他是一位有远见的人。在这次论坛上,罗卡尔先生说,世界已经结束,不再有可被征服的领地。呼吁人们在对话中寻找更好的因素服务于世界。

卡莱姆:对话是重要的。中国和欧洲,是两个有着同样深厚历史的古老文明,在今天的世界化过程中遇到了各自的困难。但是,全球化运动同样向我们揭示没有一个国家是孤岛。在我看来,中欧的第三次碰撞就像是一场恋爱,我所相信的爱情,正如圣·埃克绪佩里在《小王子》里所写,"爱情,不是两人互相看,而是朝着一个方向看。"

2005年10月

虽自由无以言说

几天前，有机会和旅法华裔画家司徒立先生聊天，谈到西方社会存在的某种危机时，司徒先生说欧洲有可能面对一次"大沉沦"。理由是多方面的，比如说目前欧洲价值混乱，什么都可以做，也可能意味着什么都不能做。然而才起了个话头，司徒先生便摇起头来，一脸苦闷。我便问司徒先生何故欲言又止。司徒先生说，"我不说全是因为爱。"你知道，在中国许多价值不是像西方那样泛滥，而是基本没有，它们不在一个讨论的层面上。

司徒先生这番话相信会引起许多身在欧美的海外华人的共鸣。我们看到了西方一些弊病，有时很不愿去张扬，甚至懒得去提及它，因为东西方政治与社会所具有的某种差距，或者说中国与世界主流文化之间的严重脱节；因为中国转型急需外部环境的推动；因为这是一个从无到有的过程，我们心底有诚心诚意的愿望，希望民主自由的价值早日在中国开花结果。上述诸种原因会让我们对民主自由的某种消极的东西网开一面。虽然我们从不放过一切观察与思考的机会，然而在中文领域或者面对公众发言时又不得不谨慎小心。

关于这种"我不说全是因为爱"的自由悖论，在我与旅法政治评论家陈彦先生交流时也深有体会。大概是在去年夏天的时候，陈彦先生在香港《明报》月刊的专栏上发表了一篇关于法国思想家郭舍（Marcel Gauchet）批评民主的文字。在这篇名为《强大的民主与脆弱的民主》的文章中，陈先生谈到了西方民主的某些弊病。今天西方民主面临的危机，不是别的，正是由民主战胜极权主义后产生的精神虚无感和意义失落感衍生而来的。在郭舍看来，极权主义的失败意味着民主的强大，然而强大的民主伴随的是利己主义的膨胀，是私域对公域的蚕食，是个体对公权的不信任。这固然可以看作是前一阶段民主社会反极权惯性的延续，但民主要能够生存，要能够在没有上帝的条件下自立，却必须获得新的正当性的来源。公共精神，集体认同，社会责任感就必须获得再造和加强。在文章结尾陈先生写道："民主在历史上成功地战胜了对手，目前需要面对的是民主制度内部演变的挑战，而这一挑战将促使民主走向更高的形式。"

从文章内容看，读者可以轻松判断陈先生是坚定拥护民主自由等普世价值的。然而即使这样一篇客观文字，在和我交流时陈先生仍不无忧虑，"现在这种文章很难写。"原因大致和上文司徒立先生一样，因为中国的民主自由与西方完全不在一个层面上，囿于对中国未来的期望与关爱，关于民主及其衍生物的批评时常无法展开。

由于这种差距与对国内民主进程的关爱，海外学者不得不经常面对这个"虽自由无以言说"的悖论。我们能否抛开东西方的差距毫无顾忌地表达？某些别有用心的"左派"会不会借题发挥而"自由派"人士会不会因此认为他们多了一个理论上的敌人？简而言之，这种忧虑就是担心大家努力齐心向前推动的事业最后被搅了浑水，徒耗了精力与脑力。

近百年来，无数国人为"民族大义"与"民主大义"披肝沥胆、舍生入死，但是我们同样应该看到，追求民主不能只停留在民主这个概念上，而应该在认同民主价值的基础上更进一步——民主并不是终极目的，我们的目的是保障人权，以此建构并保卫一个自由、公正与繁荣的社会。换句话说，民主是形式，是工具，人权才是其金玉其内的内容。人权的内涵因此高于或优先于一切形式的民主，即使人权过多地依赖于民主制度的有效保障。不以人权为目标的民主很有可能滑向暴民政治或一部分人专制，即"狼战"或"一群狼对另一群狼的审判"。

我们可以说享受民主权利是人权的一部分，人权更接近一切权利的本质。所以，在西方国家每当举行大选时，会有许多人心甘情愿放弃民主的机会——"事不关己，民主挂起"、"要做爱不要投票"，但是，只要投票权不是被社会或他人所剥夺或因胁迫而放弃，我们就不能以此推出他们失去或抛弃了自己应有的人权。对于个体而言，投票与弃投都是其人权的一部分。换言之，即使是一个在个体上被认为"否认了民主工具"的人，其本质上并不抛弃自己的人权。否定自己人权者鲜有，如同德国出了几个送货上门自愿给食人狂杀死并吃掉的人，即使见诸报端，同样也是病态百出的。

民主代表着一种精神取向，更是形式与工具，人权是其至关重要的内容诉求。当一个国家的人民极度关心民主、渴望民主，甚至神话民主时，多半是因为当地人权还没有得到充分有效的保障。然而，仅有民主概念是不够的，一个没有独立思维训练与历史记忆的社会，民主仍不过是水上的浮萍，没有根基。虽然我们可以说，这是一个属于大多数人的世界，但从本质上讲，此所谓大多数者，亦未必能真正拥有自己的权利。"文革"时期，似乎每个人都可以通过告密兴风作浪，暗领风骚，但是从本质上说他们都是互相剥夺权利者，而不是让渡权利者。前者意味着每个人的权利缩小，接近于零，而后者权利让渡则意味着全社会分享权利，多多益善。关于后者，我们可以将欧盟建设视为在民主基础上的权利共享。民主是一种基于平等的自由，每个欧盟国家在平等自愿的基础上开放国界，不但没有使一个国家失去国界或疆土，而且将它们拓展到了整个欧洲。当我们将缪勒·莱尔错觉图谱置换于政治空间，不难推断出即使是那些足不出户者，边界上空没有遮蔽的大地会显得更加辽阔宽广。对于各国民众而言，他不必唯本国的拿破仑将军马首是瞻，而是在自由、民主精神指引下以对话开疆拓土，共享文明政治、同吟欢乐颂。

巴黎大学传播学教授斯费兹先生经常向他的学生转述美国某管理大师的经典隐喻——波音747飞机之所以最安全是因为它装有四个发动机而且彼此独立，一个发动机出了故障，备用发动机能立即启动。在我看来，民主之伟大在于人们能以由无数发动机组成的群体意识守住社会底线。其前提是社会大多数成员能相对独立,不被变相劫持与操纵,或受制于其中一台发动机是否运行良好。否则,它将与专制主义殊途同归,如萨达姆一样零票反对而当选,枪杆子里出假民主。当然,有什么样的人民便有什么样的政府,当年希特勒高比分出线,远非简单归咎于民主制度的某种不完善。解构"民主"二字,"民"是主体,"主"是程序,决定民主走向的是做主的人民,而不是作为程序的民主,公民教育与宪政训练因此成为决定民主成败的关键。

回到上文,为什么许多人绕开对民主的批评?或许我们可以设喻击穿谜底。当你面对一个快要饿死的人时,如果你滔滔不绝地和他讲肥胖症的种种坏处与危险,人们不说你脑子有问题,至少是不知道轻重缓急,在时间上颠三倒四。明白这个道理,我们就有理由说,社会科学领域的自由言说,是要讲求时间顺序的。为了确保你的公正立场,必须明确两点:其一,在天下黎民骨瘦如柴时,不要把肥胖症的危险当作你参与社会运动的主要知识或工具;同时,也不要试图建立或论证一个所谓"世界上从来没有胖人"的理论去歪曲事实。其二,你必须念念不忘的,也是当下最紧要去做的事,就是让食不果腹者能尽快得到粮食。

几年来,我在巴黎见证了无数游行、示威、罢工等维护民权的社会运动,虽然这些运动对社会生活造成不便甚至些许紧张,然而它们并非可以作为主要抨击或讨伐的对象。譬如说前不久我见证的巴黎中学生抗议费永的教育改革的示威,许多学生上街,共和广场热闹非凡。和往常不同的是,这次趁着混乱来了许多郊区的黑人孩子,他们成群结队,跑到游行队伍里进行抢劫,甚至对一些白人孩子大打出手。就在我对此场面进行拍照时,一群黑人孩子趁乱夺走了我的数码相机。虽然我为失去了几百张照片懊恼不已,但是我并不因此否定中学生们的政治诉求以及这场社会运动的意义。与此截然相反的是,我会因为在大街上见证更多的社会真相而心怀感恩。

法国大街的游行队伍里不乏自私、褊狭与坐吃山空者。如我的朋友Yann所说，政府难为，现在有许多法国人希望不工作、不学习、多休息，而幸福可以像阳光里的灰尘一样从天上掉下来，而且永远掉下来。但是，抛开这些消极因素，我们更应看到宪政生活与公民适时维权对于一个社会长治久安的好处——它可以避免富强者不至于贪多"玩火"，而贫弱者亦不至于发展到"非自焚不足以表达"的地步。毋庸讳言，国内政治与社会生活尚有许多可以自我改进或向西方社会学习的地方。在这个大转型时代，许多层面更需要一个从无到有的过程。在此基础上，我相信，一个批评者能否做到生逢其时，就在于他的言说与参与是否适逢其时，恰到好处。惟其如此，他的言说才可能是自由而且有效的。如有朋友所说，在斯巴达时代，我们必须赞美雅典。

然而，在我内心亦不得不时时警醒于自己的赞美变得毫无条件，沦落到完美主义与一厢情愿。我之所以保持这种"模棱两不可"的态度，是因为罗曼·罗兰的《莫斯科日记》不啻是我的一个心病。当然，我不像国内某些"自由派精英"一样以"天下第一良心勇气"的道德戾气对逝者进行缺席宣判，将罗兰视为"一个懦夫"和"没有立场的人"，以此毫无宽容的"自由精神"为自己的"独立人格"锦上添花。在我看来，罗兰当年所谓的"五十年沉默"多半是出于一种关爱，一种对人类共有的美好前程的无限期许，他或许是一厢情愿的，但这不足以降低他的人格。

令人烦恼的是这种大爱有时会让人进退失据、左右为难，因为我们的目力局限于我们的经历与我们的时代。当历史翻过这一页时，过往的有些痴迷不免令人难堪。一个探求智慧并参与社会的写作者因此不得不时时面对心底的追问：什么时候我们能够置身事外不再被爱恨左右可以自由言说？怎样言说才能确保你没有偏袒或虽有偏袒却更接近客观真实？

2005年3月

对话程抱一

2004年初春，笔者与法兰西学院程抱一院士在其巴黎寓所里有过一次长谈，共同探讨中国的传统与未来。

"主际对话"，是这次谈话的灵魂字眼，有其深远的蕴意与内涵。我把它视作中国内政外交实现真正和谐、上升的基础。没有这个双重基础，一切繁荣、掩耳盗铃式的和谐都将毫无意义。

如抱一先生所言，外加的道德抑制不了内生的危机，人性仍在形成过程中，而拒绝恶的最好方式，是制衡与平等。当主际升华（1+1＞2至≈3）沦落为不平等主体间的互相吞噬，1+1＜2至≈1，即是悲剧开始之时。

一、善恶之两端，人性是一种可能

熊培云：您曾经说过自己是个心灵破裂的人，这种破裂对您一生最大的影响是什么？

程抱一：我祖籍南昌，小时候常去庐山玩。母亲是在九江长大的，湖北人，是个孤儿，由教会养大。长江、庐山对我来说敏感极了，那时我们逃难到了巫峡，印象很深。现在三峡的后果我们都无法预测，地震、工程质量、恐怖分子……若是有灾难，真不知道怎么应付。中国这个民族，一些流弊，将来一定被迫要改，这是个时间与代价的问题。至于要付出多少时间多大代价，我们还不知道。

我的生命中发生了一些事情。七岁的时候，有个姑母在法国学历史，带回来了卢浮宫的维纳斯像和一些安格尔的裸体画，这都是女性的理想美，对我是一种震撼。但是，两年以后（1939）发生南京大屠杀，另一个形象出现了，其惨烈是你们无法想象的。很多女人被强奸，被光着拍照，这些裸体和安格尔的画里面少女端着水罐完全是两个世界。中国兵被日本人一排排地练刺刀，这种苦刑，即十字架形象。它们是引发我后来同西方对话的原因，看西方如何面对恶。那时我虽是少年，已经意识到对人间大恶与大美的思考，不可放弃任何一端。七岁和九岁，我接受这种心灵破裂。因为它，我可以把人间的东西都纳入到这个空间里去。

基督教对恶的分析比儒佛道都走得远。释迦牟尼在菩提树下圆寂，基督却是钉死在十字架上，大恶与大痛苦，以走到最底层的方式去面对。与十字架对话，我不是从信仰出发，而是对生命的质问。

熊培云：中国人讲隐忍、和为贵，因此常回避恶，即使知道恶的存在，也并不正视，敬而远之。中国传统文化里多拳匪情结，讲朴刀棍棒，当说是正视了恶的，然而寻仇者快意恩仇，冤冤相报，终至恶性循环。武侠也很少走到《基督山伯爵》里最后的宽恕，多是大团圆，并没有解救方式，《水浒传》里宋江等招安之后也全是悲剧。

程抱一：西方除了要面对恶，也提出了解答。不止于至善，绝对不为恶，还有至爱。他们面对的是绝对的恶，解答也是绝对的解答——想办法爱到以爱敌人的方式来解决它。基督所说的宽恕，不是就此忘掉了。他在十字架上，底下人嘲笑他，你既为神之子，怎么会被钉在十字架上？基督说原谅他们，他们不知道自己在做什么。可惜这个恶的问题，中国一直没有真正面对。

在中国传统里，除了孔子，孟子也讲性善。荀子讲性恶，可是孟子占了上风。儒家思想从孔子、子思到孟子作为正统传了下来，人性以五伦定制。性善论最大的问题是忽略了人性仍在不断地形成。由于性善论，中国儒家对恶的问题没有作绝对的正视。性善论认为人性是既定的东西，而事实上人性是一种可能。法文里讲人性，On devient humain（我们变成人），甚至是我们de plus en plus humain（逐渐变成人），就是说二十世纪在人类历史发展中还是很短的。

西方对恶，不只是基督教，从希腊开始，悲剧把人性中最不能忍受的东西都搬了出来，母屠子、儿弑父，每一剧演到淋漓尽致。中国人讲和谐，说怎么能将血淋淋的基督挂在那儿朝夕相伴？当知，人性在善方面能达到相当高的地方，如圣人，为恶也可以达到无底深渊。动物之恶出于本能，而人因智慧所达之罪恶，是我们无法想象的。我看过一张关于中国凌迟的照片，我想大概是徐锡麟，被一层一层照下来，直到割耳挖心，人还一直活着，这是怎样的刑罚？中国有无数的历史深渊，这是不可否认的。到了"文革"，更是冤狱无数。对于这些恶，无论做什么层次的思考，我们都要面对它。假如我的真理不包括这些东西，它毫无价值。不以绝对的眼光去正视恶的问题，并提出至善的问题，我们的主体不会有发掘真理的可能性，更不会有真正的解救方式。

熊培云： 西方人说，地狱常为善愿铺就，讲的就是这个道理。迷信善，使我们对恶缺乏必要的警惕，一旦降临，常常猝不及防，甚至无力回天。这也印证了黄仁宇先生论及贞观之治时的一段总结，"西方的政治思想，坦白地承认性恶，反能造成政治体系的'制止与平衡'，使一个现代的国家能在数目字上管理，尤其值得我们反省。"（《赫逊河畔谈中国历史》）

二、中国传统里没有二

熊培云： 在政治结构上，中国是一元，美国是二元，法国是三元。道家说道生一，一生二，二生三，三生万物。三是伟大的，现在世界多样性实际上也是要坚持三。中国文化讲阴阳，应该说有二元论传统，为什么两千年来政治都回到了一？

程抱一： 中国在哲学抽象思考的方法上和西方没法比，西方从希腊开始便重推理，而东方却是直觉性的，但我们不能不承认中国有几个哲学观念。中国宇宙与生命的观念建筑在气论上面。"生生不息"

也是从气而来。中国的一元论，是气，它把所有的东西都包容进去。同时又由于气是个动性的概念，立刻有了变化的和关系两个概念。中国思想很快便从一元，从《易经》开始，转到了三元。

为什么中国从一元几乎直接跳到了三元？大家忽略了"冲气"这个概念。老子"三生万物"之后接着是"万物负阴而抱阳，冲气以为和"。老子主张和谐，认为如果只有阴阳，它是一个对立的二元，可能会产生冲突，于是立刻说"二生三"，"冲气以为和"。冲气就是三。最初中国人要求和谐，人与人之间也是不要冲突。孔子讲天道人道，立刻引进五伦的问题。先把关系定好，然后用礼乐来处理。到了淮南子时期，经过了战国，讲天地互相感应达到和谐，圆润周流，而二的观念对他们来说一直是对立冲突的观念，不能达到和谐。大而逝，逝而远，远而返。道是周流，而不是直线或方的、对立的。一高丽人听我的演讲，说他们出去旅行，有个格言，不要两个人，要三个人。两个人会冲突，三个人就没有问题，总归有个多数，三能达到一种和谐。问题是，如果三个人不平等，真正的和谐也是不存在的。所以，法国有汉学家说，中国的三是一的演变。

中国传统里有三元的思想，人们知道有你和我，有人和大自然这个二的分别，但是很快想从中间找到一个共同的成分，滋生一个我们都倾服的第三者，即所谓的冲气。冲气可以让阴阳达到和谐交互。孔子很清楚，人和地的关系一定要有个天，否则将会有不断的争执，所以要把中国的思想推向三元，追求和谐。但是，真正的三，由阴阳达到"冲气"，是最高准则，必须是超过我们俩的，而妥协是每个人放弃一点甚至很多，不但不能达到三，甚至低于二，不如二。没有真正的二，就没有三。中国就是忽略了二的问题。二首先是亚里士多德说的主体和客体。有了对主体的肯定，才有了法与自由的观念。中国人讲求"和谐感应"、"天人合一"，好像很伟大，其实不然。

熊培云：中国的三元找到了天，又因为王权的缘故，最后天的概念被"天子"拿到自己家里去用了，终于回到了一元，国变成了家。

由于它忽略了个体，忽略了人，制造了非人，从官方到民间，都讲和谐，人们生活在"和谐乌托邦"里，它不但没有实现善的一面，反而最终造成了社会的不安与动荡，造成了最大的不和谐。中国历史上的灾难，不过是"和谐乌托邦"的一次次破灭。反思人类历史上的极端共产主义实验，各种人造天堂，其实不过是在追求一种和谐。1803年，傅立叶发表《全世界和谐》便是共产主义运动的理论源头之一。尽管中国人的"和谐乌托邦"情结有更多的涵义，但它在一定程度上解释了二十世纪共产主义运动在中国为什么有广泛的群众基础。

程抱一：西方有三位一体的思想，但主要是建立在二元上面，从亚里士多德开始，要求主体客体分开，不然，我们没法观察世界。事实上，柏拉图时便已经将人当主体来思考了。笛卡尔说"我思故我在"，是让主体面对客体，很明确地说一定要保持分离，最后认为大自然是我们主体应该征服的。启蒙时代，是对人的大肯定，自然就应该被管理。当然，对物质征服，从文艺复兴便开始了，到了十八世纪已经被定义下来。有人说，黑格尔提出了三，正反和，事实上是个唯心论。它从主体出发，创造一个客体，使自己不断超越，达到和。然而，它是将客体吞并以后达到的和。马克思说：无产阶级和资产阶级是对立的；毛泽东说：无产阶级要把资产阶级吞进去了，这种辩证观后来都行不通。"相看两不厌，唯有静亭山"里有大境界，这不是要主观去吞掉客观。

熊培云：和谐之上有国殇。即是说，历史上的这些理论之所以遭遇挫折是由于它以一种极不和谐的方式（比如将盖仑式的"放血疗法"应用到社会生活领域）制造和谐，以为去掉了不谐之音，便可以达到和谐，无视过程的不和谐已埋下危机的种子。

当今中国还是遇到了一些问题，"稳定压倒一切"本是中国发展的长期目标，是全民面向未来的一件大事，却被程维高等腐败官员当幌子用，最后揭发他的人竟被投进了监狱。这好比发现了大堤管涌却不让别人说，这些人恰恰是最不珍视稳定的。有人分析国内腐败现象为"前腐后继",主要原因仍是权力没有得到有效监督。中国转型开始了这么多年,为什么民主化依旧困难重重?

程抱一: 西方的二元,中国人也看出了它的流弊,会造成紧张,甚至还有悲剧,因为西方主体与客体是分开的,主体存在于不断的征服和斗争中,但它有它的伟大,包括对物质的分析与征服,包括它的医学。同时,对于主体的肯定,可以让主体尽情发挥,由此产生了法的观念。从希腊、罗马,到黑格尔、康德,他们不断思考法的问题,怎样保护主体,使主体达到绝对自由。主体不只是自己,你在我对面你也是主体。如伏尔泰说的,我可以不同意你的观点,但我将用生命捍卫你说话的权利。这一点,中国文化里没有,因为它没有二的过程。中国在美学上达到那么大的发挥,可是在人际社会里,困难重重,就是因为二的问题没彻底解决,也不能产生真正的三。中国人寄情于大自然,是因为大自然并不限制你。西方在哲学道德等方面的思考,比中国走得远,主体的观念、法的观念、自由的观念,这些都是连接起来的,后来民主思想由此产生,是自然演进、非达到民主不可的。

三、《中庸》是三元论

熊培云: 中国渐进式改革取得了一些成绩,现在左右两派争论得很厉害。与此同时,世界冲突也是没有停歇过一天,面对这些纷扰与紧张,我们能否从中国传统中找到智慧?

程抱一:《中庸》是本伟大的书,现代知识分子觉得它腐朽,是因为它被误读了。"中国"本义源于地理上的中原,可是真正的思想也是从"中"开始。商汤去世之前说,要永远保守中;后来老子也说,不如守中;到孔子时,中是最大的观念。《论语》里有段话:有人问孔子道是什么,孔子说我也不知,可是如果有人问我一件具体的事怎么应付,我叩其两端,然后取中间(原文:"吾有知乎哉?无知也。有鄙夫问于我，空空如也。我叩其两端而竭焉。"《论语·子罕》）。这个"中"是三的观念，两端加一中，即是三。《中庸》将天地之准则视为中，定了准则后，天地都不能改，就像上帝定了一个东西，自己也不能改，都要遵守，只有遵守了，生命才会继续。极端很容易，中却是最难的。像毛泽东那样朝令夕改是容易的，这和拿破仑晚上没睡好觉要打莫斯科是一样的，明天来个运动，五万人进去，下棋一样。极端就像是发脾气，总是容易的。

中国的思想，不管是《尚书》、《易经》、道家、儒家，以及后来佛家的中派，都是受了"中"的影响。每一代哲学家，理学朱熹二程也讲，中不是折中。在一个不自由、有等级的制度下，在没有保护的情况下，对话只能是折中。中是在具体的情况下非那样不可，是"中肯"的"中"，所谓"中者"，"中也"，打中了靶心。冯友兰讲新儒学，也说"中"绝对不是折中。在思想上，"中"源于中国人的伟大的直觉，可是中国社会，却是一个大的折中，大的妥协，大的匍匐。相反西方将这种"中"人格化了，不让人朝令夕改、投机取巧。

熊培云：中国的中字，被误读了一半。这即是说，中国跳过了二的问题。您谈的中庸与两极给了我一些启示，可以解释中国目前的一些困境。我一直认为美法方向上的争执是经济学家与社会学家之间的分歧。中国前改革时代理论上追求绝对的公平，以及改革后追求绝对的效率都是容易的，而在效率与公平之间找到中，恰恰是最难的，却是最重要的。中国应当从中国之"中"、中庸之"中"里重拾智慧，找到平衡之美。

四、解剖中国王权

熊培云：马克思谈到法国中世纪的特点时说，"行政权力支配社会"，刘泽华先生据此指出中国传统社会的最大特点是"王权支配社会"。刘先生在《中国王权主义》一书中讲,在中国完全世俗化的社会中,最高王权不是在社会经济中受经济规律支配形成的,而是非经济方式吞噬经济的产物,是武力争夺的结果。这意味着不是经济力量决定权力分配而是权力分配决定着社会经济分配,社会经济关系的主体是权力分配的产物。于是,王权决定了社会的基本结构,而不是经济运动决定社会结构。中国人文主义中的"修平治齐"客观上与王权主义合流,在某种程度上助长了苦难的生生不息。

程抱一:中国的天子以天为命,事实上是他个人的意志,因为在政治文化里"二"没有分清楚,天地人,五伦,实际上都笼统为一了。中国人爱讲超脱,这不是超越,超脱是阿Q式的优哉游哉,我吃苦没关系,我不管,你们去搞。这不解决问题,免不了天灾人祸还要来。中国五千年文化,一直要追求和谐,可是没有一个太平时代超过三五十年,就是唐朝鼎盛也不过三十年[①],这是一个很奇怪的现象。此外,几乎没有一个文人善终,冤狱无数,不是从上面来,便是从下面来,谗言、诬告、嫉妒……这是个非常可怕的社会。当然西方社会也很可怕,我不否认,但基本上还有些保障,王权不似中国强大。比如到了路易十四,朕即国家,但他对哪个女人有贪念,还要追求一下,大臣参议一下。中国却是后宫三千,全国美女召来,放在后宫,没有止境。西方也就是找个小公馆,偷偷摸摸,最后还服务于政治。

五、外加的道德与内生的危机

熊培云:中国传统思想是彻头彻尾的人文思想。它把自然与神作为人的手段,尘世生活得到了最大的肯定,人的终极价值追求不过成圣成贤,社会生活因此全面道德化。现在的中国,尽管出现了严重的道德危机,但仍有很多学者在继续反思道德在整合社会秩序中的功

---

① 作者注:贞观之治为公元627年—649年,开元盛世为公元713年—741年。

用。曹锦清在《黄河边的中国》一书里也提到中国的政治困境,"政治必须走民主化、法制化的道路。并非法治优于德治,而是德治不足凭,唯有求助法耳。"

程抱一: 对西方,中国仍停留在科技上的大吸收上。假如没有精神上的激变与提升,没有制度保障,社会危机还是非常大的。贪污舞弊丛生,社会不公正扩大,这些危机都是从流弊中来的。事实上,康德和孔子都讲过,真正的道德要求是思考以后得来的,而不是外加的。人的真正自由,也是在深思之后获得的。所以,道德的信条不是外加的,假如我们的社会金钱主义流行,唯一能维持社会秩序的,是外加的规律与道德而没有经过个体内心思考这个过程,这样的社会必然会有大的危机。

六、中华文明包容性的另一种解读

熊培云: 一直以来,我在思考一个问题,中华文明湮灭入侵的"外族文明",是不是因为我们的臣民文化与奴性传统在起作用。不久前,法德电视台中法文化年专题节目里播放了中国妇女缠足的历史,也做了些反思。

程抱一: 中国文化里所以有奴性,就是因为没有形成真正的二,就像我刚才说的,为了追求和谐,忽略了主体。中国所谓的二元论,只是一个吞并另一个。这样的二只会回归到一,更不会产生真正的三。入侵者沿袭中原旧制,因为就管理臣民而言,没有比这一套制度更好用的了。

七、什么是真正的对话?

熊培云: 去年除夕,正好RER线部分罢工,在站台上与一位老巴黎聊天,我想讲点抱怨的话。猝不及防的是,这位朋友知道我来自中国便满嘴跑坦克，勾引我回忆那个兵临城下的年代。中国的文学与哲学，大团圆无数，而历史却几乎全是悲剧，只在悲剧中团圆，"初闻涕泪满衣裳"。

在法国，我们看到对话、辩论是人们日常生活中的一道风景，譬如朱佩被判刑，媒体立刻有了讨论。去年，法国卫生局长Lucien Abenhaïm因为热死人的事件引咎辞职，数月后出了本书，就此事件进行了检讨，这种官场文化是很值得中国人学习的。中国的官场文化，是有官场，无文化；有技术，无科学；书里讲马克思，书外讲马基雅维里。在西方，沙龙也比较多。希拉克一直在号召政府与社会各界加强对话，您认为对话二字，最重要的内涵是什么？

程抱一：必须要有对话，积极地对话。你和我谈话，假如你不自由，我不能学到什么东西。相反，辩论、对话，是在绝对自由的状况下的主际对话，我们之间所产生的东西永远是高于我们自己的。真正的三，首先是二的关系。我们对话，假如都有诚意，绝对是把我们最好的东西拿出来。对话之前，好的东西各自藏着，对话之后，好的东西不但发挥出来，而且可能会发生质变。一个人身上有着绝对的真，但要通过真与真的交往、交汇，才能达到提升的地步。创造者也一样。我写小说，贝多芬写音乐，凡·高画画，都是在与天地对话。真与美都是在交往的状况下达到更高的境界。只有这个境界我才会心悦诚服，因为它是从我这里出发，又高于我本身。真正的美，只有在主际之间才能被启示出来，才具有真正的价值，所以二是十分必要的。民主制度与法治即是保持这个二。中国现在也讲法制，由于立法与执行没有分开，仍是一，没有二。二的问题，中国一定要面对。不管是从科学、道德、思想、哲学，还是从社会制度上讲，二都是必要的。目前中国基本上是朝这个方向走，怎么走，是个时间与代价的问题。

八、中国怎样对话世界？

熊培云：历史上所有的文明兴替，都与其同外界的对话程度和方法有关。回顾中国近现代历史，以闭关自守追求和谐所得教训不可不谓惨痛。如今，"后殖民主义"和"文化帝国主义"等词语渐渐唤起各国对"软霸权"的警觉。法国汉学家弗朗索瓦·于连曾向中国知识界呼吁，中国知识界应该站在中西交汇的高度，用中国概念重新诠释中国传统思想，不能继续被动接受西方思想，否则中国思想传统将会被西方概念淹没，成为西方思想的附庸。与此同时，伴随着中国经济力量的上升，国内掀起了极端民族主义的新浪潮。二十一世纪，中国如何在对话中面对传统与世界？

程抱一：当选法兰西院士后，当我走在街上，常有法国人突然把车停下来，向我问好，说法国为你骄傲。我当时有些迷惑，后来知道骄傲有两层意思：一是他们为自己国家接纳了远来的人骄傲，二是为自己的文化能吸收他人带来的精华而骄傲。于是我想，一个人与一种文化的伟大，是以它的开放性来衡量的，而不是保护僵死的国宝的问题。法国有成语讲：如果蛹只知道照镜子，永远不能成为蝴蝶。生命的提升与超越，只能通过不断交流才能产生，若是自己在房子里照镜子，永远也不能超越。很多人以为，受外来的影响会失去自己的灵魂，这种担心是不必要的，因为我们每个人都有自己的灵魂。相反，只有更丰富自己的灵魂才有意义，否则，它也不会有什么意义。比如你和一位西方圣者谈话，怎么会失去你自己的灵魂呢，相反他的光照只能发扬你生命中最好的方面。如果你身上有点光的话，也只会发扬他身上最优良的一部分。如上面所说，只要这种对话是平等的，我们便能获得对方最好的东西。如果没有这种高度交流，我们可能不知道什么是自己优良的一部分，甚至会把卑下的一部分当作最好的。我们只有从那种本身具有高度要求的眼光中，才能看出自己境界最高的一部分。

几十年来，我和西方对话，一是不要有限制，二是要和最高层次对话。中国的文化，在我和西方对话过程中，只会得到发扬，绝不会减灭。灵魂、民族魂绝不会因为对话而失去，中国文化达到最灿烂的时候，是跟佛教交接后取得的。

九、复兴与危机

熊培云：2003年，通过互联网这个平台，中国民众参与改造社会的热情与积极作用已初现端倪，公共知识分子也逐渐找回其社会担当的角色，您对国内知识分子之于中国未来有何评价？本世纪中华文明"复兴"是否可能？

程抱一：指望很高。1998年，我回国一个月，一直在北大讲五十年代以来的西方思潮。我感觉国内对新东西很敏感。许多抽象的名词，他们都能理解。应该说，中国文化有一种潜力，也有一种吸收力。只要愿意做，还是能把西方好东西搬来的，中华文明复兴完全可能。但也有问题，比如现在有些艺术家，到了西方后，说还搞什么文艺复兴，你画几笔不就可以了。我说你一定要到意大利去看，那是源头。中西交流，若只追求快熟可用，得到的可能是最庸俗、最下层的一部分东西。就像外国人买中国书法，一团糟，什么都要，因为他们本来也看不懂。

熊培云：是不是说西方也在堕落？譬如说去年夏天法国热死老人的灾难，一定程度上也与家庭伦理危机有关，老人的生活全丢给了社会与福利，子女们都忙着罢工和度假了。

程抱一：目前西方也处于堕落的状态，但西方底子大，虽然价值混乱，神圣和高贵的东西还在，至少还没有堕落到破产的地步。因为它也有危机，所以，各种文明之间互相发掘很重要。应该说，西方交换时，很理智，知道哪些要学习，哪些要发扬。比如巴黎最近的孔子展览，西方人看到，啊，原来我们现在最需要的是伦理，但警醒之后，并非完全拿来主义，而是尽可能从自己文化中去发现。我们的优良传统被抛在一边，有些东西应该把它拿回来。中国神圣的东西没有了，从前可能有些大境界，现在已没有东西可以替代，这是一个危机。此外，现在许多工程和生产不受制约，难免将来也会有物质危机。

最后要说的是，不管什么事，都要经过一个人去做。对真理与美恶的思考，都是在一个人的脑子里进行的。每个人还是可以做很多事情，到了时候，总会显现出来。比如玄奘，此前也有很多人去印度，没弄出什么东西，可是到了他，时候到了，也由于他的毅力，就行了。

熊培云：平平淡淡地生活，一天一天地殉道。但凡坚定一个信念，一代代努力，中国必得幸福自由。

2004年3月

补遗

识时务者为俊杰
——谈我们如何参与时代命运

各位老师，同学们，下午好！

今天是记者节，却没什么好庆祝的，我的一位在北京工作的朋友因为编发一篇讨论岳飞的稿件，刚被停了职。

开场之前，我想先谈一段我在欧洲的采访经历。

去年春天，我还在巴黎大学读书的时候，有机会采访法兰西学院院士程抱一先生。程抱一先生在法国取得了卓越的成就，年近80岁，那天我们聊了三四个小时，随后我整理出来近两万字的评论。印象最深的是在访谈开始时抱一先生的一句话，"别看你是记者，我是院士，如果你只是听我说，我就很吃亏，没有收获。"

抱一先生是位智者，他的意思是：我们两个人是平等的主体，要在身心自由的前提下进行交流。只有这样，我们才会把内心最好的东西拿出来，我们最后得到的东西，必定是大于我们两个人的，这就是抱一先生说的"一加一大于二甚至等于三"。相反，如果我们的交流只是以说服对方为目的，最后的结果可能就是"一加一小于二甚至等于一"。

所以，今天我到南开来做这个讲座，只把它当作一个"自由交流"的平台，既想尽情地表达我的思想，同时希望多听到一些母校师长及同学们的思想与主张。

首先感谢李院长和何主任的这个安排，让我来谈时事评论。上个月，我在北京大学讲如何办一份好的政经杂志时提到四个关键词："责任、希望、新闻与思想"，在中国政法大学我又补充了一点——"识时务"。今天，我希望能更深入地谈谈什么是"识时务"。我想，所谓时评就是"识时务"，"识时务"既是过程，也是结果。我相信"参与一个时代的书写"，最关键处就是要"识时务"。

现在，国内的时评写作与平台建设的确有大进步。不久前，《东方早报》的朋友给我发了一份全国媒体时评版的编辑名单，我很惊讶，出国几年间，国内几乎各大城市或多或少都有报纸开辟了时评专版。当然，天津除外，天津这个地方的媒体比较特立独行。

今天我讲"时评"，想分两部分来讲，一是"时"论，二是"评"论。讲我们正处于怎样的时代以及我们该以怎样一种态度来推动中国的进步。

首先我讲"时"论。

回国后，一位在报社工作的朋友请我吃饭，谈到他做的一篇新闻。大意是有一个安装卫星天线的公司，给小区装卫星电视。他进行了暗访，发现能看成人台，于是带执法人员去把这个"黄窝"公司给端了。

听到他这样做新闻，我很生气。为什么呢？我认为一个新闻工作者要有很强的时代感，要知道中国正在往哪条路上走，已经取得了哪些成绩，还有哪些问题要克服。中国社会正在走向开放，与世界接轨，媒体应该尽可能走到时代的前列，而不能帮着做封闭社会的事，拖社会进步的后腿。大家想一下，看卫星电视与上互联网有什么区别？互联网上有黄片，为什么没人端掉？既然我可以在家上互联网，那么我就可以在家看卫星电视，看法国电视五台。

我们常讲言论自由，言论自由的第一步，是选择倾听他人言论的自由，接受信息的自由。我讲互联网对于中国的改良是革命性的，也是史诗性的，正是基于这一判断，互联网拓展了中国人的信息来源及接收信息的自由度。中国需要从生活与经济入手救赎政治，在日常生活与经济交往中完成社会改造。所以我说，你默许自己一份自由，中国就前进一步。

在欧洲的游历，让我坚定了一个看法：任何心存希望走出苦难的时代都是伟大的，生活在我们这个时代的中国知识分子因此也是幸运的，当然，前提是你想有所作为。因为从很多方面来看，我们更像是生活在法国十九世纪的伟大转型之中。在这个时代，法国出现了夏多布里昂、雨果、巴尔扎克、司汤达、福楼拜、左拉等光辉的名字。相反，今天的法国，已经略显平庸。不久前，我和中国前驻法大使吴建民先生聊天。他和我谈到一件事。一个法国朋友对他说："我们气色不好，因为我们为明天忧虑；你们气色好，因为你们总觉得明天会更好。"换言之，欧洲人害怕明天会失去现在的幸福，中国人希望明天得到他们今天的幸福。一个为明天忧虑，一个为明天奋斗，精神状态似乎不在一个层面上。

当然，改良也有自己的悖论。

春秋时期，宋国大夫戴盈之有次和孟子谈治理。孟子谈到了民生疾苦，希望政府减免苛捐杂税。戴盈之也承认了这一事实，但是他说，真正取消捐税今年还不能实现，要到明年才行，今年只能够减轻部分捐税。孟子听后，便给戴先生讲了一个故事：

有这么一个人，每天都要偷邻居家的鸡。有人去劝告这个偷鸡贼："偷盗行为是可耻的，从现在开始，你别再偷鸡了。"偷鸡贼听到后却说："好吧，我也知道这不好。这样吧，请允许我少偷一点，原来每天偷，以后改为每月偷一次，而且只偷一只鸡，到了明年，我就不偷了。"

这个偷鸡贼的故事，有点像是在讲我们这个时代，我们称之为"转型期"，一个以改良为主要特征的大时代。它很诡异，诡异就在于时代思想与行为存在着某种程度的分裂，我们这个社会的所作所为，就有点像上面讲的偷鸡贼。当然，上面只是一个寓言，并不是所有的偷鸡贼都不能立即从良。但是，治理国家不是个人道德改造，社会不是人，它很复杂，有很多利益，盘根错节，不是意识到不该偷鸡便可以不偷了。所以，考虑到社会群体的复杂性与人类进步的渐进性，我想，我们目前的改良大体上仍是好的，虽然有时琢磨起来会让我们痛苦不堪。

改良不同于暴力革命，改良是建立在尚可忍受的痛苦之上，至少是朝着一个可期的好的方向走。当然，改良最重要的是必须坚守已经取得的成绩，步步为营，你给了我餐桌上的自由，就不能再拿走，你答应一年偷一次，就不能改回一月偷一次。如果政府承认老百姓的房子"风能进，雨能进，国王的卫兵不能进"，那就应该制定物权法，将它落实下来。改良不会完美，但是我们希望它每天都进步。

至于我为什么反对历史上所谓的革命，是因为我们在历史中见证了无数这样的场面：面对偷鸡贼，有人怒不可遏了，拿刀将偷鸡贼的两只手都给剁了，偷鸡贼从此不能偷鸡了。但是呢，那些拿刀的人竟然成群结队，从此光明正大地去偷鸡了。历史上的这种荒诞，对于渴望自由幸福生活的老百姓来说，无论是智力还是热情，都是一种羞辱。所以我说："革命从未成功，改良仍需努力。"

我在巴黎大学做论文，其中谈到了革命专制与君主专制的区别。当然，要明确的是，专制是坏东西。但是革命专制比既有专制的危害通常要大得多。我把它归结为直径和半径的区别。下面两个图分别是白色恐怖与红色恐怖，图一中，圆心a代表中央权力，王权专制是从圆心a到圆周b，是条半径；而图二中红色恐怖却是首先暴力夺权，从圆周c到圆心a，然后再实行革命专政，从圆心a到圆周b。即整个路线是从圆周c穿过圆心a再到圆周b，它带来的恐怖或灾难是一条直径。当然，从长远讲，革命有时也会带来好的东西，但是它的灾难性、破坏性的确是无比巨大的。也正是这个原因，我们更需要从理性上建设国家，进行改良。

我讲要改良，那么我们朝着什么方向改呢？我的答案是走向开放社会，同时建立各种联系，使社会从星状体走向网络体。

谈到法国大革命，英国思想家爱德蒙·柏克当时提到一个问题：一个帝国为什么会在一夜之间坍塌？柏克的回答是，因为君主为了实现统治切断王权之外的所有社会纽带，当危机来临时，没有任何纽带可以支撑它，于是整个社会一盘散沙、土崩瓦解。从我们今天理财的角度上来说，帝国就像是一筐鸡蛋，把它装在一个篮子里显然是危险的。

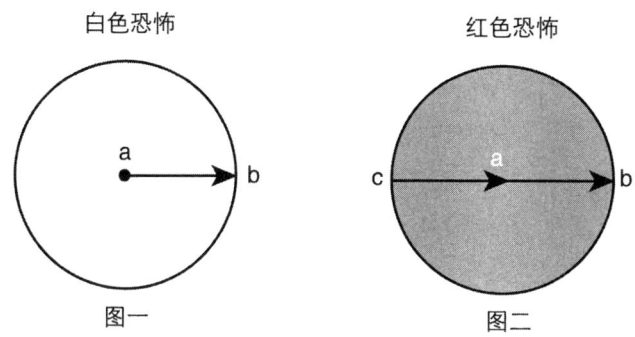

关于这一点，法国思想家圣西门也有相同的醒悟。和同时代的知识分子一样，圣西门曾经为法国大革命的一败涂地苦恼不已。革命没有给法国带来预期的结果反而在血流成河中重新回到了专制。那么，怎样让社会成功转型而不再发生流血呢？圣西门当时想到的办法就是建立各种各样的网络。当然，这是广义的网络，包括完备的银行系统、公路系统、铁路系统、NGO等等。换句话说，通过建立工业社会的各种网络，救赎极权政治，同时尽最大可能保障社会安全。

毫无疑问，近三十年的改革开放，中国取得了前所未有的成绩。成绩从哪里来，当然是改革开放。改革开放做什么，从本质上讲，就是建立各种各样的网络。所谓"与世界接轨"，也可以理解为一种网络上的接驳。近些年，西方人热衷于讨论"风险社会"，我想，建立完备的网络体系，是分散社会风险的最好办法。

我们还可以看下面这组图，这是我昨天刚画的，都是二十根直线。图三二十根线围着一个中心点，是一个星状体，图四是横竖十根线垂直相交，有点像是围棋盘。

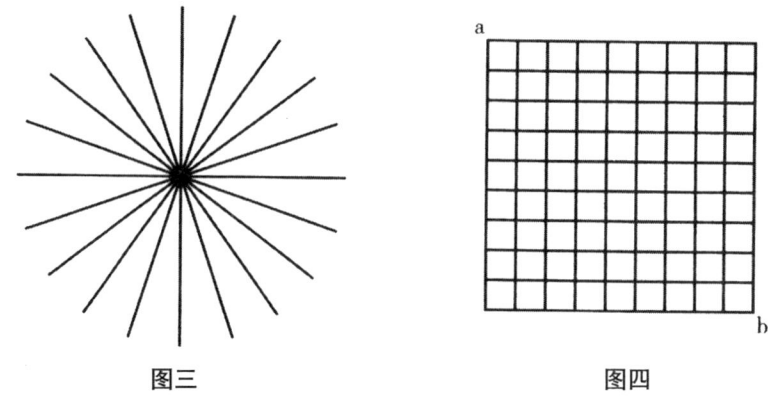

图三　　　　　　　　　　图四

图三我把它比作一个封闭的社会，任何一个端点与其他端点建立联系都要通过中间这个点——权力中心。在这种格局下自我实现或社会救济的道路只有一条，如果中心垮了，周边的任何一个端点都不能互相抵达，简单说，不能互救互济，体制崩溃，社会同时也瘫痪了。而图四（画成球体可能更准确些），交汇点明显增多，任何两点之间的断裂都不会影响全局。昨天，准备这个讲稿时我想知道从左上角的a点到右下角的b点有多少条路线可走，我数学不是很好，于是找来了数学博士、硕士，还有一个拿过数学竞赛奖的学生帮我一起算，几个小时也没算出来，都说太复杂，路线太多了。当然，在这组模型中，精确的结果并不重要，重要的是我们知道一个开放的社会在社会救济与价值实现方面有怎样的优势。

近两三年间，时评以"公民写作"的姿态攻城略地，可被视作中国新闻界或者思想界的标志性事件。它可以上接到八十年代的新启蒙运动。但是背景与八十年代又有所不同。这主要体现在两方面：一是广义的传播得到了充分的发展，比如全球化、经济一体化、互联网的兴起；二是中国的改革已经进入细节，八十年代更多的是观念或意识形态之争，如清除精神污染、反对资产阶级自由化以及有关《河殇》的争鸣等，而九十年代以来，从产权改造到立法讨论，从"共赢"的提出到江泽民的"七一讲话"，以及胡锦涛关于台湾和日本问题发表的"和则两利，斗则俱伤"等立场，我想中国政府通过改革开放、积极融入世界，从共产主义渐进到"共生主义"的大脉络应该是清晰的。这种清晰同样表现在公共事务上。举例说，今年夏天关于《物权法》草案的大讨论，便是在政府鼓励下进行的，和以前"关门立法"相比，是个进步。而且，在一些有识之士的推动下，立法观念上也在进步，比如江平先生的开放式立法与人道主义立法渐渐得到了大家的鼓励和支持，也取得了成绩。

当然，改革过程中，也出现了许多问题。巴黎和美国的华人朋友和我谈得最多、也最担心的是中国社会的"犬儒化"，犬儒主义流行，说回到中国后碰到一些大学教授只和他们谈装修和买车的事，不谈社会，不谈责任。

这种批评不无道理，也具有一定的代表性，谁都不应该在社会运动中当逃兵，因为"你不关心政治，但是政治关心你"。人在社会之中，是无法逃避政治的。理论上，每个人都应该关心社会，这不只是知识分子的事。两年前孙志刚事件给我的最大触动是：一个人的幸福，仅靠个人奋斗是不够的。如果没有社会在政治、经济、文化、法律等方面的整体性推进，个人的幸福是可疑的。所以我说，要每个人都来奋斗，将每个人脚底的钢丝结成网，抑制风险。

但是，我们不能停留于一味指责他们。我们要学会乐观地观察事物，必要的时候，不妨进行一些"积极性误解"。所谓"积极性误解"，不是浅薄的乐观，不是阿Q式的社会关怀，而是从人的行为的客观效果上谈一个社会的进步。面对中国的没落，胡适曾经引用易卜生的话说，"有时候我觉得这个世界就好像大海上翻船，最要紧的是救出我自己。"这种自救看起来很自私，但是，有时恰恰是这种只顾自救的小私的"跳蚤"，长出了天下大公的龙种。

按以赛亚·柏林的区分，自由分两种：一种是消极自由，另一种是积极自由。关于这一点，几天前我和何教授有过交流，何教授说消极自由是"不说"的自由，积极自由是"说不"的自由。这个归纳很好。进一步讲，无论是积极自由，还是消极自由，不但不矛盾，而且可以互为基础，互相促进。一个社会，如果每个人都能争取到货真价实的消极自由，那么真正的自由也将是水到渠成的事。所以问题不在于人们是否自私，而在于自私得是不是彻底，从世界中将自己打捞出来，别人侵犯你的权利时，是不是有底气为自己撑腰。事实上，任何公正的契约，无论是国家之间、个人之间，都是在充分自利的情况下进行的。

前不久我参加中欧文化论坛，有不少中国学者到会，和他们一桌吃饭时，我就有些不适应，因为我听到的是千篇一律的悲观话，而且他们互相附和。法国作家于连·格林讲："一切悲伤皆可疑。"在我看来，这些教授的悲观也十分可疑，一方面我们要反观自己的内心，是不是在积极地做事情；另一方面，要明白对于一个社会来说，悲观是个圈套——我们每个人都是社会环境的一部分，你多一份悲观，这个社会就多一份悲观。从这个角度上讲，心怀希望也是一种责任。

当然，我不是一个盲目乐观的人，我愿意通过理性的分析看到事物积极的一面。我要说的是，今天的中国，比八十年代有一个大进步，而且这种进步是脚踏实地的进步，是不停留在理想主义或浪漫主义层面的进步。简要地说，八十年代是群体争民主，波澜壮阔，最后功败垂成；九十年代是个体争自由，润物无声，暗度陈仓。当然，这也是在八十年代意识形态解构基础上的进步。我之所以说这是一种脚踏实地的进步，是因为我坚信自由价值优先于民主价值。自由是个体权利，民主是群体权利，没有个体的自由，就不会有真正的群体的民主。另外，我们看到，西方国家大选时，常常有百分之二三十的选民放弃投票的机会，而对于自由，却没有一个人公开或主动放弃，除非他神经不正常，是受虐狂。

所以，我把九十年代以后的中国社会的特征概括为"背对主义，面向自由"。有人讲，那你这是不是自由主义者？我说我不是可能有人不信。我看到网上喜欢我文章的朋友在博客上将我归类为"自由主义者"。我想说的是，在李敖跑到北京大学宣布放下自由主义之前，我早就放下了。这个道理我在一年多以前已经在网上和一些自由主义者讲过。事情的起因是这样的：我在关天茶舍认识了成都的王怡先生，王先生很有才情，做事也很坚决。有一天，他在茶舍发帖子表态要做一个自由主义者，我就此回了篇帖子，指出：要自由，不要主义。理由是，自由一旦变成主义，思想的鸟笼就编好了。我们不应该将自己归类于某种主义，而是将不同的主义以知识的方式归类于人，在不断地证伪中解放自己。如果我们笃定信奉某种主义，难免会变成主义的律师，时时为它做无罪辩护。于是观念的主人变成观念的仆人，背离求知与改造社会的初衷。所以我说，人要为追求真理而献身，而不是为真理献身。追求真理的主体仍是我们自己，我们应该为我们自己的理想、事业、行为献身，而不是一个真理的教条。后来的讨论中王怡说"要争夺青年"，我的观点是这样夺来夺去其实也是对青年不尊重，最好的办法是让青年自作主张，无人可以争夺。让每个人都属于自己，再谈其他的才有意义。我们这代人要做的，其实最重要的就是抢回我们自己。

如卡尔·波普尔所讲：我们是通过知识寻找解放，而不是通过某种主义寻求解放。在世界思想史上，有两个人影响了我，一个是英国的卡尔·波普尔，另一个是中国的胡适，我认为他们是真正懂得自由与时势的人，是真正识时务的俊杰。

今天演讲的题目是"识时务者为俊杰"，有些朋友可能不理解。这句话我们在电视或小说里经常能看到，被用得十分狼狈。在电视里，当我们听到这句话时，所看到的画面通常都是一个叛徒在给刚被抓到的地下党做思想工作，所以我现在给你们讲"识时务者为俊杰"，躲在门外偷听的人可能以为我在用钢丝床哄骗你们这些"地下党"投降。

然而，事实上呢，"识时务者为俊杰"这个成语典故最早是用在诸葛亮身上。据《三国志·蜀志·诸葛亮传》记载，刘备当年满世界找能人志士，和他一起去打天下，流落到荆州，后来被蔡氏兄弟追杀，飞跃檀溪，逃到襄阳的水镜庄。水镜庄里有个著名隐士司马徽，人称"好好先生",又叫"水镜先生",意思是"心如明镜",很会鉴赏人才。当时的诸葛亮、庞统、徐庶等人都曾经向他求学问道,研究东汉如何实现暴力转型。

刘备呢,求才心切,要求司马徽谈时务。司马徽很谦虚,就说:"儒生俗士,岂识时务?识时务者在乎俊杰。此间自有伏龙、凤雏。"意思是说,我不过是个社科院的,哪懂什么时务,识时务者为俊杰,这里的俊杰有卧龙、凤雏两人。这里的卧龙是指诸葛亮,而凤雏是指庞统。后世以"识时务者为俊杰"来指那些认清形势、了解时代潮流者,才是杰出人物。孙中山后来讲"世界潮流,浩浩荡荡,顺之者昌,逆之者亡",讲的也是识时务者为俊杰。

我讲现在的时务就是从一个封闭的社会走向开放的社会。有人讲,中国的传统很封闭,这点我并不完全同意。从骨子里讲,中国人是具有开放精神的。比如说中国的"天下主义",事实上"民族国家"这个概念在中国落地也只是近代的事。前几天我无意中翻开《诗经》,发现"呦呦鹿鸣,食野之苹,我有嘉宾,鼓瑟吹笙"这句诗很值得回味,在这里,自然与人,人与人,彼此都有开阔的心胸,都愿意互相接纳,所以我说这句诗是一幅关于开放社会的壮丽的人文风景。

有人说老子是个自由派。但是,老子主张的是在一个封闭的社会里自由自在。"小国寡民",这是典型的封闭社会。《道德经》第八十节这样写道:小国寡民。使有什伯之器而不用;使民重死而不远徙;虽有舟舆,无所乘之;虽有甲兵,无所陈之。使人复结绳而用之。至治之极。甘其食,美其服,安其居,乐其俗,邻国相望,鸡犬之声相闻,民至老死,不相往来。但这是一个真正意义上的封闭社会吗?老子讲人至老死不相往来,可是为什么会鸡犬相闻呢?既然鸡犬相闻,传播不就已经完成了吗?如果我们承认所有的开放都是通过传播来完成的,那么,老子能封闭社会吗?所以我说,走向开放是一种自然规律。我们现在搞封闭社会,搞"老死不相往来",连古代的鸡狗都懒得听你的，要隔着历史向你抗议。

我相信中国的多元化与开放是大势所趋，所以当那些搞儒学的教授、研究员建议把儒教当作中国的国教时，我坚持每个人都有自己的传统，争自己的传统就是争国家的自由。关于开放的写作，今年超级女声决赛第二天，《南方都市报》和《新京报》同发了我执笔的社论——《一个开放的社会必将前途无量》，网上反响十分热烈。有人说重新找到了九十年代《南方周末》"总有一种力量让我们泪流满面"时的激动、热忱与希望。香港与美国的媒体都立即谈到了这篇社论。然而，有意思的是，同一天，一篇很像是八十年代"清除精神污染"式的文章悄悄在网上流传，说超级女生是中国"颜色革命"的前奏，有些网民猜测这是有人授意探风的，但是，没有人响应它写第二篇文章。这说明中国人都很明白，都想清楚了，不想再为无谓的意识形态之争背黑锅了。要生活，是中国最大的政治。

我在上面分析了中国当下的时势。改革开放不到三十年的时间，伴随着全球化、网络化、跨国传播的发展及中国社会内部的产权革命，中国正在从一个封闭的社会走向开放的社会，这种前进虽然有时显得冗长缓慢，却是脚踏实地，步步为营，不可能逆转的。现在，全球化、经济一体化、网络化、国际法、全球治理、人权高于主权等关涉到开放社会的重要理念也正在被中国人接受。因此，我希望大家对中国的改造要有信心，即使将来出现某种意想不到的挫折，也将是前进中的挫折。从封闭社会走向开放社会是人类历史发展的大脉络。

现在我讲第二部分——"评"论。

首先做一个区分。我在前面"时"论部分讲的要"识时务"，是个眼力问题，现在在"评"论部分要讲的是立场，是个脚力问题。

我从1995年开始写作时事评论，曾经在报纸上开过几个专栏，但是整体上做得不好，不是我脚力不好，而是报纸脚力不好，不但不能引领中国进步，反而拖中国进步的后腿。当时报社领导讲了句流芳千古的话——"评论可以写，但不能有观点"。

当然，这样的评论比较难做。因为有没有观点不是我一个人说了算，还得取决于听众。蚊子在嗡嗡叫，谈不上要表达什么观点，鲁迅先生却说人家是在杀人之前搞演讲；一阵风吹过去，大概也没有表达什么观点，但是神经质的林黛玉却听到了风在哭诉。

我说中国媒体现在有进步，除了人心开放以外，还有一个原因是市场化。尽管现在还不充分，但是成果是显著的。比如说现在邀请我开专栏的几家报纸，不但有专栏评论，还有社论，彼此都在竞争。当然，这是朱学勤先生讲的看不见的手和看得见的脚并用的时代，大胆一点的编辑记者往往会因此失去工作，这是我们这个时代的不幸。

都市类报纸有自己的社论是一个大进步，这个进步尤其体现在社论作者队伍的多元化。至今仍有朋友觉得不可思议，一些报纸的社论怎么会找到远在巴黎的你来写呢？当然，这首先要感谢的是互联网，感谢MSN，传播改变生活。

相较而言，此前党报的社论，可谓千篇一律，大部分是转发《人民日报》或新华社的社论，偶尔也有本报所谓"政治高人"写的。这些社论的传播，就是一句唐诗，"忽如一夜春风来，千树万树梨花开"。这些梨花，不是以救济社会为特征，而是要统一思想。显然，这种上传下达，过手不过脑的传播方式不利于国家思想库的形成，不利于国家理性与人民理性的建设。

只有当我们站在这种历史情境之下，我们才能真正体悟到中国媒体今日的进步。而且，这种进步立竿见影。举例说《南方都市报》。南都评论部主任李文凯先生年轻有为，很有号召力。我在巴黎，文凯邀我写专栏时还附了一句话："南方都市报颇有些雄心大志，要刷新中国时评界的面貌，希望可以跟诸位共此征程。"

南都的确是份让人眼热心动的报纸。孙志刚案见报当天，南都配发的社论是孟波先生、《新京报》评论版现任主编执笔的《谁为一个公民的非正常死亡负责？》。

我在上面提到网络之于中国是"革命性的，也是史诗性的"，这在孙志刚案有所体现。事实上，2003年4月25日《被收容者孙志刚之死》一文当时并没有引起人们的关注，据说广州媒体也被立即告知"不得继续报道"。但是由《人民日报》主办的人民网在当天中午立刻以《谁为一个公民的非正常死亡负责》为题转载了《南方都市报》的报道。没多久，我们在Google简体中文网站上可以检索到四五万条与"孙志刚"相关的信息，一夜之间，眼泪洒遍互联网。

如果说评论是报纸的灵魂，那么社论就是要让这颗灵魂担起责任。我相信，真正有自我意识的媒体都应该有自己的社论，有纯洁的、仅属于这一叠新闻纸、代表这张新闻纸的真实立场的社论，真正做到以时评干预社会，改良社会。

写时评或社论，是书斋里的孤独演讲，演说者与听众彼此都看不见。有人会问，这个书斋演说者究竟应该保有怎样的态度，应该坚持怎样的立场参与社会呢？

关于这一点，我在《二十世纪流血，二十一世纪流汗》一文中提到过，这也是我逢人便讲的三个独立。

第一，要独立于威权与商业，不能受权柄或钱财的指使作违心之言，甚至颠倒黑白；换句话说，如果我不能行使积极自由，但至少要坚守消极自由的底线。

第二，要独立于自己过去的荣辱，所谓人不能两次踏进同一条河流，世间万物都在变化，我们不能因为有人惩罚过你或对你有所奖赏就在文字上进行报复或网开一面，否则就有损于一个写作者的公正立场；在评论上报恩与复仇，是对自己的轻视，对文字的冒犯。

关于上面的独立，在1932年胡适和丁文江创办的《独立评论》发刊词上亦有所表述，"我们希望永远保持一点独立的精神，不依傍任何党派，不迷信任何成见，用负责的言论来发表我们思考的结果：这就是独立的精神。"其所谓"不迷信任何成见"和我说的"独立于自己过去的荣辱"有相通之处。我们既要防范来自他人或历史的成见，也要防范来自自己的成见。

第三，要独立于民众，做到虽千万人，吾说矣。一个参与时代的书写者，应该忠实于自己的经历、学识与良心，而不是所谓的人民。事实上，每个人活得都不够纯粹，能够真正代表自己已是上天最丰厚的奖赏，我们何必贪心，代表一切？人——这脆弱的会思想的芦苇，有时更应该像大海一样坚定，不要因为陆地上人多而否定自己的汪洋海水。我讲人人都是思想家，人人都有自己的思想国，但媚众和专制一样，都会破坏一个人在精神上安身立命，在思想上立国。它可能不会夺走你的匹夫之勇，但会夺走你的独立精神。

以前我只讲这三点独立，独立很重要。如圣西门在《一个日内瓦居民给当代人的信》里所说，考察人类理性发展史，人类理性的所有杰作，几乎都要归功于那些独立思考同时又受到迫害的人。这句话的意思是，独立思考是艰难的，但却是最重要的，是它真正推动了人类的进步。

借今天的机会，我想再补充一点，即第四点，要学会自由交流。这就是我说的"在独立中思想，在思想中合群"。

不久前，我和法国人类进步基金会主席卡莱姆先生聊天，不约而同地谈到了衡量人类进步有两个关键词：一是自由，二是合作。我前面讲的三个独立，可以归类为自由，而自由交流，我更想将它纳入合作的范畴。

我把时评当作启蒙运动的延续。我十分赞同哈贝马斯关于启蒙的立场——既反对历史虚无主义对传统的否定，又不放过对现代性的各种弊病的批判。现代性是一项未完成、需要不断完善、不断更新的事业。甚至如贝克所讲，现代性才刚开始。但是我认为启蒙需要重新定义。

康德说，启蒙就是人类摆脱自己加之于自己的不成熟状态。所谓不成熟状态就是：我们在需要大胆运用自己理性的领域时却接受别人的权威。康德举了未成熟状态的例子：有本书能代替我理解，有位牧师能代替我拥有良知，有位医生能代替我选择食谱。这几个例子，不幸预言了此后启蒙运动何以陷入困境,即启蒙者大包大揽,争当牧师与医生。具体到中国,事实上,五四以来中国历史的分野,在胡适从《新青年》阵营出走时就已经注定了。胡适的主张是,"争你自己的自由就是争国家的自由,争你自己的权利就是争国家的权利。因为自由国家不是建立在每一个奴才上的。"然而,陈独秀认为真理在握,认为每个人跟着他争自由才能有自由,这种思维不论主观上多么进步,但是在客观上只会制造一批批的奴才。

为什么启蒙运动误入歧途呢?我想从"光"这个概念上做一些挖掘。

在法语中,启蒙是Lumière,英文是enlightenment,都是光明的意思。启蒙,不停留于指出黑暗,关键是要有光。谈到光的作用,我们不妨分析一下"匡衡凿壁"这个典故。

西汉时期有个经学家,名叫匡衡,他很好学,但是呢,家里很穷,没钱买蜡烛。邻居家夜里点蜡烛,但是烛光却照不进来。匡衡于是在墙壁上凿了一个洞,让烛光照射进来,借着那点微弱的烛光读书、做笔记。

这里值得研究的是,这些光有什么意义?显然,匡衡挖了一个小孔并不是要看那根蜡烛,而是利用这些光来看别的东西。假如匡衡凿壁只是为了偷看邻家的烛光,就不会传为佳话,匡衡大概也不会有什么作为,他在历史上将不过是个籍籍无名的"窥光癖"。

我之所以解构这个故事,是想说明老百姓需要光明,但只是拿它当工具用,借助光明来理解世界,而不是奉作神灵,把自己一辈子都浪费在墙上的那个破洞里面。他们要用这些光去照书本上的字,照亮他的前程,而不是去信仰与膜拜。

然而,我们不乐见的是,中外历史上许多启蒙者都是以高于人间的姿态,俯视世界。他们自信真理在握,略作思考便可以为尘世开出包治百病的偏方。就像在黑夜里打手电筒,他们不是谦卑地把光打到远处,照亮道路、田野与山峦,让你自己判断该往哪儿走,而是对着你的眼睛照射，告诉你这就是你需要的一切光明。那一刻在你眼中，除了他们手电里射出的光亮外，你什么也看不见。这种现象，我称之为"在光明中失明"，那些被启蒙者此时不过是口喊"光明万岁"的木偶。它甚至不如我们在黑暗中伸手不见五指，至少你知道黑暗是存在的。

所以我主张，启蒙最重要的是自由交流，启蒙的真正实现，就在于每个人都有公开地、平等地运用自己理性的自由。

以上我说的几点，应该是一个书写者参与时代命运时所应该具有的品质。中国的进步需要中国人的人格独立，同样需要在人格独立的基础上自由交流，我把它视为一种思想上同时也是行动上的合作。我们的目的，就是要建设一个人道的、人本的、宽容的、进步的、每个人都可以自由思想的中国。如布莱兹·帕斯卡所说，我们的全部尊严就在于思想。

谢谢大家！

（根据2005年11月8日南开大学演讲整理）

初版代跋　把一生当作自己的远大前程
　　　　　　　——给朋友的信

尊敬的M兄：

　　谢谢你的长信，我读了好几遍，却苦于没能抽出整块并且宁静的时间来回复。虽然立即让J兄转达了谢意，但是几天来我心里一直惴惴不安。最近一直在忙一本思想史的译稿，由于作者催得十分紧，近一个星期我一直在没日没夜地补译注释。好在今天上午一切终于忙完，发给了作者，算是松了一口气。

　　几年前，我曾经写过一文，记述自己若干年来的心路历程。题记为"上帝热爱人类，让有理想的人分散在四方"。所以，当我读到你数千字的长信时，心中充满了感恩之情，直至现在，仍无法平静。我之所以心怀感恩，不只是因为你的夸赞与鼓励，更是因为在J兄的帮助下，我们这些有理想的人、这些在这个糟糕或伟大的时代同路的人、这些曾经孤军奋战的人能够无处不相逢，让人生这原本平凡而孤寂的程旅，顷刻间变得如此赏心悦目、光彩照人。

　　人生苦短，想做的事情太多，而能做的事情少之又少。上次我和J兄说，我能给自己最好的箴言，莫过于"爱我一生一事"。这"一生"，自然是我自己的"一生"，人应该为自己生活；这"一事"，对于我来说，就是献身于思想与文字。我从不讳言，对于文字我有着宗教一般的虔诚。唯有自由思想，才能让我们可以不依仗或畏惧权势。我相信我的文字及文字里所承载的思想是我所有力量与希望的源泉，是我现在也将是最后的安身之所。

　　谢谢兄在来信中着重谈到了"幸福与自由"，这是我所有文章里的灵魂字眼。我知道你是读懂了我的每一个字的人。

关于"什么是幸福",美国心理学家马斯洛曾经有过极其完美的阐述。和他一样,我相信,幸福只是我们在追求自我实现时的一个副产品。自由也是一样。那些以自由为人生终极目的的人是不会真正拥有自由的,因为他们时常为自由所奴役。相反,我认为人生才是自由的目的。换言之,我们是要"自由的人生",而不是"人生的自由"。因此,对于帕特里克·亨利所说的"不自由,毋宁死",我是不能完全赞成的。因为人生先于自由,必将远远超过了自由这个价值。所以,我时常提点自己"不自由,仍可活",提点自己不要过于在意人生的境遇和条件、苦闷于一个时代的"笼恩"。十几年来,我从乡村到城市,从城市到西洋,日日勤于生计与思想。我相信,人的一生,绝大部分机会都是我们自己给自己的。可叹许多人,从来不曾给自己这样宝贵的机会,只顾人云亦云,唉声叹气,全然忘记自己积极行事的意义,忘了自己是环境的一部分,忘了中国正在一点一滴地进步。所以在这里我愿意重复我时常说的两句话,"你多一份悲观,环境就多一份悲观","你默许自己一份自由,中国就前进一步"。

我们该用一种什么样的态度来对待周遭的一切?对于个体的人,自然要坚持人道主义底线。如多恩诗云,"没有人是一座孤岛,我们都是大陆的一部分"。然而,对于社会关系、契约等元素,采取一种"工具主义"的原则却是极为重要的。如你所知,人与动物的一个根本区别就在于人会制造和使用工具。换句话说,任何人际关系、社会契约,都是人类所制造的工具的一部分。然而,为什么有许多人会陷于工具之中,最后完全迷失了自己呢?为什么他们会把工具当成了自己生活的全部呢?譬如说,有些人为了谋得一个职位,抛弃自己生命里最真实需要的东西;有些人会因为在社会中无以生存,而最终走上自杀或自暴自弃的道路。然而,假如一个农民买了一把锄头回家,当他发现这把锄头并不如其所愿,不但不能锄草,反而砸肿了自己的脚背,在他备受挫折之时,他会不会因为这把锄头而否定自己人生的意义呢？如果不是这样，为什么同样是面对工具，会有那么多人陷于社会关系、契约之中，最终否定自己的价值与人生呢？因此我说，人可以制造和使用工具，也可以更换工具，这是我们可以拥有积极人生的一个大前提。

如果说当下的我还有些超脱，我倒是倾向于认为这是因为我有另一个自己，他独坐云端，观照着我的过去、现在和未来，时刻提点我不要因为和其他孩子抢粮食或炫耀抢来很多粮食而浪费自己的时间。所以我说，即使在今天，当人们慨叹上帝已死、世道崩溃，并且纷纷自况"万念俱灰"时，我却看到时间没有崩溃，并相信生命是靠得住的。我们仍然可以因为拥有自己的这一份独一无二的时间而拥有神明。事实上，这也是我在文字之外能够获取无穷力量的另一个源泉。当然，我这里讲的神明，并不是中国人讲的"举头三尺有神明"；而我之所谓"放弃"也并不是那些躲在深山老林里的智者们所说的"舍得"，那不是我想要的生活。生命的本质是时间，生命的意义在于创造，我珍爱时间不过是想借此获得更多机会去创造罢了。同样，遁世的观念是于世无补的，更不值得赞美，这个世界并不会因为有人简单地放弃自己的权利而变得美好。若没有《论公民之不服从》，梭罗的瓦尔登湖及其湖畔木屋也会顿失光彩。

我常在想，生活于我们这个时代的人是何其幸运！今日中国上下，承千百年来之沉郁与坎坷，正在积极转型。这是一个充满危机的时代，一个充满希望的时代，一个大有可为的时代。很庆幸我们的社会承认了作为个体的人的欲望，并且着手在此基础上重建一种关乎人而非神鬼的传统。我们因此有了许多机会满足自己的欲望，或者说实现自己的理想。每个人都有一个自己的思想国，既拥有关乎自己的全部主权，又能够开放心灵的边界。如你所知，只有个体的欲望被承认，他才有被尊重的可能，因为"有尊严地活着"同样是我们的欲望的一部分。没有真实的个体的欲望，我们也不可能订立持之有效的真实的契约。

在欧洲读书、写作的这几年，同样是我的心灵与思想得以提升的重要的几年。我对自己充满了感恩之情，是我给了自己机会，走出原来生活的磕绊，开始一心一意做自己最重要的事。我相信，一个民族要想获得持久的创造力与生命力，就要不断地有人从旧有的生活方式与仪式之中解放自己。如人所忧，人生可能毫无意义，但是，倘使我们可以自由选择自己的人生，它一定意义非凡。所以我希望，我们每个人，所有抱持平凡而高贵之心灵者，要积极地做自己想做和能做的事——把一生当作事业来做，把一生当作自己真正的远大前程。

然而，我并不认为，自我实现需要有一种与现实或过去决裂的姿态。我的心地平常而宁静，是因为我有一个信念，二十一世纪将是一个和解的世纪。

当然，和解必须满足两个条件：一是自由，二是合作。没有自由前提的合作，只可能是一种弱肉强食的吞并。在此基础上，人必须有自己"合法的偏见"（伽达默尔语）或"合法的隔阂"。人有隔阂未必全然是坏事情，因为它有利于我们保持某种独立的情怀，正因为如此，我们要尊重异己的自由。从政治传播学的角度上说，世界历史上所有大一统政治与思想灌输，都具有某种"传播乌托邦"的性质。

在《源泉》一书中，作者安·兰德借主人公爱德华·洛克之口辩护说，一个人赤裸裸地来到这个世界，并没有尖牙和利爪，也没有犄角触须和强健的肌肉，大脑就是他唯一的武器。所以，洛克说，"人世间首要的权利便是自我的权利。人类首要的使命就是对自己尽职尽责。""我们可以将一顿饭分给许多人来吃，我们却无法在一个集体的胃里去消化这顿饭。没有一个人能用自己的肺来代替别人呼吸。没有哪个人能用自己的大脑代替别人去思考。"所以说，我们使人类社会长久不衰的唯一法宝，就是我们能够独立思想。

与此同时，我们也知道，一个人，既要守住自己心灵的边界，同时又要有开放的思想。以独立为唯一目的而不谈合作的人类是没有前途的。众所周知，任何生命必然拥有一个开放的系统，任何拒绝食物的人、自我封闭的国家都会失去自己的活力,走向衰亡。即使是受到人们赞美的瓦尔登湖边的梭罗,也要回到社会与人交往。

如果我们愿意以更宏大的眼光来回顾历史,不难发现:无论是个性解放,还是民族独立,我们都可以把它视作个人或者群体对自由与独立的争取。但是,仅仅争取自由、独立是不够的,因为独立与自由都不是我们人生的目的。古往今来,人们争取迁徙自由,但迁徙自由并非是我们人生的目的。我们之所以要争取这个自由,是为了更好地成就我们自己,更好地交往,借此获得一种持久的创造、有保障的幸福。

自由不是孤立主义,它应该在平等基础上走向一种合作或者和解。正因为如此,我们看到象征孤立主义的柏林墙的倒掉,看到二十世纪战火连天的欧洲与东亚国家,在国家纷纷独立自由后,重新回到了谈判桌上,谋求共同的利益和共生的繁荣。从世界大政治来说,如果说二十世纪我们着重解决主权自由问题,那么二十一世纪则要着重解决主权合作(让渡)问题,使世界获得可期的成长。全球化、欧洲国家边界开放、全球治理等观念的流行,无一不在昭示:从个体而言,人唯有自由,才可能激发潜能、有所创造;从群体而言,唯有走向合作与和解,人类才可能真正拥有一个美好的未来。

尊敬的M兄,我在这里给你写这封信,更愿意把它当作《思想国》一书的后记。我愿意借这一角书页,表达我对你,对J兄以及许多默默支持我的亲人与师友们的谢意。

感谢我的家人,尤其是我的妻子和女儿,是她们不辞辛苦,陪我在苍茫暮色中寻访罗曼·罗兰的故里与墓园。

感谢我的中学班主任金程鹏先生与南开大学的刘泽华先生,他们给了我慈父严师般的教诲,鼓励我竭尽所能、辛勤思想;感谢我在巴黎大学的两位导师Lucien Sfez和Pierre Musso先生,我在传播学研究上的一些领悟与方法,很多都是受益于他们的启迪;感谢巴黎的陈彦先生,他为我在巴黎的生活与思考提供了热忱无私的帮助。

感谢本书特约编辑、曾经为《山坳上的中国》熬了九天九夜的许医农先生。自叹"出入百家之门，自己无家可归"的许老今已七旬，她为本书的编辑提出了无比宝贵的意见。许老之于生命与思想的激情，之于工作的细致与严谨，足以让我仰望。

感谢秦朔先生为《思想国》作序，感谢我在《南风窗》工作的师友，是他们在我游学为难之际，伸出了援助之手；感谢南方报业和新京报社的朋友，相信未来中国将会记住他们在推动中国社会建设与公共空间转型过程中的种种挫折与努力。

感谢这些与我盛开在同一时代的花朵，感谢所有与我共此征程的时代同路人，之于你们，我将始终如一地，心怀温情与敬意。

熊培云

2006年4月于北京

初版编辑手记

许医农[1]

今天开始审读熊培云的书稿《思想国》。阅稿前先打开何江涛送稿来时留下的那本二月上半月《南风窗》卷首的"窗下人语"——《吾民吾国,上下求索》,想看看这位文化界知名度甚高、我却无缘结识、一无了解的先生笔底春秋会给我什么样的"第一印象"。没想到这篇不到1700字的短文竟如此打动了我!忍不住立即给他挂了电话,为此文"含金量"致敬、致谢!

我和我的关注国运民瘼的学界、文化出版界的朋友们,谈及现实民间疾苦总是满怀"激愤",乃至"绝望"。可是,熊培云的笔底华章却给了我——也当给所有读者另一种启悟:

其一,他的"和谐社会"解。

从高尚全"和谐社会"解入题:"和"字一"口"一"禾",表示"人人有饭吃";"谐"字人"皆"有"言",表示"人人有话说"。指出:"和谐"解构,不只是一种构词法上的巧合,更体现了转型中国的时代诉求,即妥善解决"民生问题"与"民主问题"。

其二,他的"开放社会"解。

剖析当今中国作为一个"渐次开放社会"是一个"同心不同德"的社会,因为,人人在向往自由幸福的同时又各有自己内生的不同道

---

[1] 作者注:许医农先生系国内著名图书编辑,从业五十余年,因编辑出版"传统与变革丛书"、《山坳上的中国》、《长江,长江》、"宪政译丛"等上百种影响深远的学术著作,受到中国出版界与学术界的广泛尊重。本文是许先生作为《思想国》一书初版特约编辑时所写。

德欲念。由于"不同德",使民主契约成为必要;由于"同心",则使民主契约成为可能。之于今日中国,每个人要打破自闭的樊篱,"你默许自己一份自由,中国便前进一步"。

其三,他的"人类文明史"解。

古往今来,东西南北中,整个人类文明史可归之为一部"民主进化史",即:一部从棍棒朴刀枪炮"动手斗争"的暴力民主发展为"动口斗争"的和平民主的历史。

其四,最后落笔于"今日中国之改造与建设"。

令人信服地指出:任何单一主义与学派,都不可能开出医治当今中国社会千百年来积淀的一切沉疴的偏方妙药。无论政府的宏观把握或民众的草根实践,都需要先行者的勇毅,但开风气不为师!需要上下求索,共同成长!

好一个"但开风气不为师"!这样一篇一千多字的短文,不见刀光剑影不带刺,却以点穴之笔触及了当今中国国运民瘼的一切要害。书稿还没开读,我已被熊先生收编了。

2006年3月1日记

初版推荐序

秦 朔

培云的书稿在我的电脑桌面放了很久。他对我有所期待，希望我能写几句话。如果是几年前，我也许早已一挥而就。在那段一起耕耘"一份有责任感的政经杂志"的日子里，我和培云在内的一批《南风窗》的编辑记者，以理想为旗，以公共利益为归依，探求时代命运，点燃真诚思索。那种情怀和忘我的奋斗，已经深深地刻在记忆里。

2003年七八月间，我开始参与《第一财经日报》的项目论证，并在一年后完全投入，从此离开《南风窗》，转战到以日为单位的劳作之中。相比政经，财经是一个快速世界，日复一日的变动是它的主要特征。对在政经世界摸索多年的我来说，从一个慢的地方到一个快的地方，未尝不是一种解脱和新的突破。但面对无休止的忙，也常有茫与盲的迷惑，困顿于思考之不足，感觉之钝化。

而培云则一直在思想国里，沉潜，琢磨，精进。他的思想国不是远离现实的抽象之国，不是高高在上、真理在握的独尊之国，不是点化众生又漠视苍生的清高之国。他的思想国植根于历史和大地，从历史和大地深处汲取营养，就如他在书中所写的，"只要你站得足够高，就会发现大地是星空的一部分。"他的思想国呈现在生活里，让人生理想与生活方式合二为一。他的思想国也开放在与周围环境的互动中，"既要守住自己心灵的边界，同时又要有开放的思想。"以仁心说，以公心听，以学心辩，这种态度贯彻在他的作品始终。

培云向往一个开放的公民社会，并把"人的自由天性和知识的贫困"看作"主张思想必须自由的两个前提"。他认同波普尔的观点，个人的尊严只有在自由批评的氛围中才能得到体现，具有真理意味的见解只有在公共批评空间中才有可能自由形成。在这一点上，我完全同意。"我所追求的全部知识，只是为了更充分地证明自己的无知是无限的。"波普尔此言也一直是我的座右铭。

培云书中有一些基本的信念，如自由、开放、宽容、进步等等。在理解这些概念时，他侧重于从苏格兰启蒙运动思想、奥地利学派和胡适等的立场来展开。例如，他认同"自由即秩序"，这一理解与弗格森（Adam Ferguson）那段被哈耶克（F.A.Hayek）用在《致命的自负》一书扉页的名言完全一致，"自由不是像其字面似乎意味着的，是从一切束缚中解脱。正相反，自由意味着每一种正当的束缚对自由社会全体成员的最有效运用，不论他们是司法官还是老百姓。"

我是认同这样的理解方向的。从大的脉络上说，我本人有如下四个认同：

一、对理性限定性的认同。理性是重要的，但是理性本身没有本领创造出完全合乎理性的未来；道德规则和社会中的秩序不是由理性创造出来，而是经由演化而来；理性本身与文明的演化互相成长，以传统为基础的建设才是切实的建设。

二、对自由的认同。在法治之下的个人自由，作为社会生活的组织原则，最能有效地促使信息流通，也最能有效地发掘与利用知识，使个人拥有自由与尊严，而社会也将因此富足起来。但自由不是放任，自由不包括使别人没有自由的"自由"。如哈耶克所说，对自由的束缚有两种，一是武断的、不合理的对人的强制性压迫；二是在演化中的文明所产生的对人的约束。前者是个人自由的大敌，后者则是个人自由所赖以维护的必要条件。真正的自由主义反对前者，遵循后者。换言之，在前者那里，真实的自由是不存在的。所以哈耶克说过，个人自由实际上是指个人在社会中的行为所能遭遇到的外在强制性压迫已减少到了最低程度的境况。

三、对规则的认同。自由和遵守规则联系在一起，文明的训练的渐进演化使自由成为可能。为促进自由而要遵循的基本原则，必须能平等地与没有例外地应用到社会的每一个人身上。这些原则是普适的，例如，休谟的三项自然律是，私有财产的稳定性、财产转移必须经由有产权者的同意、必须讲信用。法治（Rule of law）必须建立在普遍性的原则之上。

四、对变化的认同。社会秩序经由演化而来，非由理性推导出来，但演化并不排斥变化。正是在这一点上，自由主义和保守主义有着清晰的界限。哈耶克对此这样鉴别："自由主义并不反对进化和变革；凡是在自生自发的变革被政府的控制所窒息的地方，自由主义便要求对政策进行重大修改。……实际上，对于自由主义者来说，在当今世界的大多数国家或地区，最为迫切需要的乃是彻底清除对自由发展所构成的一切障碍。""保守主义者的态度的基本特征之一就是恐惧变化，怯于相信新事物，而自由主义者的立场则是基于勇气和信心，基于一种充分的准备，即使不能预知变化将导向何方也要任它自行发展。""自由主义者并不否认某些优越者的存在——这是因为自由主义者并不是平均主义者——但是，他们却不承认任何人拥有判定谁是优越者的权力。保守主义者倾向于捍卫某种业已确立的等级制度，并且希望权力机构能够保护他们所看重的那些人的社会地位；然而自由主义者却认为，任何对业已确立的价值的尊重，都不能证明下述做法为正当：为了保护这些优越者免受经济变革力量的冲击而诉诸特权、垄断或任何其他源出于国家的强制性权力。""虽然自由主义者充分认识到了文化精英和知识精英在文明进化中所发挥的重要作用，但是自由主义者还是认为，这些精英并不具有特权，他们必须在同样适用于所有其他人的规则之下通过对自己的能力的证明来维护其地位。"（《自由秩序原理》跋）

在近三十年来中国社会的转型中，这些法则已经被证明是行之有效的：渐进、多元、非整体性的演化法则；尊重产权和知识流动的自由法则；法治的法则；变革的法则。在我的心目中，它们就是中国的活力与繁荣之源。展望下一个十年、二十年、三十年，中国要从一个日益富强的市场化国家，迈向一个文明自由的创新型国家，必须进一步明确和贯彻上述法则，尤其要以更大的勇气和自觉推动法治建设，在法治基础上保障人的权利，让创造性的知识自由流动，激发更多的人去生产他人所需要的商品和服务。在这里，自由既要与放任和野蛮一刀两断，也要与那种试图将机会主义固化的保守主义划清界限。

这伟大和艰巨的征程，正如培云在本书中多次呼唤的，需要我们每一个人的参与，明了何谓真正的自由，消除各种"野蛮生活方式"，开放兼容，自主负责。

在培云的书中，有忧伤，有批评，有反思，但更有温暖，热爱，责任和希望。它像是天上的云，因应着内心的自由和时代的召唤而飘动；它有丰富的内涵，但依然清澈。

2006年4月10日凌晨于上海

（作者注：本文作者原系《南风窗》总编辑，现任《第一财经日报》总编辑。）

再版后记

感谢上苍，我们都是读书人

《思想国》是我回国后出的第一本书，也是我遇到的做得最虎头蛇尾的事情。往事不愿再提。如今终于再版，也算是一种解脱。

几年来，我的生活有了些变化。有的变好，有的变坏。但无论有着怎样的辛酸或无常，心中总是矗立着一座永不陷落的城池——巴黎。实话实说，有段时间我甚至不愿翻开在巴黎时的旧照片，我怕自己因为那时候的富庶纯粹与曾经沧海而厌倦当下无味的生活。在巴黎，我住的房子虽然很小，但我实际上是住在一座我热爱的千年古城里。回到中国，我的房子大了很多，可是城市却无处可去，我只能终日待在家里。

我想过怎样的生活，需要怎样的国家，谁将是我灵魂之伴侣，什么是我一生辛苦的酬劳……种种问题，让我时常怀念当年自己走在圣米歇尔大道、塞纳河边以及蒙巴那斯墓地里的情景。我写的为数不多的几篇散文，记录了我即将离开巴黎时曾怀着一种怎样淡而热烈的忧伤。而我后来终于能够得以释怀，全是因为读到了海明威的一句话。1950年，海明威曾这样对一位朋友说："假如年轻时你有幸在巴黎生活过，那么你此后一生中不论去到哪里她都与你同在，因为巴黎是一席流动的盛宴。"

年轻时在巴黎生活过，当你离开后，你到哪里，哪里就是巴黎。这样的话实在是坚定又诗意。对于一个有着浓烈乡愁的人来说，它既是心理安慰，也算是自我祈求——但愿自己年轻的心与曾经的美好不为以后琐碎的生活所磨灭。过去几年间,我何尝不是将这种美好的人与事寄托在我的思想共和国里。无论是大学课堂、各地讲座还是平时的写作,我都在努力呵护心中自由而宽容的"流动的盛宴"。

生命真是倏忽,每天都在流逝,从不为我们的诚恳与勤劳停留。而我,只需几本书的工夫,便已近不惑之年。偶尔我会想起早年在乡下,在一个漆黑的夜里,第一次意识到自己会死。那时候内心真是充满了恐惧,因为我对生命毫无了解,更不知道自己将来会沉入怎样未知的黑暗世界。正如纪伯伦所说,我们害怕死亡,只是因为不知道我们是什么。而现在,当我知道生命不过是一段可以由自己支配的时间,即使这段时间没有小时候多,一切反而从容了。我若不能支配自己的时间,控制人生的意义,纵有良田万顷,这生命又与我何干?

恺撒打完胜仗后说给元老院发了条短信,"Veni! Vidi! Vici! (我来!我见!我征服!)"第四个词他没有写,那是所有征服者都逃避不了的宿命——"我消失!"。无论成功与失败,每个人注定都会消失。当然这没什么,花开花落,每个死去的人都在历史的时空里各就各位。人人生而唯一,生是创造,死是永恒,没有比这更迷人的事情了。

在我消失之前,应该做些什么?还记得2011年乔布斯的离世,很多人表达了哀悼之情。对于这样一位伟大的创造者的离去,我实在没有理由故作难过,因为我活得还不够尽心尽力,不够全心全意,因为在他面前,我的惭愧多于悲伤。

当然,即使现在死去,我依旧会自认为是个幸运的人。我很庆幸自己十几岁时便知道了一生的志趣并且为之努力。虽然与现实做了很多妥协,终究没有丢掉自己。到如今,想的最多的也是心无旁骛地做自己最想做的事情。一个人,如果前半生的东奔西走、南辕北辙,能够换回后半生的全心全意,我想他最后也一定能够能像诗人阿波利奈尔一样,在自己墓碑上刻下"我将含笑而死"。

记得《简·爱》里有一句话,"你以为我穷,不好看,就没有感情吗？我也会的！如果上帝赋予我财富和美貌，我一定会使你难于离开我，就像现在我难于离开你。上帝没有这样！但我们的精神是同等的，就如同你跟我经过坟墓，将同等地站在上帝面前。"这个道理就是"人人死而平等"吧。古往今来，人们生在不同的时空和家庭，有着不同的优缺点和不同的时代际遇，所谓"人人生而平等"其实从来都没有发生过。

　　好在世间还有书，能帮我们打破种种时空的隔离与人群的分界。正如我，虽然生长在偏远贫瘠的乡村，但我所遇到的几本好书已经足够将我带入另外一个时空结构之中。阅读让我有机会在年幼之时离开父母之邦，进入书本为我展示的全新的精神国度，遇见无数高贵的灵魂，并在那里重生。我们不能决定自己以怎样一种方式来到这个世界上，但可以通过阅读实现精神上的人人生而平等。

　　坦率说，我不是一个会享受生活的人。除了思维的乐趣，我几乎没有长久的乐趣。我仍记得六七年前找到"思想国"这个概念时的喜悦，如今它已生根发芽，散布四方。思想共和国是现实生活中区别于刀剑共和国的一种政治存在，更是我安顿我心中美好世界的一种精神存在。在那里，每个人都顶天立地，一人即一国。

　　然而即使是以思考为业的知识分子，想要真正拥有一个思想共和国，又是何其难哉？翻开所有野蛮时代的历史，知识分子常常身首异处，人生多难而艰辛。时至今日，我更想说的是更多知识分子是死于自杀。知识分子是世间最容易自我毁灭的物种。当他攀上权贵俯首称臣的时候，他死了；当他投靠金钱出卖良知的时候，他死了；当他谄媚民众放逐理性的时候，他死了；当他饱食终日无所事事的时候，他死了；当他身处逆境之中，因为心怀畏惧而毫不作为的时候，他死了；当他以为自己真理在握而绞杀他人的反对意见时，他死了。任何时候，一个以思考为业的人，如果坐视灵魂的庙宇沦陷、知识的殿堂坍塌，他的人生甚至不如亡国奴。因为此刻他不仅亡了国，而且连心都死了。

我这样说，并不是想标榜自己活着或活得多好。相反，我常常为自己未能尽心尽力而自责。作为以思想为业的知识分子，我只是在劝进自己多尽本分，并且永远保持独立的精神，以使自己心明眼亮。我把这些道理讲出来，不为苛求他人，而是给自己照镜子。

因为一些不合时宜的批评，我常常听到有人说我太过书生气。对于如此世故的指责或者纯粹的关心，我不以为然。试问，读书人若是没有了书生气，要你读书人何用？就像军人要有军威，读书人最可贵的正是书生气。保持书生气既是读书人的本分，也是其安身立命的根本。社会有分工，人生有选择，每个人都应该为各自的人生尽力，为共处的社会尽责。

是责任让我们走向自由。当自由泛滥的时候，唯有责任方能拯救自由；当自由稀缺的时候，唯有责任方能拯救自由。而能够衡量一个人是否担起责任的，正是他的本分。所以，我甘愿终日住在文字的城堡里，守着自己在文字上的一点乐趣，像个束手束脚的信徒。

在此我也不妨表达一点我对自己的忧虑。不瞒读者，不知道从什么时候开始，我的文字渐渐失去了往日令人快意的锋芒。每当我想批评哪怕只是嘲讽某个具体的生命时，我心底涌起的慈悲会立即将我吞没。我正在变成一个老和尚，在尖锐的批评与慈悲的文字之间，我承认自己常常进退失据。虽然我早已经为自己确立了"责物成人"的原则，即以尖锐的批评"责物"，以慈悲的文字"成人"。也是这个原因，不少读者误以为我是一个老头，所以当他们知道我还只是个年轻人时，便有些"愤怒"了。他们说，"请把我多年来对一个老头的尊敬还给我！"

最近很少更新微博，有网友因此担心我是不是因为某些尖锐的"责物"之言而被封口。在流行"一转梅"和"转世党"的时代语境下，人们总是习惯于往坏处想。但事情并不总是那么糟糕。我只是在忙着《思想国》再版的事情。整理书稿，增删哪篇文章都要费思量。一个月下来，更知革命难，改良亦不易。有的内容在前几本书中出现过，考虑到相关性，还是收了进来。而初版中的内容，能保留尽可能保留。书一旦成形，便被赋予了生命，看着它被削枝去叶时，心还是会疼。此外，本想附录一篇心仪的文章《嗜书魔》，因为来不及联系版权，最后还是放弃了。

"感谢上苍，我们都是读书人。"在这本书即将被合上的时候，我更愿意将殷海光先生的这句话奉献给读者。感谢读书让我们带着内心的神明，在另一个时空里相遇。在那里，无论富贵贫贱，只要你是思想自由的，总能寻到你梦寐以求的国家；只要你是精神独立的，纵是方寸之间，自有庄严国土，远离颠倒梦想，蕴藉无上清凉。

2012年5月22日

附 录

附录一

问世间国为何物

2004年底,我在巴黎的日子突然变得闲散起来,时常跑到香榭丽舍大街的影院里看电影。至今印象最深的一部是德国电影《帝国的毁灭》(Der Untergang)。为此,我当时还写了一篇不短的影评——也许是因为中国与德国在历史上有着某种相似性,这些年来,我写的影评有意无意间多与德国有关,如《再见列宁》《窃听风暴》《浪潮》《朗读者》等等。

记得当时,由奥利弗·西斯贝格执导的这部影片在欧洲引起强烈反响,每天都有媒体在讨论,因为它"打开了重新评价纳粹的潘多拉魔盒",将希特勒从魔鬼还原为人,还原为一位"甚至可能引人同情的末路英雄"。

该片细节取材于历史学家约阿希姆·费斯特的《希特勒的末日》(2002)和希特勒最后的女秘书特劳德尔·琼格的回忆录《直到最后时刻》(2002)。琼格生于1920年的慕尼黑,二十二岁时被希特勒选做私人秘书。她一直供职到希特勒自杀并记录了希特勒的遗嘱,最后和一支小分队一起逃出地堡。令许多人不安的是,在这个打字员的记忆里,希特勒同样是个有教养、受人尊敬、做起事来斯斯文文的领袖。与情人爱娃·布劳恩结婚前,希特勒还当众吻了她。这位大独裁者多少有些诗人的多愁善感,他的办公室里不让放花,因为花会凋谢,他不喜欢看到死去的东西。或许,正是受希特勒的这些人性化特征的遮蔽,直到战后琼格才意识到自己一直生活在"盲点"之中。

寻找"替罪狼"

这部电影给了我极大触动。一是人性化希特勒。这也是我一直在思考的问题，希特勒不是恶魔，只是普通人。他的恶是众人合力的结果。没有谁天生就是独裁者。或许，只有透过《帝国的毁灭》里由魔鬼还原为人的希特勒、《意志的胜利》里如癫如狂的追随者以及《朗读者》里不识字却又理直气壮的女看守，生活于今世的我们才能真正回望历史的深处，体味个体在群体迷狂、巨浪扑来之时的无力与渺小，体味什么是时势造英雄也造独裁者。正是基于这一认识，当历史翻过这血腥的一页，当活着的人们只是简单地在精神与肉体上将一个束手就擒的纳粹头子揪出来示众，从历史的废墟中引渡到现实的广场，让他为一个时代的错误负全责时，在我看来，这亦不过是为这段共犯的罪恶历史找了一只"替罪狼"。

和通常意义上的替罪羊不同的是，我所说的"替罪狼"的确是做过了许多坏事的。但是，具体到个人，在强大的"公意"——准确地说是部分群体意志——面前，他亦不过是一个行刑者——独裁者所拥有的权力，从来都是那些甘心放弃自己权力或者权利的人聚沙成塔授予的。而在他行刑之当年，台下曾经有多少热闹的喧哗，多少幸福与狂欢的掌声！许多旁观者甚至还捐赠过磨刀石，亲手捧接了行刑者递过来的血和肉。在《意志的胜利》里，德国民众当时是何其狂热地追随他们的领袖，并视之为从云端降临人世的救世主。只不过浪潮退尽时，那些手捧鲜花、高声呼喊的人们已经很少愿意承认自己曾经裸泳其中。

另一个大的触动则来自于影片的结尾：戈培尔夫人将自己的六个孩子全部毒死。之所以如此狠毒，是因为她深信没有国家社会主义，人类就没有希望和未来，她不能让自己的孩子生活在那样的国家。

路易斯·博洛尔说，"政治使人变得罪恶"。然而，政治不足以使罪恶变成毁灭性的大灾难。它的另一个前提是"意识形态使人变得愚蠢"。而这意识形态，其核心价值就在于对国家的理解。回望二十世纪的这段历史，不难发现，当年迷信纳粹主义的那一群人，不仅屠杀了犹太人、波兰人、法国人、英国人……在他们选择纳粹主义理想并且甘愿为之献身的时候，用于自杀的断头台也已经竖起。

希特勒的"牛皮书"

捐躯赴国难，视死忽如归。

在《好女色还是好国色》一文中，我曾谈到好色的男人有两种死法：一是死于女色，二是死于"国色"。所谓"死于女色"，尽人皆知，最著名者莫如寻芳客们的口头禅——"牡丹花下死，做鬼也风流"。至于"死于国色"，则是把国家当做绝世美女去爱戴，爱到如痴如醉、死去活来，爱到不知所以，终于丢掉自己的人格与底线，甚而枉送性命。

希特勒当年是何其贪恋国色！又何其自负！这位落魄的画家一旦大权在握，就要以一人一党之意志强力实践自己的理想主义，禁止思想，杀人无数。法西斯上台没多久，罗曼·罗兰、托尔斯泰以及包括马克思等人的书都被拿去开篝火晚会了，而希特勒自己的那本《我的奋斗》却用德国良种小牛皮制成，文字全部手工抄写，封面是用钢铁纯手工打造。目的是一千年都不发乌、不生锈、不变形，因为第三帝国至少要维持一千年。通常政府会发布白皮书，而希特勒当年发布的却是"牛皮书"。其实，人类历史上许多乌托邦纲领不就是"牛皮书"么？

在电影《帝国的毁灭》中，当苏军将柏林炸得地动山摇时，躲在地下室里的希特勒甚至还露出一丝微笑。他对站在新柏林沙盘旁的建设师说："柏林炸得越平越好，到时我们重建柏林就省力了。"在他眼里，改造旧世界，就像是在画布上作油画，不行就刮了油彩重新开始。

1904年，凯恩斯说："民主政治尚在测试之中，但是到目前为止它还没有招致耻辱。"然而十年后，当民主与极端民族主义合而为一，"国家权力"超出了原有的界限，吞灭曾经授予它权力的人，悲剧也就在所难免。换言之，当主权变成难以驯服的猛兽，当国家这人之造物超出了工具的范畴转而成为人类的主人，我们最后听到的必然是意大利农妇那声令人毛骨悚然的呼喊——"快跑，祖国来了！"（霍布斯鲍姆，《革命的年代》）

故国·失乐园

当然，追求梦想中的国度，并非纳粹分子的专利。从柏拉图的理想国，到陶渊明的桃花源，到康帕内拉的太阳城，每个人心中都有一个乌托邦。区别只在于，有人愿为乌托邦而生，有人愿为乌托邦而死。具体到极权主义与乌托邦之关系，如秦晖先生所指出：罪恶不在乌托邦，而在于它是否与强制合流。

当我们重新翻检中国人的心灵史，亦不难发现，那种"浓得化不开"（徐志摩语）的情感，首先表现为一种家国情怀，其次才是情爱。只因中国历史多灾多难，以至于这种家国情怀的背后未免透着无限悲情。比如"商女不知亡国恨，隔江犹唱后庭花"。（杜牧，《泊秦淮》）"故国神游，多情应笑我，早生华发。人生如梦，一樽还酹江月"。（苏轼，《念奴娇·赤壁怀古》）"国破山河在，城春草木深"。（杜甫，《春望》）"僵卧孤村不自哀，尚思为国戍轮台"。（陆游，《十一月四日风雨大作》）

至于男欢女爱，在相关的修辞中同样多与国相关。如"汉皇重色思倾国，御宇多年求不得"。（白居易，《长恨歌》）"北方有佳人，绝世而独立。一顾倾人城，再顾倾人国。宁不知倾城与倾国？佳人难再得"。（李延年，《佳人曲》）

当然，这里的"国"，并非现代意义上的民族国家，它们有的指王权，有的指故土，有的指生活的视界与所能抵达的极限。如约瑟夫·R.斯特拉耶指出，国家产生的标志是这个地方的统治者开始区分公权和私权，并开始用公权保护私权，用公权为私权服务。而在中国帝制时期，帝王的权力是无限大的。

国家不幸词人幸。南唐后主李煜被宋廷捕去后，写了许多好词，而且多与家国有关。如"四十年来家国，三千里地山河。凤阁龙楼连霄汉，玉树琼枝作烟萝，几曾识干戈？一旦归为臣虏，沈腰潘鬓消磨。最是仓皇辞庙日，教坊犹奏别离歌，垂泪对宫娥"。（李煜《破阵子》）据宋史记载，李煜便是因为写了些思念故国的遣怀之词而被宋太宗用牵机毒杀。当然，李煜心中的"故国"既是空间概念，更是时间概念。如他的《子夜歌》："人生愁恨何能免？销魂独我情何限！故国梦重归，觉来双泪垂。高楼谁与上？长记秋晴望。往事已成空，还如一梦中。"故国，这已然逝去的天堂，似乎总是比眼下的国家更真实——这不是因为国家和政府更像是一种"权宜之计"（亨利·梭罗语），而是因为故国乃精神所在，是可以安放灵魂、寄托乡愁的地方。

有意思的是，当人们回望逝去的天堂时，你总能听到心灵的钟声，窸窸窣窣，款款而行；而在展望未来的国度时，所能看到的却往往是全能理性的膨胀，是其可能与强力合流后的摧枯拉朽与房倒屋塌。而这，也是人类在二十世纪收获的最大教训。正因为此，世界终于从革命重新回到改良，从我说的"流血的二十世纪"转向"流汗的二十一世纪"。

1905年12月8日，以《警世钟》和《猛回头》闻名的陈天华在日本东京大森海湾蹈海而死，抗议日本文部省颁布的《取缔清国留日学生规则》。据称陈天华的目的是为"以死唤醒同胞"。事实上,对故国的淡淡忧伤与未来之国的强烈期许,即使是李叔同这样的智者,在情感表达方面的反差也尽显无疑。对比"谁与我仗剑挥刀""二十世纪谁称雄?"的《祖国歌》与《我的国》,他"高枝啼鸟,小川游鱼,曾把闲情托"的《忆儿时》显然少了些"杀气",多了些温存。

在著名导演库斯图里察的影片《地下》里,那些从地洞里爬出来的人,辗转奔波,发现南斯拉夫解体后近乎号啕——"我的祖国,怎么没了?"同样令人记忆犹新的是,上世纪九十年代,在南斯拉夫解体后,一些带着怀旧情绪的前南公民在网上建了一个南斯拉夫虚拟国家,订立宪法,招纳公民。仔细想来,谁人心中又没有一个失乐园,一个复国梦?

少年时爱听《梅花三弄》,时常动情于其中一句歌词——"问世间情为何物,直教人生死相许"。这些年来,每当我看到或者听到一些人,无论是遭人憎恶、有攻击性的纳粹分子,还是受人敬仰的爱国者,抑或普通公民,为了想象中的国家前程而不惜以命相搏、"仗剑挥刀"时,我总忍不住要感慨"问世间国为何物,直教人生死相许"了。

谁为谁献身?

说到献身,中国历史上并不少有献身者。最惨烈莫过于宋亡之时。

1278年,宋端宗赵昰在流亡途中病死,年仅十一岁,其弟赵昺继位,史称末帝。1279年流亡政府在崖山(今广东省新会市南部)被元军围困,虽有顽强抵抗最终还是兵败。陆秀夫背负年仅八岁的幼帝投海,跟随投海殉国的人达十万之众。《宋史·纪(三)》详细记载了当时一幕:"大军至中军,会暮且风雨,昏雾四塞,咫尺不相辨。世杰乃与苏刘义断维,以十余舟夺港而去,陆秀夫走卫王舟,王舟大,且诸舟环结,度不得出走,乃负昺投海中,后宫及诸臣多从死者,七日，浮尸出于海十余万人。"其时人命，与蝼蚁何异？

裴多菲诗云："生命诚可贵，爱情价更高；若为自由故，二者皆可抛。"显而易见，裴多菲真正追求的是"自由"，而非"祖国"与"王国"。祖国也罢，王国也罢，都不过是人类发展过程中的寄身之所，只有生命与自由才是贯穿人类始终的。如果"为祖国献身""为君王殉葬"所争得的只是一种身心奴役或寂灭的状态，那么这种献身究竟意义何在？

谈到救国与献身，民国时期有一段公案不得不提。1933年4月3日，农学家董时进在《大公报》上发表《就利用"无组织"和"非现代"来与日本一拼》一文，提出全民动员对日作战，面对中国国力与军力无法抗衡日本之事实，"到必要时，我们正不妨利用百姓的弱点，使军阀惯用的手段，去榨他们的钱，拉他们的夫。反正我们的百姓好对付，能吃苦，肯服从，就拉他们上前线去死，尽其所有拿去供军需，他们也不会出一句怨言"。对于这段话，胡适读后非常愤慨，并在4月16日出版的《独立评论》（第46号）发表《我的意见也不过如此》，对董文提出率直而严厉的批评："老实说，我读了这种议论，真很生气。我要很诚恳地对董先生说：如果这才是救国，亡国又是什么？董先生的'我们'究竟是谁？董先生是不是'我们'的一个？'他们'又是谁？董先生又是不是'他们'的一个？这样无心肝的'我们'牵着'好对付，能吃苦，肯服从'的'他们''上前线去死'——如果这叫做'作战'，我情愿亡国，决不愿学着这种壮语主张作战！"

也许真如董时进所言，胡适部分误读了他的原义。不过，这并不妨碍我们分析问题和理解胡适。显而易见，在这里胡适秉持自己一贯的自由主义立场，即决不可以以集体利益或长远目标之名让个体白白送死，决不可以为了某个崇高理想而不择手段。胡适说："我极端敬仰那些曾为祖国冒死拼命作战的英雄，但我的良心不许我用我的笔锋来责备人人都得用他的血和肉去和那最惨酷残忍的现代武器拼命。"

在胡适看来，那种不顾现在的长远打算也是靠不住的。如凯恩斯所说"长远来看，我们都是要死的"，但我们并不能因为将来谁都要死便否定一个人活在当下的意义。任何人都不可以以某种所谓的"神圣理想"，通过瞒骗或者某种暴力的手段驱使他人多做牺牲。

今日世界，个体的价值越来越受到重视。人们不再是皇家的臣民，同样，在经历了臭名昭著的二十世纪后，一度张牙舞爪、贻害无穷的国家或者政府开始被劝进笼子。人权与主权，孰重孰轻？其实早在两千多年前，孟子就说过"民为贵，社稷次之，君为轻"这样的话。短短十个字，举重若轻，已经为"人权高于主权，主权高于政权"之立宪国家的价值取向埋下伏笔。

刀剑与思想

1835年，年仅三十岁的法兰西青年托克维尔在充分考察了美国的政治制度后出版了《论美国的民主》（上卷）。在他看来：当今世界上有两大民族，从不同的起点出发，但好像在走向同一目标。这就是俄国人和英裔美国人。美国人在与自然为他们设置的障碍进行斗争，俄国人在与人进行搏斗。一个在与荒野和野蛮战斗，另一个在与全副武装的文明作战。重刀剑，还是重思想，这两种国度的分野，也正是我在《思想国》一书中着重挖掘的两个概念：思想共和国与刀剑共和国。在小说《九三年》里，雨果借戈万之口区分了两种国家形态："老师，我们两人的乌托邦区别就在这里——您要义务兵役，我要学校；您梦想人成为士兵，我梦想人成为公民；您希望人拥有强力，我希望人拥有思想。您要一个利剑共和国……我要一个思想共和国。"而人类的真正希望就在于，经过千百年的磨难，终于意识到真正的革命是从人人都是国家战士的极权社会过渡到由自由人联合起来的公民社会，从刀剑共和国过渡到思想共和国。

必须承认，今日中国虽未建成思想共和国，但也不再是刀剑共和国。尽管在极端的年代里，这个国家曾经像斯巴达兵营，儿童都拿起了枪。而当我们回顾几千年的中国历史，更是满目刀兵。如唐德刚所说，在中国冗长的历史里，"外患"往往都是偶发的，而"内乱"则多为历史的"必然"。这方面最惨痛的记忆莫过于太平天国运动。不无遗憾的是，因为时代及研究者之局限，太平天国杀人如麻的历史细节被罗尔纲们所忽略，而历史学家钱穆与胡适的看法倒是颇为相近——洪杨政权是个背叛孔孟、违反中国道统的邪恶政权。

尽管中国的数目字管理从来就是一笔糊涂账，但太平天国运动究竟死亡多少人，后世还是可以寻到一些蛛丝马迹。根据一些历史资料的对比，目前主要有两种观点。第一种观点是根据太平天国前后《户部清册》所载的户口数，认为从1851年到1864年中国人口锐减40%，绝对损失数量达1.6亿；第二种意见则是将战前的人口数据与1911年宣统人口普查资料进行对比研究，认为太平天国战争仅给江苏、安徽、浙江、江西、湖北五省直接造成的过量死亡人口就至少达到5400万，如果再考虑到其他战场给湖南、广西、福建、四川等省造成的人口损失，那么太平天国战争给中国带来的人口损失就至少在一亿以上，直接造成的过量死亡人口达7000万。两组数字都够骇人听闻。众所周知，在第二次世界大战中，全世界死亡的总人口数也不过是7000万。

个人理想与国家理想

2008年国庆节，《南方周末》邀请了海内外的一些朋友，希望大家能结合自己这些年来的经历，回答以下几个问题，包括：你对国家做了什么？国家为你做了什么？你还能为国家做什么？国家还能为你做什么？

了解我写作立场和价值取向的读者会知道我不过是由着这个机会，重申自己对个人、社会与国家的关系的理解。

政治何为？国家何为？谈到对国家的理解，引用最多的恐怕就是美国总统肯尼迪就职演说时的那句话:"不要问你的国家能为你做些什么,而应该问你能为你的国家做些什么。"就在人们以饱满的热情四处传播、赞扬肯尼迪的爱国主义时,身为美国公民的著名经济学家弗里德曼对此非常不以为然。

在弗里德曼看来,从本质上说,政府仍不过是一个手段,一个工具。政府既不是一个给我们带来恩惠与礼物的人,也不是使我们盲目崇拜和为之服役的主人或神灵。所以,弗里德曼说:"除了公民们各自为之服务的意见一致的目标以外,他不承认国家的任何目标;除了公民们各自为之奋斗的意见一致的理想以外,他不承认国家的任何理想。"否则,这种个体与国家职能的本末倒置必然会腐蚀一个国家自由的根基。

事实上,上面提到的这些问题在弗里德曼看来甚至都是不需要回答的,因为"自由人既不会问他的国家能为他做些什么,也不会问他能为他的国家做些什么。而是会问:'我和我的同胞们能通过政府做些什么。'以便尽到我们个人的责任,达到我们各自的目标和理想,其中最重要的是:保护我们的自由"。

这话不难理解,就像我们从市场买回一把刀,究竟是用它杀人、自卫还是自杀,刀说了不算,关键还在于我们自己。也正是这个原因,林肯说"有什么样的人民,就有什么样的政府"。

市场政治:用脚投票与用手投票

关于国家与社会的关系,早在弗里德曼之前,西班牙学者奥尔特加·加塞特便已经在《大众的反叛》(1930)一书中发出警告:现代国家作为一种人造之物可能超出人类可以控制的范围,变成了一台可以操控一切的庞大机器。

在加塞特看来,威胁文明的更大危险是:国家干预、国家对一切自发的社会力量的越俎代庖,因为这等于取消了历史的自发性,而从长远来看，维持、滋养并推动着人类命运的正是这种自发性。当这种自发性被国家的干预打断，就不会有新的种子能够开花结果。社会不得不为国家而存在，个人将不得不为政府机器而存在。就这样，国家为了满足自己的需要，又对人类生活推行进一步的官僚化。上紧官僚机器的螺丝钉无异于把社会改造成一个军营，即我说的刀剑共和国。

可以想象，假如加塞特的预言在当时能被欧洲乃至世界所重视，二十世纪的历史也许会被改写。而那个时代，法西斯主义势力正在各国抬头。且不说个人主义传统深厚的美国在1930年代就有人开始高喊"美国就缺一个墨索里尼"，当时的中国同样开始流行一本名为《当代三大怪杰》的书，书皮上印了斯大林、希特勒和墨索里尼的像。那时候有一种思潮，"认为民主政治总是乱糟糟的没有效率，独裁政治强而有力，所以独裁政治才是方向，包括张学良在内，他到欧洲旅行了一次，回来以后认为中国还是要实行法西斯"（何兆武，《上学记》）。在此之前，1913年"二次革命"失败时孙中山同样将"二次革命"的失败归咎于"我们中国人"自由太多，认为只有采取集权的办法才能革命成功，并由此以帝俄为师，渐开中国"以党治国""一党专政"之先河。或者说，国民党后来之独裁政治，便是始于当年"中国人自由太多"之判断。今天回头看这段历史，"二次革命"失败绝非中国人自由太多，有历史学家甚至认为孙中山在"法槌讨袁"与"刀剑讨袁"之间做错了抉择，过分迷信暴力革命。

如何限制权力？弗里德曼认为最好的办法就是分散权力，而美国的联邦制的好处就在于它不仅允许民众参加选举，还允许他们在不同的州里选择自己的生活。若干年前，我在文章中谈到中国不仅要有市场经济，更要有"市场政治"。我所谓的"市场政治"，同样既包括用手投票，也包括用脚投票。前者是民主，后者是自由。换言之，民主与自由是"市场政治"的两块基石。而在国家压倒社会的时代，不仅公民用手投票的权利被剥夺，连用脚投票的权利也被剥夺。三十年前，当停滞的中国重新起程，谁能说随之而来的成就不是因为人们不断赎回了自由迁徙与更换工作的权利而取得的?

没有谁可以做出永远正确的选择,如果说政治意义上的民主选举意味着在时间上公民可以"通过选择救济选择",那么生活意义上的自由迁徙同样意味着人们可以在地理层面"通过选择救济选择"。而这种在时间与地理上的开放,正是一个现代国家的应有之义。

如孟德斯鸠所言,"有商业的地方就有美德"。准确说,在有市场、有公平竞争的地方,就有美德;也只有在有市场政治的地方,才会有政治美德。无论大国崛起,还是小国崛起,首先是国民权利包括选择权利的崛起。毕竟,国家不是目的,而只是国民将自己权利最大化的一种手段。

自由之邦:圣马力诺的小国威仪

当我在法国小镇克莱蒙西的大街上懵里懵懂地寻访罗曼·罗兰的故居时,问到的第一个行人竟是罗兰仆人的表妹,正是她将我带到表姐布达夫人的家里。(熊培云,《寻访罗曼·罗兰》)另一年,当我随团旅行,不经意间抵达圣马力诺时,在我下榻的宾馆里,首先"接待"我的"地主"竟然是圣马力诺"总统"G. F. Terenzi先生。

当时Terenzi先生正邀请该国的中小企业主共进晚餐,不知何故跑到酒店前台闲聊,见到我的第一句话便是"你是不是汉族"?随后他和我说他对中国很了解,李先念和江泽民都接见过他。在知道我是记者后,Terenzi先生将我带到了饭厅,并约好第二天上午接受我的专访。正是借着这个机会,我第一次了解到这个世界上最小、最古老、最没有可能被颠覆的共和国。

这是一次很仓促的采访,此前我对这个国家几乎一无所知。没有一点儿准备,随身又未带可查资料的电脑。晚上出门找当地人泡吧,正好遇到一位偷渡到圣马力诺来的福建人,余下时间全与他在酒吧里"故国不堪回首月明中"了,而他对这个国家同样所知寥寥。

桃花源总是在迷路时发现的。透过第二天的采访以及后来的一些资料，我开始喜欢上这个国家，更惊讶于人世间竟会有如此"迷你"又迷我的"政治桃花源"。

圣马力诺有9个政党，每年4月和10月由大议会选举产生两名权力同等的执政官。他们既是国家元首，又是政府和议会首脑，任期半年，不能连任，三年后可再次当选。也就是说，在圣马力诺每年能产生4位国家元首。如果以60年为一周期，且不考虑连任障碍，理论上一个人一生中可以有240次当选国家元首的机会。而议员为60位，五年一届，平均下来60年就是720次机会。同样是政治权利，和世界各国相比，圣马力诺的"含金量"当属最高，真有点儿中国人梦寐以求的"皇帝轮流做，明朝到我家"的意思。

西方人常说，"Small is beautiful"（小的是美好的）。中国人多说"大国崛起"，其实小国也可以伟大，也可以崛起。最意味深长的一组数据是：全球最富有（人均）的10个国家，8个是小国；"透明国际"评出的最廉洁的10个国家，前8位全是小国；联合国人类发展指数最高的20个国家，小国占了13个……具体到圣马力诺，在这个面积只有六十多平方公里的小国，2005年人口统计是28880人，其中24649人为圣马力诺国籍，整个人口数仅相当于中国稍大点儿的小区的规模。但在经济上，据2002年的一组数据，2001年的人均GDP便达到了34600美元，远超中国三十余倍。这是一个没有铁路、机场和港口，甚至也没有红绿灯的国家，但人均拥有两辆汽车。全体公民享受公费医疗，实行小学和中学16年义务教育制。即便是这样一个蕞尔小国，还划分出9个自治市。政府成员由大议会任命，不设总理，外长起总理作用。你可以批评这个国家毫无抱负，不生产核弹头这杀害人类的武器保家卫国，更不想谋求"大国崛起"，但在这里人们安居乐业，每个人的生命都重如蒂塔诺山。

在Terenzi先生送我的宣传册上，有一句话很耐人寻味："圣马力诺一直有着充足的兵源。"这里没有官方报纸，只有外交部及不同政党主办的几种不定期发行的刊物,但我能想象,在这样一个美好的国家,不用灌输任何爱国主义,一旦遇到外敌入侵,该国公民都会奋起抵抗。

无论是当年走在圣马力诺的羊肠小街上,还是此刻独坐书屋,圣马力诺都是一个让我非常感动而难忘的国家。据称在公元301年,一位叫马力诺的基督徒石匠为逃避罗马皇帝的迫害,带着一群石匠逃出了罗马皇帝的控制区,从此藏身于距亚德里亚海仅二十余公里的蒂塔诺山顶,并且建立了由自由人组成的"石匠公社"。在此基础上,渐渐成长为一个自由国家。拿破仑当年横扫欧陆,虽然翻过了阿尔卑斯山,却没有登上蒂塔诺山,而是在1797年承认了这个国家的主权——因为拿破仑被这个世界上最古老的共和国的自由精神所折服,产生了敬畏之心。圣马力诺没有像古罗马一样在空间上拓展自己的领地,但却赢得了时间。

我时常在想,为什么中国历史上许多敢于到南洋创业的人,一旦在外面受到了不公正的待遇,或被人杀害,中国皇帝的反应通常是臣民离开本土死了活该?为什么春秋时期政治松弛、邦国林立,各国民众却收获了前所未有也后所未有的自由?为什么亚平宁半岛上当年逃难的一群人能够世代拥有自己的国家?在国家与自由之间,国家与社会之间,人们何去何从?如果国富民穷,"要大炮不要黄油",大国崛起对于国民又究竟意义几何?

那年秋天,我站在高高的蒂塔诺山山顶上,环视着这个人口不足3万却又自称"兵源充足"的小国,我理解当地居民用脚投票与用手投票的荣耀,也第一次真切地体会到国家之于公民的意义,明了富兰克林为什么说"哪里有自由,哪里就是我的祖国"。

空间之维与时间之维

很惊喜自己当年的抉择,无论是辞去第一份工作,还是第一次走出国门，都让我的生命与思考一夜之间变得无比豁朗。我一直以为，我在欧洲读书与采访的几年，最大的一个收获就是明晰了自己对国家与社会的理解。其间零零散散的写作也多是围绕国家与社会的关系展开。而这些思考也成了日后我开始梳理《重新发现社会》时的重要材料。

2009年初，一本叫《中国不高兴》的书被炒得沸沸扬扬。因为北京媒体朋友的邀约，我也写了几篇批评性的文章。实话实说，对这种以"中国"口吻说大话的书我了无批评的兴趣。一方面，我认为中国当下最重要的是让民众说说自己具体的不高兴，而不是大谈什么子虚乌有的国家不高兴。国家只是一个工具，它不具有情绪能力，这一点理应成为常识。所以我写了《说说我为什么不高兴》这篇评论，相信许多读者都感同身受。另一方面，当前中国最需要解决的问题，这些年已经收获了哪些成长以及有着怎样的历史大脉络，我在即将出版的这本书里已经做了足够多的分析，不想赘述。对于我这样一个日日享受思维之乐的人而言，重复自己的观点去说服他人本是件十分痛苦的事情。更何况，你心如明镜，知道人家也许只是在做一单民族主义的生意而已。

早在几年前，我在思想国网站提过一个问题——人是什么单位？众所周知，在过去中国人多生活在单位体制与单位文化里。陌生人见面，或是办点儿什么事，也难免被人问及"你是什么单位"。既然大家总被问到"你是什么单位"，为什么不干脆多花点儿时间好好回答呢？

网上答案异彩纷呈，包括"思考单位""权利单位""赚钱单位""消费单位""生活单位"等等。当说，这个问题本无所谓标准答案。然而，在我看来，以上回答均限于从政治学或社会学意义上阐述人的功用，而没有从哲学意义上触摸到人的本质。我以为，一个人若要真正解放自己的心灵，就必须在时间与空间上对人之内涵拨云见日，而我关于"人是什么单位"的回答则是"人是时间单位"。

事实上，这些年有个问题一直在困扰我，甚至让我痛苦不堪，即"我死以后，谁计算时间"？是钟表？是日月星辰？还是对时间感觉各异的人？若都不是，当一个人失去了对时间的感知，那死后的世界他将如何丈量？在此，暂且搁置这个近乎无解的问题，留给有心的读者去思考。在本文中我只负责陈述自己对"人是时间单位"的理解。

为什么介绍思想家胡适时，会在他的名字后面加上一段时间——胡适（1891—1962）？道理很简单，人是生命，有生卒年月，人归根到底是一段时间。我们在时间中获得生命。没有时间，就没有生命。

那么，胡适是不是地理（空间）单位呢？不是。胡适生于绩溪，长在上海，学在美国，死在台湾。显然，我们不能在"思想家胡适"后面加上"绩溪—上海—美国—台北"这样一条地理尾巴。因为这些标注既不完整也不准确。一方面，它会遗漏其他许多地理信息；另一方面，这任何地方都不属于胡适。真正属于他的只有他曾经生活过的72年光阴。

理解人是时间单位，而非空间单位，更不是属于某个单位的单位十分重要。承认"我即单位""我是时间单位""我是时间的尺度"，在此基础上，我们关于生命意义的挖掘，将不再是忠诚于某个地理与环境，而是忠诚于我们自己的一生（这段时间）——正是通过这段时间我们参与并见证一个时代。一个人应该站在自己的生命本身，站在一个时代的立场上表达自己的心声，而非生在中国便只为中国人表达，生在美国便只为美国人说话。君不见，人类历史上那些真正留下丰功伟绩并且值得后世怀念者，其所创造的价值多是具有"划时代意义"，而非"划地理意义""划种族意义"或者"划单位意义"。

那些真正推动人类进步者，因为将自己归属于时间而拥有属于自己的一生。人首先应该爱的是时间，其次才可能是空间。时间之爱是面向个体的，是绝对的，那是我们唯一的存在；而空间之爱则是相对的，是面向公众的，是通过物质或精神的契约才得以实现的。一个人，如果生于猪圈，便说自己"热爱猪圈"，这种"爱猪圈主义"显然不是一种高尚的情感。必要的时候，我们甚至可以断定这是一种"以空间之名限制或屠杀时间"、灭绝人类未来与希望的庸俗情感。

是故，我愿意以更广阔的视角将我所热爱之国视为时间之国，一种立于时间维度上的精神与思想之国，而非空间意义上的逆来顺受或与生俱来的"嫁鸡随鸡"式的地理之爱。

做一个在时间里耕耘的人远比为空间疲于奔命可靠得多。回顾历史，多少国家因为对空间的迷信（比如罗马、苏联）而丢失时间——美国将来又会怎样？其实，人亦如此，无论占有多少疆土与财富，如果不能在时间上做自己的主人，其所拥有的仍不过是贫困的一生。真正的强者是能够把握自己时间的人，是做时间之王，而非做空间之王（或者奴仆），因为只有这样的时候，他才可能是自由的。

正是基于上述思考，我在2007年《新京报》的新春社论中写下这样一段话："如果说中国是我们地理上的故乡，那么这个时代就是我们时间上的故土。如果说我们精神的疆土就是国家的疆土，那么我们生命所创造的价值就是时代的价值。不管我们正见证着怎样的繁华与荣耀，经历过怎样的忧惧与坎坷，我们所处的这个时代是我们一生的机遇。我们手握的时间与生命，正如我们所拥有的智力与权利，都是我们一生的资本。"（《走在雪地上，走在时间里》）

人是时间单位而非地理单位，而且必先站在时间的角度来思考问题，我们才有条件回到人与历史本身。我以"把一生当做自己的远大前程"警省自己，其实这句话同样适合劝诫一个国家。我自知我最真实的居所是时间，而非空间，这也是我为什么愿意站在个体权利与生命的角度而非空洞的国家利益的角度思考中国命运之缘由。

所有真心关注中国命运者，理应回到每一位国民的具体命运中来。当"重新发现社会"之旅程又一次铺开，让我们从空间回到时间，从国家的命运回到个体的命运，让时间站在我们一边。

2009年4月

附录二

书缘与人缘

作者按： 思想国巴黎站三周年的时候，不少朋友寄来鼓励的话。在此前后，本书作者也收到一些网友来信。由于众所周知的原因，思想国巴黎站后来不能正常访问，直至荒芜。逢《思想国》再版，特别收录当年部分温暖的文字，权当是对那自由而美好时光的怀念，并借此机会，感谢所有有缘同行那一段旅程的人们。

之一、思想国三周年部分留言

培云，一时间无法有更准确的话给你。因为，从某种角度来看，我期望于你的并不只是一个法兰西归来后的"思想国"。我曾经多次表达过这样的意思，我希望在你这里，在你的生涯里，看到更大的东西，更植根中国的东西。种种原由吧，我们更多看到的是一个当代的专栏作家或时评家。这自然有其背后的脉络。时世和中国媒体界的状况，大概也就给了这么多空间。"思想国"，而不是"理想国"，的确还算合乎现实。其他，也说不了太多。只是想说，锻炼身体，路还比较长。因为，长跑也才考人。

——袁卫东　原《南风窗》主笔

培云兄给我最大的触动，不是他深入的思考、不是他不羁的才情、不是他隽永的文字，乃是他始终对彼岸握有一份信心。老实说，很多同道、至少我自己曾经几度失掉了信心。幸好，还有"思想国"。"容忍比自由更重要"，"宁可十年不将军，不可一日不拱卒。"以我最喜欢的两句话和所有喜欢"思想国"的兄弟们共勉。

——孟波　新浪网副总编辑

　　当蒙古人进入西藏时，他们看到的不再是一个骁勇善战的武士之国，而是喇嘛之国，或可以称为精神导师之国。

　　我始终认为，这个国度依然延传着其精神导师国的魅力，熏染的每一个它所孕育的孩童把自己化为阳光下温暖的尘埃。

　　在此国度安然度日已久，已浑然忘记了外面的洞天。

　　有一天脱离了母体的护佑，漂移到了北方的城市，打开了若干扇从未开启的窗户——有一扇即是思想国之窗，此后，生命和死亡如同两个翅膀开始带领着我飞翔了。

　　我不再是温暖阳光下的尘埃了。看见了眼泪，总在湿润着心灵的眼泪；感受到了痛、扎得肌肤都要裂掉的痛，却也觉得自己开始变得重了，双脚真正踏在大地上的重感。

　　我不想树立偶像，但是我愿意在导师的指引下去回望我短短的生命之旅。在思想国无量智慧的光芒中，我醒悟了——我从不曾认识到，其实孕育我的阳光之国早已经是幻象中的国度，我们安静地自己蒙住了自己的眼睛，以为看不见，污浊的一切就不存在了。

　　思想的力量散发的光芒让我化作尘埃，被大地紧紧吸附的尘埃——尚在仰望中却已经觉得新的生命在急促与痛交汇的吐纳中，变换、发展了出来。

　　在思想国的导引下走过了两个春秋，未来的智慧定会如不谢的莲花，伴着我走更长的道路，我已视它为我的精神家园了啊！

——诺玉，尼洋河畔的藏族女人

之二、东京来信

大熊你好：

我一直这样称呼您。虽然我认识您不过才几个月。虽然大作还未来得及品读。

一直不好意思给您写信，因为您对我来说是那么光芒四射……

在认识您的三年前的三年前的……我似乎一直春眠不觉晓。

但是，我可能还没有辜负我的大脑，因此开始了思考。

我想，可能就是有相同或者相似的脑电波（wavelength），让我在一个凄风冷雨的东京夜晚，走进你的国度。

其实，很多次看您的文章，都让我眼圈发湿，我想可能不是因为对您观点的认同，而是被您悲天悯人的情感所打动。每个有思想的人都应该这样的。至少每个由市场经济培育出来的中产阶级（精英阶层？）应该这样的。

我对您的理解：我比较赞同您的渐进式思想，您强调的中产者在制度建设中的制衡作用。不知道我理解的正确否。

最后祝思想国三周年快乐。我回国后立刻买一本。

——在日留学生Abao

之三、关于熊培云

哲哲：

大概是一个月前的事了吧，在一个网页上看到一篇文章：叫《杀人不偿命，欠债要还钱》，探讨死刑的存废问题，通读全文，感觉比以前读到的关于废止死刑的呐喊更有说服力，文中提到

"死刑是一种灭绝希望的惩罚"，还引用了前贤先哲关于"未来之罪"、"公共杀人犯"等论述，来阐明死刑的负面效应和荒谬性，于我心有戚戚焉。也因此特别关注了一下作者的名字，文章正题下面标注原作者叫熊培云，当时正忙俗务，就将文章打印出来作了收藏，以备日后细读。

今天稍为闲暇，便想起熊培云这个名字来，便在网上搜索，想知其人渊源，搜索引擎简单告诉我：熊培云，搜狐评论专栏作家，毕业于南开大学、巴黎索邦大学。《南风窗》驻欧洲记者。又见其博客链接，有文："我看胡适鲁迅启蒙及民族主义"、"谁是新青年"等，内容涉及政论、文化、法律等诸多方面，其文倡导自由、民主、宽容，引用胡适的话说："争你们个人的自由，便是为国家争自由！争你们自己的人格，便是为国家争人格！自由平等的国家不是一群奴才建造得起来的！"还有："异乎我者未必即非，而同乎我者未必即是；今日众人之所是未必即是，而众人之所非未必真非。争自由的唯一理由，换句话说，就是要大家容忍异己的意见和信仰。凡不承认异己者的自由的人，就不配争自由，就不配谈自由"等关于自由的论述，我以前对胡适的了解并不深，现在则感叹近一百年前的人，会有这样的见识，更悲叹今日之社会，比斯时又有何进步？不想大师一语成谶，如今依然是"不容忍的空气充满了国中"。依然"……是一个猜疑、冷酷、不容忍的社会"。

其实我想，大凡文章，都多少会有将自己思想强加于他人之嫌，即使是鼓吹民主自由、呼吁异己思想存在的，不也是想给自己的读者"洗脑"以期他接受自己的观念吗？所以，讨论自由的悖论总是无所不在，何谓真自由，如何真正做到尊重别人的自由，允许别人有自己的意见与信仰，我想终人类文明之终，亦难解决。

但亦不妨"察纳雅言"，只要擦亮自己的眼睛，明白没有谁能自封为绝对真理的拥有者，明白"只有'世上没有绝对真理'这句话才是绝对真理"，我们的思想就可以能在自由王国里快意翱翔，我们就可以认识到自己思想的价值与可贵。

在中国，民众的悲哀在于已经没有了自己的话语权，沉默也就沉默吧，但又有人剥夺他们不说话的自由，以"民众的代言人"的身份，怀着不可告人的目的去阐释政治、经济、文化，诱导民众走向绝望，他们就是所谓的中国主流知识精英——丧失良知、令人发指的一群人。他们知道，"一个好的怀疑主义者是个坏公民"，他们害怕我们是个好的怀疑主义者，他们希望我们去看"风月宝鉴"的正面，但身置这样的社会之中，看正面意味着你思想的行将死亡。

正是出于以上目的，把熊培云的文章介绍给你，他是一个"温和"的民主与自由主义者，一个启蒙主义者，文章中少有漫骂与诋毁，他的文章是开放性的，强调个体思想的宝贵，我喜欢这样的人，这个社会需要这样的人，这个社会需要不断的启蒙，我认为"启蒙"是一对矛盾，就是一方要启，另一方要蒙，而蒙的力量总是大于启的力量，民众总是受蒙蔽。中国照现在的模式发展，即使民富国强，人民也不会有幸福，因为我们没有真正的自由。

看他的文章在BAIDU搜索即可。

祝好！

Yours Zippo 匆草于2005年11月16日

之四、我还可以积极乐观

尊敬的培云兄：

我本是一个"粗人"，可是对你，却必须用"尊敬"才足以表达我的敬意和感谢。

请兄恕我还只是微微探出个头瞄了一眼你的"思想国"，合上书，所能想起的也不外乎《吾民吾国，上下求索》、《集中营是用来干什么的》[①]、《把一生当作自己的远大前程》等为数不多的篇章。而且，

---

① 作者注：本文已收入《自由在高处》一书，为避免重复，本书再版时未再收入。

对于这些篇章是否有充分的理解，在我都是可商榷的。可是，它们给了我极大的震撼。文字给我如此震撼，到目前为止，也只是你和梁漱溟了。

或许是因为我多看了"谈及现实民间疾苦总是满怀'激愤'，乃至'绝望'"的言论后，才逐渐地对文字失去了信任。我一度表示文字是虚无的：相比于文字，我更宁愿相信哪怕一丁点儿的实际行动。就是看了你的文字后，我依然不能像你一样对文字"有着宗教一般的虔诚"。这多少是与"中国学者多悲观"有关的，我中他们的毒深矣。我也因此"悲观"、消极虚无起来，虽然我确实正在做着"实际行动"。

一次偶然的机会，我听闻中国现在是一个如何充满苦难的国家，随后通过书籍、网络和身边人的言谈，视野的扩大，得到证实。我的"恍然大悟"是伴随着被欺骗、被愚弄的痛苦而生发的。此后，我沉溺于刺破谎言的种种言说，欲罢不能。及至我无法忍受时，竟十分怀念胡适所谓的"无知的自由"，干脆不想要"免于愚昧的自由"了。

幸运的是，我如今能在一个做实事的团队里工作，为着自己的理想。不然，夸张一点说，我是很有可能崩溃的。

我读的书并不多，也不想做一个学者，像梁漱溟一样愿称自己为"问题中人"。可是，我十分赞同你的观点，即认为自由幸福是人生的附属产品，人的一生才是自己的远大前程，是目的。你的关于合作契约的论述，我同样认同，然而在我那里几乎不是论证的结果，那是我在思考社会人生意义时的"附属产品"，是不证自明的东西。

现在很多关于社会政治的言论，在我看来，大多都脱离了个体的生命。如果说鲁迅们把矛头指向"国民"，那么现在很多人指向了"政府、制度"。这是两个极端。

而且我认为矛头完全指向政府、制度，危害可能更大。一是政府制度并不会因此就能改变多少，这事实都是有目共睹的。很多人就因此而陷入绝望；二来这是一种"迁怒"。政府、制度好了，我们就能过上民主自由幸福的生活了？人们不反求诸己，却想着"革命"，很难想象这样的人建立的新秩序和制度会比现在的好。压迫者是没有人性的，同样，被压迫者也是没有人性的。能否走出压迫呢？这在你是可以称之为"狱间转移"的。

海量的、与政府对着干的信息把中国确实发生了的进步给淹没了。即使这种进步被很少数所看见，也不再那么使人信服。这是我之所以悲观消极的另一个原因。

关于《集中营》一文，使弟想起曾以人生比作笼子的思考。我把人生的诸多困惑喻为大大小小的笼子，我以打破、逃离笼子为乐趣。这很与你的集中营是用来逃跑、摧毁、与之游戏相似。当然，这乐趣不会结束，因为人生是一个超大的"集中营"，有无数个"笼子"供我打破摧毁或与之游戏。所以，倒不必担心有一天集中营或者笼子没有了。

当然，我对兄"争自己的传统，就是争国家的自由"也很认同。只是没有太多体验，想来以后是要多学习"传统"的，从传统中寻找自信，而不至于在大量垃圾信息中迷失方向，丧失了"第六种自由"。

总之，我是感谢你的。我想，从此往后，我必会减少不必要的自我烦恼、杞人忧天。努力地培养自己的积极乐观的人生态度，努力地"爱我一生一事"。"这'一生'，自然是我自己的'一生'，人应该为自己生活。"而这"一事"是我目前从事的工作。兄若有意，可以搜索"新教育实验"相关内容，弟是《新教育简报》的编辑。大千世界，能与兄相遇，自然感到"让人生这原本平凡而孤寂程旅，顷刻间变得如此赏心悦目、光彩照人"。

我还是可以积极乐观！

弟今年二十四，江西九江修水人。兄是江西人，我感到很自豪。亦知兄是"农村孩子"，且不知老家何在？可否告之？这是后话了。弟会细读《思想国》，会关注你的博客，有心得体会和时间再与兄交流。

祝好！

弟余春林敬上
2007年10月2日凌晨4点草就

之五、大多数时候，我只能和自己的内心交谈

熊先生，你好，请谅解我冒昧地给你发邮件，我猜想你一定很繁忙。不过我想给你分享我自己小小的一点喜悦。可能你不记得了，去年我曾向你讨教过有关怎样投稿的问题，当时我之所以向你请教，是因为我特别渴望自己的思想和感受，能够印成铅字传播。当时我对写什么样的稿子，一无所知。不过我听了你的一个小小的建议，这个建议可能你也不记得了，你说我可以尝试把自己在网络上写过的文章，再补充的更加完整一些。这几个月我一直坚持将自己的很多想法记录下来，不管是完整的，还是零星的，关乎生活，还是关乎政治的。我在《中国社会导刊》的随笔发表了三篇文章，我也试图给联合早报网寄信，被发在了早报网的读者来信中（写有关邓小平的内容）。这对于我来说，算是一个小小的喜悦，回想去年向你提出问题的时候，我是多么希望自己的文章能够印成铅字，得到发表。只是现在的喜悦已经不是那时想象的那样，一来发表的媒体并不算好的，二来自从有文字印成铅字后，我开始考虑我的每一句话是否出自内心，是否不偏颇等一些更重要的问题，先前的喜悦被冲淡了。

不管怎么说，我要谢谢你（也要谢谢网络），你的文字对我影响很大，一是思想上的，二是笔锋上的。以至有时我会刻意地不用你的某些语言方式去进行写作，我希望能够拥有完完全全属于自己的文字，不过如今我所经历的仍有限，仍然很难克服在文章中去发出一些不切实际的长篇议论。

我已经大三了，还有一年即将毕业，在这个时候，我所焦虑的，是即将失去完完全全的、自由宽阔的阅读时间，我甚至没怎么考虑过工作之类的事儿，我不知道以后是否会为了生计，而消耗掉我大量的阅读精力。我想到的一个最简单的办法，就是从事媒体，我大一时，

便立志做一名记者。而你的经历，常常给我一些鼓励，其中这一段对我的印象最为深刻：

多少年后，我一定不会忘记，某年的某一天，我带着一个面包一瓶凉水，夹一把雨伞，在这座西部小城孤独地行走了六个小时后，对Fnac书柜的小姐说：我太累了，我几乎找遍了全城所有的书店也没有找到我心爱的"*Jean Christophe*"时的情景。（《寻访罗曼·罗兰》）

我是在寝室，凌晨两点左右读到这段话的，当时我躺在床上，背后是一盏台灯。我们学校周围有很多卖报刊的地方，不过没有一家有《南风窗》出售，很多时候，我必须坐近一小时的车到市中心，去买这本杂志。我一直很渴望在某次回学校的公交车上，能碰上一位在车上读着《南风窗》或是《财经》的人，我会主动与他攀谈，可惜至今未能遇到。大多数时候，我只能和自己的内心交谈。

今晚不知怎么，我突然想向你写些什么。可能这个想法由来已久，也时不时的有这样的冲动。最近的一次冲动，可能是在我又一次看完《窃听风暴》之后，我也不能解释这究竟为什么。我觉得我的行为，就像电影《飓风The Hurricane》里，那个给丹泽尔·华盛顿写信的黑人小伙子一样。我觉得我很幸运，我能用文字来表达自己的想法，这是我所喜欢的一种生活方式。

为此我会偶尔感到幸福。

祝熊先生安好。

赖 捷
2007年5月20日凌晨4时

之六、途经思想国

今日上午去北大附近采访，访后暂无事，进风入松买了几本书。

其中就有熊培云的《思想国》和邓广铭的《陈龙川传》。

这两本书的作者，时间跨度有七十年之久。但是两本书让我同样感动。

邓广铭先生为宋人陈龙川所作的传记自序中，劈头就说，"翻开南宋的历史，呈现在我们眼前的，是一幅屈辱到令人气短的画图。"为什么呢？"生在那个时代的人群，江南的土著以及由中原流亡到江南的士庶，由于高宗的委曲求全，虽得免于遭受异族的侵凌压榨，而异族的威势，却依然通过了这小朝廷的当轴者，照样，或且更加甚地，使他们受着侮慢、掠夺和迫害，而过着痛楚艰难的日子。按道理，这些受着折磨的人群，是应当能从这些灾难中受到一些教益而返转来使得时代改观的，不幸他们竟无所得：没曾激发起他们的坚韧的抗拒力和悲愤的同仇敌忾之心，甚至连一份敏锐的感受性和观察力都没有磨砺成功。在最该警觉清醒的时候大家却都沉沉入睡了。"

南宋之沉寥，不过如是。而今日世人之犬儒，比之南宋，实无不及。

因此，熊君培云的这本《思想国》就显得越发珍贵。他是一群不甘于时代之沉寂者所发声音的代表作。

《思想国》的扉页上写着这样一句话："我们的全部尊严就在于思想。"这从帕斯卡尔那里借来的话，像漂浮在荒唐时代中的一叶小舟，在犬儒当道、物欲鼎沸的汹涌激流中飘飘荡荡。我知道熊君的艰难，正如我所寄身的媒体所规定的限度对我行文的限制一样，熊培云的思想之舟，亦必在各种规制中穿行——可是，他竟然穿过了，以一叶轻舟之迅捷，也以一叶思想闪电之轻飓。

读熊培云的文字，时时感到一种亲切。这亲切感一则源于同为调查记者的阅读惯性，一则源于文字背后如稠酒般浓烈的人文感觉。比如某篇文章的结尾，"阵阵西风之中，那一刻，我泪流满面。"笔法虽煽情，眼泪却是真实的。

在这块几乎可称无垠的阔大土地和寂寞广袤的人群之中，又有几人为着这莫名的家园之悲,流下过几行清泪呢?

当宋人陈龙川所生之际,身丁时艰,目所见,耳所闻,都好像芒刺在背一般,使他放不开、忘不掉,忧心忡忡,惟求"以其所学,救其心所危的局势。"在陈氏看来,既然生为那时代的国民之一员,那国家民族的兴亡休戚便与之息息相关,这是份内事,是无可旁贷的责任。

《陈龙川传》是邓广铭先生1936年在北大历史学系毕业时的论文。写此论文时候的邓先生时年二十九,尚可称为青年。但彼时邓先生笔力之雄沉,眼力之超拔,都超过了一个青年的视野,而具有一代史学大家的风范。无怪乎邓先生的指导教师胡适对此文亦连连称赞,也无怪乎数年之后,当历史学家夏丏尊搜集了关于辛弃疾的大量史料而欲为辛弃疾立传时,读到邓广铭新出的《辛弃疾传》,从此不再谈辛氏文章事。不仅如此,夏先生更将多年来搜集之史料,一并寄往邓广铭处,以作嘉勉。

那么,邓广铭先生的文章,为什么能使得人们如此感动?

邓广铭所写此文的1936年,正是日本人在"满洲"横行、欲大步入侵内陆的年岁。主和的声音如汤如沸,官僚沉弊如火如荼,而英俊们却下沉了。邓先生发而为文,岂独为宋人陈龙川一悲而已矣!是以,此种穿越时间的精神骨骼,自由思想的权利主张,自然也是邓广铭先生借前人故事,浇自家块垒的"了解之同情"的产物。

明乎此,就不难理解熊培云这本小书在我心中所激起的波澜了。下午读书的时候,本在北大百年讲堂之后的校园咖啡馆内,耳中所闻与目中所见,竟全然是一片英文韩语的唧唧哝哝。多数学生在此喝咖啡、读书,大半不过是为未来跻身显贵而铺就的晋身之阶。在向物质主义迈进的浩荡洪流中,一个思考人的尊严的思想,显得多么的寂寥而不合时宜。但熊培云最可贵之处还不仅在于这里。他在一篇文章中说到,"我们时常责怪一个人懦弱,但是懦弱有什么错呢?无论是在极权还是在暴民政治时期,与其说是人们的一项处事抉择,弗如说是一项权利。他为生活于乱世之中的人们提供安身立命之所。"与他恪守"但开风气不为师"的教条一样,他这句低调的有着万千"同情之了解"的消极自由宣言,是我赞同他,并想与之同行的最大理由,也是促使我写成这篇小文的主要原因。无他,没有立基于伸张个人权利的自由,必然是虚妄不实的,而此种伸张,实为从柏拉图的专制理想国走向自由思想国的必经之途。

刘 彦

2007年4月4日

之七、我已入籍思想国

我已入籍思想国,那个《九三年》里蓝军司令戈万说的思想共和国,那个熊培云先生创建的思想国。

这里的人不会生绝对真理病,他们说"异乎我者未必即非,而同乎我者未必即是。"

这里的人不会朝猜疑冷酷的方向走,他们说"容忍比自由还更重要。"

这里的人不会以国事为重,他们说:"自由平等的国家不是一群奴才建造得起来的。"这里的人"通过知识寻求解放",他们"年老而勿衰",他们彼此皆兄弟,每个人都有一双认识知识的眼睛。前段时间,我已在思想国内小住,闻闻思想花,看看思想文,还有会会思想圆桌内到访的主人的好友。

柏拉图也会偶尔到访,他来打击思想国的幸福自由,他布道似的说:"一刻也不能没有领袖。"但是,他总要悻悻然回去。他可能碰到卡尔·波普尔跟他说:人类没有一劳永逸的真理;他可能碰到胡适跟他说:凡不承认异己者的人,就不配争自由、谈自由。我很高兴,我找到了那么处地方,可以无所顾忌的容纳我,可以没有势利和阶层，作为思想国公民并不需要护照和身份证，只要你有人格；思想国没有国界，因为你的灵魂指引了你的方向。

我很高兴，我有了国籍，今天，我很高兴。

思想国公民笑寒感言
2005年12月31日

图书在版编目（CIP）数据

思想国/熊培云著.—北京：新星出版社，2012.6（2017.10重印）

ISBN 978-7-5133-0735-2

Ⅰ.①思… Ⅱ.①熊… Ⅲ.①时事评论－中国－文集
Ⅳ.①D609.9-53

中国版本图书馆CIP数据核字(2012)第119194号

思想国

熊培云 著

责任编辑：	王光灿
责任印制：	李珊珊
装帧设计：	九 一
出版发行：	新星出版社
出 版 人：	谢 刚
社　　址：	北京市西城区车公庄大街丙3号楼 100044
网　　址：	www.newstarpress.com
电　　话：	010-88310888
传　　真：	010-65270449
法律顾问：	北京市大成律师事务所
读者服务：	010-88310800　service@newstarpress.com
邮购地址：	北京市西城区车公庄大街丙3号楼　100044
印　　刷：	北京市松源印刷有限公司
开　　本：	787mm×1092mm 1/16
印　　张：	22
字　　数：	290千字
版　　次：	2012年6月第一版　2017年10月第十三次印刷
书　　号：	ISBN 978-7-5133-0735-2
定　　价：	35.00元

版权专有，侵权必究；如有质量问题，请与出版社联系调换。